Sustainable Energy Policies for Europe: Towards 100% Renewable Energy

欧洲可持续能源政策：
迈向 100% 可再生能源

Rainer Hinrichs-Rahlwes

with contributions from Christine Lins, Jan Geiss, Thorsten Müller & Markus Kahles

著 / 雷纳·欣里希斯 - 拉尔韦斯 [德]

联合撰稿人 / 克莉丝汀·琳斯　扬·盖斯　托尔斯滕·穆勒　马库斯·卡勒斯

译 / 陈崇国

重庆大学出版社

Sustainable Energy Policies for Europe：Towards 100% Renewable Energy
／ by Rainer Hinrichs-Rahlwes；with contributions from Christine Lins，Jan Geiss，
Thorsten Müller & Markus Kahles／ ISNB：978-0-415-62099-4
Copyright@ 2013 by CRC Press.

版贸核渝字（2022）第 231 号

图书在版编目（CIP）数据

欧洲可持续能源政策：迈向 100% 可再生能源／（德）
雷纳·欣里希斯-拉尔韦斯（Rainer Hinrichs-Rahlwes）
等著；陈崇国译. -- 重庆：重庆大学出版社，2023.6
书名原文：Sustainable Energy Policies for
Europe：Towards 100% Renewable Energy
ISBN 978-7-5689-3857-0

Ⅰ．①欧… Ⅱ．①雷… ②陈… Ⅲ．①再生能源—能
源政策—研究—欧洲 Ⅳ．①F450.62

中国国家版本馆 CIP 数据核字（2023）第 063623 号

欧洲可持续能源政策：迈向 100% 可再生能源
OUZHOU KECHIXU NENGYUAN ZHENGCE：MAIXIANG 100% KEZAISHENG NENGYUAN
（德）雷纳·欣里希斯-拉尔韦斯（Rainer Hinrichs-Rahlwes）等著
陈崇国　译
责任编辑：杨　琪　　版式设计：宏　霖
责任校对：刘志刚　　责任印制：赵　晟
＊
重庆大学出版社出版发行
出版人：陈晓阳
社址：重庆市沙坪坝区大学城西路 21 号
邮编：401331
电话：（023）88617190　88617185（中小学）
传真：（023）88617186　88617166
网址：http://www.cqup.com.cn
邮箱：fxk@cqup.com.cn（营销中心）
全国新华书店经销
重庆升光电力印务有限公司印刷
＊
开本：720mm×1020mm　1/16　印张：18　字数：265 千
2023 年 6 月第 1 版　　2023 年 6 月第 1 次印刷
ISBN 978-7-5689-3857-0　定价：58.00 元

序言一

君特·厄廷格

　　早在 2007 年,欧盟及其成员国就各自设定了宏大的目标:温室气体减排 20%,能效提升 20%,可再生能源在整个欧盟能源组合中的份额提高 20%。这 些目标也是《欧盟 2020 战略》的主要增长目标,有助于推动欧洲的工业创新和 技术领先,以及温室气体减排。

　　可再生能源在应对供应安全、竞争力和可持续性挑战等方面发挥着非常重 要的作用。它们减少了对化石燃料进口的依赖,为新的市场参与者提供了 机会。

　　到目前为止,可再生能源已经成为"欧洲能源市场的主要参与者"。正如欧 盟委员会通讯报告《可再生能源:欧洲能源市场的主要参与者》中指出,可再生 能源目前占终端能源消耗的 13%。

　　但随着规模的扩大,责任也随之而来——当前艰难的经济气候进一步强化了责任的必要性。可再生能源专项支持计划已成为实现技术创新和规模经济的工具，带来成本大幅降低和经济强劲增长。但支持计划也必须足够灵活，以适应随着技术成熟而出现的价格下降，并避免过度补偿。只有精心设计的支持方案，即灵活、渐进和以市场为基础，才能以成本效益高的方式整合更大的可再生能源份额，以实现我们的既定目标。委员会一直呼吁成员国遵守这些原则。需要进一步努力将可再生能源整合进市场。成员国还应在开发可再生能源资源时加强合作，目的是充分利用成本效益最高的选项。现在是时候把让内部市场运作的政治承诺转化为所有电力来源的日常现实了。现有的基础设施和电网规范需要现代化，欧洲基础设施计划以及我们正在进行的网络代码协调工作都是朝着这一方向迈出的重要步骤。这些措施将有助于在欧洲背景下容纳更大的可再生能源份额。但未来的电力系统还必须通过需求响应和分散发电、灵活且智能的电网、电力存储以及跨时间段进一步整合流动市场，让更多消费者积极地参与市场。

只有在这些条件下，可再生能源的更高份额才是可持续和可承受的。足够的支持计划将继续发挥重要作用，但市场机制将越来越多地驱动对可再生能源资源的投资。

在这一方面，投资者的确定性是最关键的。对能源部门的投资需要很长的准备时间，因此我们正在考虑设定 2030 年的气候和能源政策目标。新的挑战和从过去吸取的教训将形成这一决定。无论我们反思的结果如何，毫无疑问，可再生能源的进一步发展将继续在未来的能源政策框架中发挥关键作用。

君特·厄廷格

欧盟委员会能源专员

序言二

菲奥娜·霍尔

　　欧盟"气候和能源一揽子计划"以及 2020 年温室气体减排目标、能效和可再生能源在终端能源总消耗中的份额,是欧洲走向完全可持续能源体系道路的一个重要里程碑。2007 年 3 月理事会会议的政治协议转换为具体立法,并最终以《可再生能源指令》、减排共担决策、《排放交易系统指令》和碳捕获与封存指令的形式落实。如果没有欧洲议会成员与利益攸关方、成员国政府和欧盟委员会密切合作,就无法实现这一目标。只有那些多年来一直在努力实现更雄心勃勃的温室气体减排、提高能效和改进可再生能源政策框架等目标的欧洲议会成员坚持不懈地采取果断行动,才有可能制定统一的框架并予以推广,以实施2020 年的目标。

　　当前的"气候和能源一揽子计划"之所以能够实现,是因为欧洲议会成员与非政府组织利益攸关方共同努力,令人信服地促进和捍卫了欧盟与国家目标约束协议的一致性,尤其是可再生能源国家支持系统的完整性。正是由于欧洲议会的报告员和影子报告员,《可再生能源指令》的系统方法得以制定和微调:成员国有责任实现 2020 年具有约束力的目标,因此对国家支持系统的控制不得受到影响。同时,成员国可以在自愿的基础上进行合作以实现成本效益目标。欧盟委员会有权利及有义务彻底检查《国家可再生能源行动计划》(NREAP)的连贯性和与 2020 年目标实现情况的一致性,从而平衡成员国在设计和改进支持政策方面的关键作用。

"气候和能源一揽子计划"的其他部分——遗憾的是——没有《可再生能源指令》那么有力和有效。《排放交易系统指令》引入了全欧洲范围内的排放配额拍卖,这本应是实现有效碳排放定价和吸收低碳技术的一个重要步骤。然而,排放交易系统迄今无法应对第一批交易期的大量超量配额以及随后的经济低迷。截至目前,只有一些超量配额的短期"折量拍卖"可供交易,且仍有待议会和理事会之间的谈判。目前尚未尝试对排放交易系统进行根本性改进。

能效政策和目标还有很长的路要走。修订后的《能效指令》是朝着这一方向迈出的重要一步。然而,能效政策的突破将需要成员国做出 2020 年后的承诺,以及更强有力的实施和融资工具——这是未来几年的另一项重大任务。

最终,需要进一步强化可再生能源开发和部署的关键作用——以成功实现温室气体减排,更重要的是实现能源供应安全保障、经济增长和创造就业机会。因此,欧盟需要就新的气候和能源一揽子计划达成一致,以设定宏大且具有约束力的 2030 年目标。我非常欢迎欧盟委员会的 2030 年气候和能源政策框架绿皮书。所有主要问题都在本绿皮书中得到了解决,但现在我们需要制定、颁布并最终实施一个 2030 年综合框架,其中包括碳减排、能效和可再生能源的约束性目标。

鉴于欧盟委员会已经提供了框架,也鉴于许多成员国仍在犹豫是否承诺为 2030 年制定一套雄心勃勃且具有约束力的新目标,我再次看到欧洲议会在推动这一进程方面发挥着强大而重要的作用,而这一进程应尽快以政治协议和全面立法结束。就 2030 年框架达成协议，制定雄心勃勃且具有约束力的目标，不仅有助于更顺利、以更具成本效益的方式实现 2020 年目标，还将重建投资者对到 2020 年及以后可持续能源投资的信心。为可再生能源的快速部署和提高能效铺平道路是欧洲实现完全可持续能源未来的主要驱动力。我相信，欧洲议会将在推动欧盟雄心勃勃的 2030 年气候与能源政策框架目标方面发挥重要作用。

菲奥娜·霍尔

欧洲议会议员

英国自由民主党领袖

欧洲可再生能源论坛副主席

前言

欧盟委员会《2030 年气候和能源政策框架》(European Commission 2013a) 绿皮书的制定进程及相关公众咨询正式启动。2013 年秋季,欧盟委员会计划提出 2020 年后政策框架和未来十年目标的提案。欧洲议会决定讨论并表决一份倡议报告,以便在 2013 年底前就 2030 年框架阐述详细立场。各国国家元首和政府首脑预计,欧洲理事会将于 2014 年 3 月就 2030 年之前气候和能源政策的宏伟目标以及下一步要采取的步骤(包括未来十年的政策框架大纲)达成一致。因此,欧盟可持续能源未来的另一个关键阶段已经开始。

迄今为止,欧盟和大多数成员国已经成功地制定并实施了支持性框架,特别是可再生能源的开发和部署。从 20 世纪 80 年代中期欧盟层面的首批支持计划开始,到《1997 年白皮书》《1999 年起步运动》《2001 年可再生能源电力指令》《2003 年生物燃料指令》,最后到《2009 年气候和能源一揽子计划》,政策框架都得以顺利制定和微调。通过支持性的法律、监管和行政框架,为向完全可持续的能源系统过渡做好了充分准备并提供了便利。然而,近几个月来,一些成员国改变了他们的政策。他们降低了目标,更改了政策框架。其中一些成员国甚至实施了追溯性变更,这将影响现有的设施安装。

在《2050 年能源路线图》中,欧盟委员会强调,在 2050 年之前对能源部门进行"脱碳"既是实现温室气体减排目标所必需,成本也合理可行——在所有脱碳情景中,可再生能源提供了欧洲能源供应的主要份额,并为经济和环境带来好处。其他方面的证据表明,到 2050 年,完全过渡到以可再生能源为基础的能源系统是必要和可能的。

然而,这些情景目前只是预测,如果没有扶持政策,就无法实现。由于成本进一步降低及其带来的好处,可再生能源肯定会继续增长。然而欧洲的能源供应仍在很大程度上取决于政策决定。投资决策是否会偏离而朝着高风险、高成本的化石能源和核能发展，或者是否大部分投资将用于可再生能源、能效和相关基础设施，都将受到近期做出的政策决定的重大影响。这就是为什么及时就一个稳定、可靠和雄心勃勃的气候和能源框架达成协议，并在欧盟和成员国层面制定一套同样雄心勃勃和具有约束力的可再生能源、能效和温室气体减排目标至关重要。

本书描述了欧洲气候和能源政策从早期到 2013 年中期本书定稿时的发展状况。它提供了迄今为止欧盟在该领域政策发展的背景信息。通过分析 2050 年前的情景以及最近关于欧洲能源供应未来的政策讨论，本书为理解当前的政策辩论和即将到来的争议提供了丰富的背景知识。本书主张建立一个完全可持续的能源系统，以促进平稳过渡到 100% 可再生能源。迅速实施扶持性政策将降低成本并带来大量好处——经济增长、供应安全和面向未来的就业机会。为实现完全基于可再生能源的能源系统的目标，需要先制定可再生能源以及能效的宏远的中期目标以及稳定、可预测的框架条件。欧盟领导人应抓住机遇，就 2030 年宏远且可行的"气候和能源一揽子计划"达成一致，应将此作为 2014 年和 2015 年初的优先任务之一。

雷纳·欣里希斯-拉尔韦斯

2013 年 7 月 2 日

关于作者

　　雷纳·欣里希斯-拉尔韦斯（Rainer Hinrichs-Rahlwes）1954 年出生于德国，现任欧洲可再生能源理事会（EREC）主席。欧洲可再生能源理事会是欧洲可再生能源部门的联盟组织，总部位于布鲁塞尔。他还是欧洲可再生能源理事会成员协会欧洲可再生能源联合会（EREF）主席，是可再生能源独立生产者的代言人，也是可再生能源行业的国家联盟组织——德国可再生能源联合会（BEE）的董事会成员以及欧洲和国际事务发言人。

　　拉尔韦斯积极参与欧盟和本国的可再生能源的欧洲政策制定，与政府代表、议员、欧盟委员会和其他利益攸关方保持密切联系。他深信，为了能源安全和气候保护，有必要将能源系统完全转向可再生能源，这在技术和经济上都是可行的——比传统能源和核能的支持者和受益者试图使人相信的要快得多，成本也要低得多。拉尔韦斯在世界各地多次发表演讲和演说，并参与小组讨论——代表他提供咨询的组织，以独立顾问的身份提供可持续再生能源发展方面的政策建议和知识，以及在地方、国家、地区和全球层面推广可再生能源的政策，以促进其在不久的将来成为主流能源。

　　作为 EREC 的代表，拉尔韦斯是国际能源署（IEA）可再生能源行业咨询委员会（RIAB）的成员，也是总部位于法国巴黎的 21 世纪可再生能源政策网络（REN21）指导委员会的成员，REN21 网络的建立是第一届"国际可再生能源会议"（IREC）——2004 年波恩可再生能源会议的成果。拉尔韦斯也是世界可再生能源网络（WREN）理事会——世界可再生能源网络/大会咨询机构的成员。

在参与德国和欧洲可再生能源行业之前，拉尔韦斯从 1998 年 11 月开始至 2005 年 12 月，担任德国联邦环境、自然保护和核安全部（BMU）总干事，负责可再生能源、气候保护和各种其他档案。作为 BMU 的代表，他是波恩筹备 2004 年第一次国际可再生能源大会（IREC）国际指导委员会的两位主席之一。会后，他担任了 BMU 的代表和联合创始主席，直到 2005 年底从该部离职，后来成为全球政策网络（现 REN21）的成员。

关于联合撰稿人

  2011 年 7 月，克莉丝汀·琳斯（Christine Lins）被任命为 REN21 的执行秘书。REN21 是一个涉及全球公私多方利益攸关方的可再生能源网络，由可再生能源领域的国际组织、政府、行业协会、科学界和学术界以及非政府组织重组，总部设在法国巴黎的联合国环境规划署（UNEP）。2001 年至 2011 年间，琳斯担任 EREC 秘书长，该理事会是欧洲可再生能源行业的代言机构。琳斯在可再生能源领域拥有超过 17 年的工作经验，曾在奥地利一家地区能源机构任职，致力于提高能效和可再生能源。克莉丝汀·琳斯拥有国际经济学和应用语言学硕士学位。

  扬·盖斯博士（Dr. Jan Geiss）自 2006 年至今担任欧洲可再生能源论坛

（EUFORES）秘书长，该论坛总部位于布鲁塞尔，是欧洲议会和欧盟28国议会成员组成的网络，旨在促进欧盟的可再生能源和能效政策及市场。在此之前，盖斯是EUFORES政策顾问和常务董事。自2011年以来，他还兼任布鲁塞尔可再生能源之家的主席。自2012年以来，他是德国环境基金会商业理事会成员。1999年至2012年，他任德国可持续发展论坛理事会主席。盖斯拥有德国帕索大学"可再生能源和能效服务合同"领域的政治经济学博士学位，于1997年完成了国际文化和商业管理专业的学习。

托尔斯滕·穆勒（Thorsten Müller）是位于德国乌兹堡的环境能源法基金会（SUER）的研究总监和执行委员会主席。1996年至2001年，穆勒在乌兹堡和萨尔茨堡（奥地利）学习法律并在德国高级地区法院（OLG Celle）接受法律培训。之后他担任BMU的顾问，就2003年《可再生能源法》（EEG）和2004年的修正案提供咨询。自2004年11月起，他还担任乌兹堡大学公共、环境和行政法教授舒尔茨·菲利茨博士的研究助理。2006年至2011年，他与乌兹堡大学合作，担任"能源与环境法"研究中心负责人。他多次在法律杂志上发表文章，为法律评论和手册撰稿并参与了诺莫斯出版社出版的《新能源法杂志》《可再生能源法律和政策评论》和《可再生能源法著作》的编辑工作。穆勒的法律研究重点是"欧洲和国家可再生能源法"以及"能源效率法"以及不同法律工具之间的相互作用。他多次担任德国联邦议院以及地区议会和政府举行的听证会的法律专家。

马库斯·卡勒斯（Markus Kahles）自 2010 年至今担任环境能源法基金会的研究助理。他的研究重点是"欧洲可再生能源法"，尤其是"国家援助法"和"货物自由流动法"。2004 年至 2010 年，他在德国乌兹堡大学和挪威的卑尔根大学学习法律，同时研读欧洲法律。目前，卡勒斯正在高级地区法院 OLG Bamberg 接受法律培训，同时撰写以"欧洲可再生能源法"为主题的博士论文。

致 谢

　　我要感谢所有鼓励我坚持写作本书的人,由于我在布鲁塞尔和其他地方有大量与政策领域相关工作要处理,有时难以抽出时间完成本书的写作。是他们给我以信心走到最后。我要特别感谢各位联合撰稿人,没有他们的深刻见解和通力支持,本书不可能顺利完成。我还要感谢该系列丛书的编辑约亨·邦德舒,他策划了本书并邀请我参与,还辅助了最终文稿的校核及编辑工作。

　　最后,我非常感谢我的家人,尤其是我的妻子,在我写作期间,对家庭付出的时间有限,感谢她的宽容和支持。

雷纳·欣里希斯-拉尔韦斯

2013 年 5 月

约　定

本文所涉名词：

Parliament：European Parliament（议会：欧洲议会）

Union：European Union（联盟：欧洲联盟）

Council：European Council（理事会：欧洲理事会）

Commission：European Commission（委员会：欧盟委员会）

Member States：for EU Member States（成员国：欧盟成员国）

State Aid：as a technical term in EU legislation（国家援助：欧盟立法中的一个技术术语）

目　录

第一部分　欧洲气候和能源政策框架

第二部分　前进之路：2020 年及以后

可持续能源政策对欧洲的重要性——导论

雷纳·欣里希斯-拉尔韦斯

气候变化：面临的挑战

气候变化是人为的。自工业化开始以来,温室气体排放量和由此产生的大气浓度急剧增加,特别是低于 300 pmm(百万分之三百)的长期浓度迅速增加。如果我们想将全球变暖限制在与工业化前水平相比最多 2 ℃(或 1.5 ℃)的范围内,从而防止最灾难性的影响,那么在一切如常的情况下,世界将迅速接近 450 ppm 二氧化碳当量的阈值,科学家认为这是大气温室气体饱和度的上限。近年来,越来越多的证据表明,450 pmm 的温室气体浓度对于实现将全球变暖限制在 2 ℃的目标仍旧太高(若要实现更低的气温上升目标,更是如此,易受气候变暖影响的国家认为这是必要的)。在科学讨论和政治进程中正在引入一个新的目标,即将温室气体浓度限制在 350 pmm(或更低)的最大值。虽然控制在下限似乎已成为科学常识,但远未成为政治共识,也远未成为国际多边气候进程①的新目标。

尽管越来越多的证据表明,温室气体减排甚至比几十年前或仅仅几年前认为的更为紧迫,但全球温室气体排放正在进一步增加——特别是在发展中国

---

① 本书不会详细评价这些事实和讨论。本书目的不在于从科学的角度评估全球气候变化,也不将全球气候进程作为关注的主要焦点。在 IPCC 的框架内,其他的作者和专家分析和评估了相关过程和结果。气候变化是全球可持续能源政策的主要驱动力。因此,我相信简要阐述欧洲可持续能源政策发展的全球背景有助于本书展开讨论。

家。工业化国家对新技术的能源需求不断增加，大大抵消了效率增益。与此同时，中国已经超过美国成为世界上最大的温室气体排放国。在其他主要的经济体，如印度、巴西、墨西哥和东盟国家——温室气体排放量正在迅速增加。按人均计算，它们的排放量仍远低于欧洲工业化国家，尤其是北美国家，但趋势很明显。越多的国家达到一定程度的发展水平并由此实现工业化，温室气体排放量增加也就越多——无论是以绝对值计算，还是以人均计算。

根据联合国的扶贫目标，有充分的理由进一步加大努力，促进所有人获得可持续能源。需要为发展中国家提供能源是工业化国家减少自身温室气体排放的另一个有力的理由。为了实现联合国的发展目标，同时将大气中的温室气体浓度限制在450 pmm（或350 pmm或更低）以下，科学辩论和政治宣言似乎一致认为工业化国家必须在2050年之前将其排放量减少80%~95%。实现这一目标的有效措施必须在未来几年内到位。否则，由于现有设施和在建设施的锁定效应，有效地将全球变暖限制在可容忍水平的机会将大大减少——甚至完全消失。

气候谈判：多年停滞不前

虽然全球问题显而易见，但全球解决方案并非如此。政府间气候变化专门委员会（IPCC）在科学界享有很高的声誉，是国际气候进程的咨询机构。温室气体减排的全球舞台已经存在，通过特别磋商、附属机构和年度会议形式（缔约国会议〔COP〕/缔约方大会〔MOP〕）进行的国际气候谈判已持续多年，讨论和谈判仍在进行。《联合国气候变化框架公约》（UNFCCC）的结构已经建立，许多人正致力于取得进展。《京都议定书》仍然有效，大多数成员国都愿意通过谈判设定新目标并改进结构。2009年哥本哈根第十五届缔约国会议/第五届缔约方大会被世界各地的环保非政府组织（NGOs）和许多政府夸大其词，认为它是新的、远大的突破性全球气候变化契约。然而，清醒已经取代了对多边进程的高期望。

经过 2010 年在墨西哥坎昆、2011 年在南非德班和 2012 年在卡塔尔多哈等城市举办的多次会议，基本问题显然仍悬而未决。尽管财务需求已经编制好，但实际提供融资比以前更加不明确。《多哈协议》基本上意味着 2013 年和 2014 年将举行会议，并强调参与方决心在 2015 年"根据'公约'通过一项适用于所有缔约方、具有法律效力的协定书、其他法律文书或议定结果"，并将于 2020 年生效和实施。考虑到多哈会议参与方需要付出很大努力才能达成这一最低限度的共识，很难想象 2015 年如何达成一项有助于显著缓解气候变化的协议。

一些民间社会组织代表和政治家[①]从多年的谈判中得出了结论。一些人建议抵制未来的气候谈判，他们认为这些谈判毫无用处，甚至拖延或阻止了解决方案的出台。人们可能会质疑国际气候进程中所花费的成本是否合理有效，以期达成最低限度的共识。但气候变化进程在提高人们对缓解全球变暖紧迫性的认识方面产生了一些影响，这些影响将持续到至少 2015 年。在 2015 年的第二十一届缔约国会议（COP21）上将达成协议——尽管人们越来越怀疑全球主要参与者是否有意愿和能力及时达成共识，是否有足够的雄心壮志将全球变暖限制在 2 ℃（甚至 1.5 ℃）。新协议将批准届时达成的最低共识——这远远不足以阻止全球变暖。然而，仍然有理由相信这至少会减轻气候变化给最贫穷和最脆弱群体带来的一些最严重后果。但行动不能等到那时，也没有必要等待。从技术上讲，在几年之内用清洁可持续的可再生能源取代温室气体排放资源和技术是可能的。而且这样做在经济上是合理的，因为可再生能源的成本在不断下降，而传统能源正在不断消耗，从而导致成本的波动和增加。因此，越早做出明确的政策决定，能源转型就越有效、越成功，产生的经济效益就越高。每个国家和地区都应该立即行动起来，事实上，许多国家已经在做了。

_____

① 德国绿党议员汉斯·约瑟夫·费尔是国际气候进程最直言不讳的批评者之一，建议抵制未来的气候谈判，因为他认为这些会议是成功和有效的气候保护措施的主要障碍。

可再生能源：当前的解决方案

能源部门是温室气体排放的主要来源。工业过程、运输部门、国内供暖与制冷以及通信部门的能源需求都在快速增长，这成为世界各地加快电厂部署的主要驱动力。越来越多的国家开始用可再生能源，如水力、风能、太阳能、生物能和地热，取代传统的化石燃料发电厂。其中包括一些发展中大国，即中国和印度，还有巴西、墨西哥和其他国家，它们正在实施雄心勃勃的可再生能源计划，以满足日益增长的国家能源需求。但他们继续新建传统发电厂，增加了现有的排放源和温室气体排放量。最近的研究[①]表明，现有和新规划的化石燃料发电厂存在锁定温室气体排放的巨大风险，其程度可能很快超过 450 ppm 的阈值。

鉴于国际气候谈判的实际停滞不前，以及不太可能就 2020 年后的全球气候协议达成足够远大的共识，地方、国家、地区和全国层面的单边行动越来越有意义，并将被证明对那些采取行动的人有利。当地温室气体减排的活动通常包括在不久的将来可再生能源占比高的远大目标——通过欧盟对大规模项目的共同投资和／或通过使用可再生能源的合作或欧盟行动的形式进行计算的，这创造和保障了数十万个就业机会和清洁的环境。2011 年，全球有 500 多万个工作岗位与可再生能源相关。有关详细信息，请参阅第十章和 REN21 的可再生能源全球现状报告（GSR 2012）[②]。可再生能源的开发和部署吸引了数十亿清洁能源投资，从而为公共预算创造了税收收入。2011 年，全球投资达 2 570 亿美元。GSR 和其他研究的一个重要发现是远大的目标和政策与开发和部署可

---

① 最突出和最常被引用的研究是国际能源署（IEA）的《世界能源展望》（WEO），该报告在 2011 年和 2012 年再次表明，如果没有雄心勃勃和果断的行动，可容忍碳排放上限可能很快就会被突破。

② 这里的数据来自于 2012 年 6 月发布的 2011 年版报告。下一个版本即将于 2013 年 6 月出版，将可能会证实这些影响。

再生能源带来的经济效益之间存在相关性。中国、欧盟、巴西和所有具有远大政策的国家——至少在某些资源和/或技术方面——在可再生能源领域的就业人数最多。在欧盟,仅德国就有超过 370 000 人从事可再生能源方面的工作,远远超过更大的国家——印度,几乎和美国一样多,美国的框架条件经常发生变化,从而造成投资不确定性。

欧盟:前进道路上的领跑者

欧盟很早就开始支持并成功部署可再生能源。首批支持框架已经在 20 世纪 80 年代建立。由于早期的欧盟政策,但更重要的是,由于大胆的国家决策,欧盟成员国中有几个在可再生能源发展方面领先的国家。他们成功地为可持续可再生能源的市场引入和渗透建立了支持框架。

丹麦是风能开发的先驱国家。早在 20 世纪 70 年代,该国就开始建立对可再生能源,尤其是风能的支持。从 20 世纪 80 年代中期到 2000 年,上网电价支持了风力发电的发展,使该国成为工业发展和涡轮机安装数量方面的领跑者。可再生能源在丹麦电力供应中的份额在欧洲名列前茅,世界上最大的两家风力发电制造商维斯塔斯(Vestas)和西门子(Siemens)(前身为 Bonus)都来自丹麦。丹麦的目标是到 2050 年以风力发电为主要来源,在电力、供暖与制冷部门实现100% 利用可再生能源。

西班牙是欧洲风力发电的另一个先驱,自 20 世纪 90 年代中期开始上网电价就已经到位。2011 年,西班牙超过 15% 的电力来自风力发电。西班牙是世界上风力发电装机容量排名第四的国家,仅次于中国、美国和德国。歌美莎(Gamesa)是世界上最大的风力涡轮机制造商之一(GWEC 2013,WWEA 2012)。排名第五位的是印度,预计未来几年将有强劲增长。然而,由于政策变革,目前西班牙不再支持新的风力发电项目(就像其他新的可再生能源项目一样)(REVE 2012)。因此,西班牙有可能失去近年来成功提高可再生能源产能的势头。

德国被广泛认为是成功的可再生能源支持政策的榜样,尤其是在电力部门。在上网电价法①的推动下,可再生能源的份额从 20 世纪 90 年代中期到 2012 年增长了三倍多,目前占全国用电量②的 23% 以上,风能、生物质能和最新的太阳能光伏是增长最快的技术。德国制造商——如爱纳康(Enercon)(风能)和太阳能世界(SolarWorld)(光伏)——是全球可再生能源市场上最重要的参与者。根据现有的框架条件和到 2022 年完全淘汰核能并使可再生能源成为主要能源(能源转型)的政策,有理由认为该国能够在可再生能源发展方面保持领先。德国很可能成为迈向基于可再生能源的能源系统转型的主要支持者和组织者之一。

欧洲还有其他一些国家的可再生能源份额很高,如瑞典、芬兰、奥地利和拉脱维亚,在他们的能源组合中就有较高比例的可再生能源。与丹麦、西班牙、德国以及葡萄牙等国家将重点放在风力发电开发上相比,上述国家将精力集中在用于发电、供暖与制冷的各种形式的生物质能利用上。本书将分析欧盟以及 27 个成员国迄今为止在可再生能源方面取得的进展。这将表明,如果稳定可靠的框架条件和扶持政策框架保持不变并得到进一步发展,欧洲很有可能在 2020 年达到甚至超过 20% 可再生能源的目标。

情景和愿景：迈向 2020 年后的框架

早在《2020 年欧洲气候和能源框架》商定、颁布和实施之前,就已经有了推广可再生能源的政策和(指示性)目标(本书第 2 章)。多年来,欧洲议会和可再生能源协会一直要求针对可再生能源所有部门建立一个稳定的框架,重点是制

---

① 该版本于 2012 年 1 月生效。更多关于太阳能光伏支持的最新修订还没有英文版。
② 来自德国环境、自然保护和核能部(BMU)的网页,负责德国可再生能源政策的安全。

定一个宏远的中期政策目标。2004 年,EREC① 发起了一场运动,要求到 2020 年可再生能源的最低目标达到 20%。该提议是基于对 2020 年及以后的增长率进行的情景计算。

EREC 的行业情景建立在代表欧盟委员会的科学家所做的建模基础上,这表明 20% 的目标尽管远大但切实可行。如果没有推动国家元首和政府首脑在 2007 年达成协议的政治进程,这一目标就不会成为法律上的现实,但如果没有情景建模工作,达成协议即使不是不可能,也会困难得多。

关于 2020 年目标的 2007 年协议和相关立法是欧洲可再生能源发展的里程碑。现在是时候开展关于下一步的讨论和形成决定,再次探索欧洲实现清洁、可持续和安全能源结构的潜在途径。2011 年 3 月,欧盟委员会发布了《2050 年迈向低碳经济的路线图》(European Commission 2011a),探讨了 2050 年实现 80% ~ 95% 温室气体减排和 2020 年 30% 减排的选项。2011 年 12 月,《2050 年能源路线图》(European Commission 2011f)公布,探讨了两种一切如常情景和五种脱碳情景,均可满足 2050 年温室气体减排 80% ~ 95% 的目标。尽管目前正在就基本假设和不可替代的方法进行讨论,《2050 年能源路线图》已成为一份重要的参考文件——与科学家和利益攸关方提出的其他情景一致——表明欧洲能源供应脱碳必然意味着可再生能源的份额非常高(第九章)。

欧洲议会多数派、欧洲理事会和大多数成员国等各方似乎达成了广泛共识,即 2050 年可再生能源份额占比非常高的情景是欧洲未来能源供应安全辩论的重要内容。然而,2050 年还太遥远,无法有效促进专门的政策框架的制定。路线图的部分共识建立在长远观点的基础上——静观其变。然而,值得一提的是,几年前关于电力供应中 80% 以上的可再生能源的情景被批评,如果不是被嘲笑为乌托邦。与此同时,事实证明,可再生能源是主流能源;通过规模经济和有利的框架条件,其成本迅速下降。

---

① EREC,即欧洲可再生能源理事会是欧洲可再生能源理事会欧洲可再生能源行业、贸易和研究协会的联盟组织。

　　然而，仅凭技术可行性和支持性情景还不足以促进政策的实施。2007 年，拟定并达成了 2020 年框架。现在需要以加强 2020 年协议所创造势头的目标为基础，制定 2030 年框架。此外，还需要就远大和现实的目标以及授权立法达成短期和中期政治协议。这就是为什么 EREC 提出了一个新的具有法律约束力的可再生能源目标，以跟进 2020 年 20% 的目标——到 2030 年可再生能源份额占 45%（EREC 2011）。

促进迈向可再生能源的范式转变

　　迈向 2020 年以后欧洲气候和能源政策框架的政治进程已经开始，并在一定程度上已经成熟。2012 年 12 月的欧洲理事会授权欧盟委员会准备包括 2030 年目标的 2020 年以后框架（Council 2012b）。与 2007 年一样，作为下一个里程碑，2030 年可再生能源目标需要纳入综合气候和能源一揽子计划。一些成员国强调了这一点，欧洲可再生能源部门（EREC 2013b）也为此提出了许多有力的论据。一些成员国和一些利益攸关方正在倡导一个单纯的温室气体减排目标，其中一些成员国要求通过排放交易系统来取代对可再生能源和能效的所有具体支持，如果有的话。大多数欧洲议会成员、行业和其他利益相关方似乎都明白，需要有一个具体的可再生能源目标，为投资者和行业提供一个稳定的框架。然而，现在预测 2020 年后框架的政治进程结果还为时过早。无论结果如何，关于 2030 年框架的决策将对欧洲的能源未来产生重大影响。

　　本书第十一章分析了当前的争论，并概述了宏远的、具有约束力的 2030 年可再生能源目标以及可靠的政策框架的必要性。新框架将不得不建立在现有欧洲立法和国家支持系统基础上。它将促进从合作和互联开始的协同效应进一步发展。2020 年后的框架不仅必须超越仅仅增加可再生能源的份额并将其纳入现有能源体系的范畴，还必须促进系统向灵活性驱动的能源系统转型，该系统需要足够智能化，以整合可再生能源的主导份额——可变和可调度、可集中和可分散。

　　出于透明度和创造公平竞争环境的原因,传统能源和核能的外部成本将必须完全包括在能源价格中。必须消除有利于传统能源和核能的竞争优势和市场壁垒。对不可持续能源的补贴与可持续能源的未来是不相容的。在公平竞争的环境下,可再生能源,加上节能和能效,将成为最便宜的能源来源。因此,从经济上来看,完全淘汰化石能源和核能并转向100%可再生能源势在必行。尽早就明确和有效的扶持性框架条件达成协议,将大大减少向清洁和可持续能源系统过渡的必要费用。

第一部分　欧洲气候和能源政策框架

第1章　引入突破性的立法框架

雷纳·欣里希斯-拉尔韦斯

欧洲、欧盟尤其是一些欧盟成员国被广泛认为是迈向可持续能源未来方面的领跑者。20 多年来,在全球气候保护和相关法律框架方面,欧洲一直被认为发挥着积极主动的作用。2005 年生效的《京都议定书》得益于欧洲谈判人员坚持不懈的努力,推动达成了一项建立在一套成熟的法律框架和持续的政策支持基础上的协议。一个强有力的政策框架(主要在成员国一级,但在欧盟一级协调一致)对可再生能源发展的扶持作用日益成为欧洲支持采取有效缓解措施的强有力立场的主要支柱。与此同时,增加可再生能源的部署已成为欧盟温室气体减排的主要手段。

自 25 年前欧盟开始对可再生能源提供政策支持以来,风能、太阳能、水能、地热能和生物质能越来越多地成为关于未来能源供应以及清洁、可持续和负担得起的能源组合的政策辩论的焦点。关于它们对各种目的(包括气候保护)的好处的讨论很早就开始了。从这场辩论一开始,就有很多很好的理由支持开发和部署多种可再生能源和技术。

资源多样化是支持替代能源发展的首要驱动力。替代能源是在 20 世纪七八十年代石油危机的背景下可再生能源刚面世时的称谓。显然,可再生能源是国内能源。水电资源、驱动涡轮机的风力和产生热量或电力的太阳能等资源在本地随处可见,不需要进口。地热能和(可持续生产的)生物质能在其可利用范围内,几乎可以在任何地方找到和利用,而无须或多或少从友好邻国或合作伙伴处进口原材料,从而促进能源独立。尽管专家(尤其是那些与现有能源公司有密切联系的专家)对增加新技术的可能性以及他们为安全能源供应做出相关贡献的能力表示怀疑,但普遍的共识是,支持可再生能源是合理的。当时,可再生能源和现有垄断企业之间的实际竞争还没有被视为真正的挑战。

1.1　当今的政策框架是如何制定的

本书第一部分描述并分析了欧盟对可再生能源的支持政策是如何开始的,是如何变得有效以及如何被越来越多地接受为当今和未来清洁能源组合的主流解决方案。第一部分还描述和评估了自 20 世纪 70 年代初以来,重点关注可再生能源的欧盟气候和能源政策框架的创建和完善。第一部分最后评估了现有框架及其实现 2020 年目标的有效性。第二部分展望 2020 年之后,分析了迈向 2050 年以可再生能源为基础的能源系统面临的挑战和政策选择。

在第 2 章中,琳斯深入地探讨了在石油危机和开发气候变化框架的背景下制定和实施气候和能源政策的情况。她介绍了首批欧盟项目,从 20 世纪 80 年代和 90 年代初的研发支持和示范项目开始,包括在 20 世纪 90 年代达成和批准《京都议定书》之前它们在欧盟气候变化战略的制定中所起的作用。琳斯讲述了 2007 年之前的情况,当时欧盟国家元首和政府首脑最终就气候和能源一揽子计划达成一致,使欧盟进一步走向可持续和安全的能源未来。

琳斯分析了《1996 年欧盟委员会绿皮书》(European Commissions 1996) 和由此产生的《1997 年白皮书》(European Commission 1997c),设定了可再生能源在欧盟所占份额的第一个指示性目标——到 2010 年为 12%。欧盟责成成员国制定自己的指示性国家指标,并制定实现目标的恰当政策。白皮书概述了一场"起步运动",该运动在 1999 年至 2003 年之间成功地推动了欧盟可再生能源的增长,特别是陆上风能、太阳能光伏和不同的生物质能技术。

作为下一步,她描述了欧盟层面可再生能源立法的首批重要内容:《2001 年可再生能源电力指令》(Renewables Electricity Directive 2001)和《2003 年生物燃料指令》(Biofuels Directive 2003)。她还研究了《2002 年建筑能效指令》(EPBD 2002),该指令对供暖与制冷部门的可再生能源发展应该有一些积极影响。

第 3 章描述和分析了"欧盟气候和能源一揽子计划"的主要内容达成政治协议的进程。从 2007 年 3 月欧洲理事会达成妥协之前的讨论开始,这一章阐明了最终共识的发展过程以及促成这一共识的主要驱动力。

第 3 章还描述了理事会协议文件(排放交易指令、减排共担决策、碳捕获与封存指令和《可再生能源指令》)在其部分有争议的情况下的制定过程。文中还对该框架的主要内容进行了评价,特别是关于欧盟和每个成员国的约束性指标、关于国家支持系统作用的争议以及《国家可再生能源行动计划》的重要性等。

文中对可再生能源的政策和监管框架也进行了评估,涉及所有三个部门(电力、供暖与制冷和运输),并重点关注有待解决的重要方面,如行政障碍的清除和可持续性要求与重点关注运输部门的生物燃料之间的整合。最后,琳斯分析了指令的预期评估对框架的稳定性和投资者信心的潜在影响。

1.2　如何完善和实施框架

在第 4 章中,扬·盖斯仔细研究了该框架的法律和实际实施情况,重点关注了《可再生能源指令》转变为欧盟 27 个成员国的国家立法情况。他分析了《国家行动计划》及其目标实现的潜力。他还分析了成员国关于在 2010 年底前就实现目标的第一份中期报告(以及后来获得的较新统计数据),这些报告原定于 2011 年底完成。他对 2020 年不同要素的预期发展进行了首次评估,包括对框架生效以来政策制定的分析。

在第 5 章中,托尔斯滕·穆勒和马库斯·卡勒斯从欧洲基本法律原则的角度仔细研究了《可再生能源的国家支持计划》。他们分析了这些原则与国家可再生能源支持机制之间的潜在矛盾，其中大多数机制只针对国家生产和消费，因此排除了来自其他成员国的（潜在）市场参与方。他们为国家框架和欧盟基本法律之间的潜在冲突以及国家支持系统与欧洲主要法律的合规性提供了标准。最后，他们对辩论如何进一步发展进行了展望。

同样由托尔斯滕·穆勒和马库斯·卡勒斯撰写的第6章，就成员国之间在可再生能源支持政策方面进行更多合作的可能性和/或必要性的日益相关的讨论提供了深入分析，重点是分析在《欧洲联盟条约》框架内可能出现的法律问题。除了第3章的政策分析，第6章重点关注现有国家政策的法律影响、它们与内部市场规则的兼容性以及欧洲法院的裁决对德国上网电价系统的影响。

他们首先分析了现有的支持系统，特别是它们的主要类型（上网电价、上网电价补贴和有或没有可交易绿色证书的配额义务），指出了各种系统的不同和相似之处，通过协调整个欧盟的支持机制来讨论拟议解决方案的影响。他们建议，可以通过成员国之间进行更多的合作以及由此带来的各框架趋同，解决相互竞争的国家政策的潜在法律问题，并分析了《可再生能源指令》的合作机制对解决国家政策与《欧洲联盟条约》所载基本原则之间的冲突所作的贡献。

最后，第7章讨论了1996年至2009年期间欧盟为促进能源市场自由化和市场运作而讨论和决定的一揽子立法。这章重点介绍了三个单一市场一揽子计划的主要内容，关注他们的实施情况和存在的不足。最后，这章评估了成员国内部和成员国之间存在的市场失灵的影响，部分原因是欧盟现有立法的执行不完整，另有部分原因是立法本身的缺陷。

1.3 需要解决和回答哪些问题

第一部分应让人们认识到，欧盟可再生能源的强劲和稳定增长已经奠定了坚实的基础——能源供应安全、经济增长和温室气体减排。它还应该让人们认识到,政策框架并非一蹴而就的,而是关于欧洲能源供应未来的一场有趣的、部分有争议且仍在持续的辩论的结果。

迄今为止,只有少数利益攸关方和成员国对全面并大胆地实施 2020 年目标和框架的可能性和必要性表示质疑。尽管经历了经济和金融危机,只有少数国家修订了其支持框架,目的是限制可再生能源的未来增长——但现在有些国家(见本书第四章)更加直言不讳。还有一些成员国一直倾向于其他低碳技术,尤其是核能和"清洁"煤炭。他们试图就 2020 年目标的实施成本过高展开辩论,这方面在本书最后的"展望"章节中有论述。

碳捕获与封存(CCS)作为温室气体减排的相关贡献的讨论正在消退,没有新项目处于开发过程,正在实施的就更少了。对经济可行性(和公众接受度)的预期似乎正在朝着那些长期以来一直怀疑 CCS 在未来几十年内将是否变得经济可行、从而有助于温室气体减排的方向发展。在"展望"章节中,我们还将通过更深入地了解最近有关 CCS 未来的公众咨询来解决这一问题。

与人们对 CCS 信心逐渐减弱以及一些政客的期望相比,一些成员国和欧盟委员会部分成员对核能作为一种所谓的清洁能源的支持(在短暂的间歇之后)并没有真正消失,至少在口头承诺的层面上是如此。一些国家及其代表继续倡导将核电作为一种重要的低碳能源,尽管福岛灾难和由此而来的公众接受度下降,尽管欧盟计划的少数几个新核电站要么严重落后于计划进度,要么大大超出最初的成本计算。最近,英国立法机构提议通过差价合同的方式支持新建核电站,给予 40 年的低碳底价(基本上是复制可再生能源的上网电价模式),这只是旧思维盛行的最后一个例子,结局极大可能是烧钱,而不是从可再生能源中提供负担得起的可持续能源。

第一部分表明,到 2020 年,一个良好的可再生能源框架已经到位,这有可能促进可再生能源的进一步增长并产生经济效益。

要从现有的温室气体减排和可再生能源作为主要能源的框架中获得所有好处,最有效和最具成本效益的方法是就 2030 年可再生能源份额的新的宏远的中期目标和实施所需的政策框架达成协议。这一点以及对 2050 年的愿景是本书第二节要讨论的内容。

第2章 从幼稚到成熟：2007年之前的欧洲气候和能源政策

克莉丝汀·琳斯

2.1 欧盟支持可再生能源的开始

欧盟的能源以化石燃料为主，其中近三分之二来源于进口。目前，欧盟消耗的石油和天然气进口分别在80%和60%以上。按目前的趋势，到2030年，进口水平将达到欧盟总能源需求的70%以上(European Commission 2011e)。

当20世纪70年代的石油危机让每个人都意识到化石资源终有一天会耗尽的事实时，可再生能源开始开发。然而，直到今天，关于这到底何时会发生的争论仍然存在。国际能源署在《2010年世界能源展望》(WEO 2010)中也承认，传统原油产量已在2006年达到峰值。就"煤炭峰值"而言，有争议的观点认为它将在不久的将来或未来200年内达到。

最近的政策讨论清楚地表明，需要减少我们能源系统的二氧化碳排放量，这在很大程度上有利于可再生能源。然而，欧盟在很早的时候就意识到可再生能源需要强有力的、持续的和明智的政治承诺。

2.2 首批欧盟支持项目[①]

一段时间以来，开发可再生能源一直是欧盟能源政策的中心目标，早在1986 年，欧洲理事会（Council 1986）将推广可再生能源列为其能源目标之一。自那时以来，由于欧盟各种各样的研究、技术开发和示范项目，如 JOULE、THERMIE、INCO、FAIR（主要支持项目及其范围见表 2.1）取得了重大的技术进步，不仅有助于欧洲在可再生能源的所有领域建立起可再生能源产业，而且还实现了该产业的全球领先地位。20 世纪 90 年代初，人们清楚地认识到，除了30 多年来通过欧盟研究、示范和创新项目开发可再生能源技术的努力外，还需要一个结合立法和支持措施的政策框架，以促进可再生能源市场的渗透。

欧盟委员会代用能源计划（ALTENER）是欧洲理事会于 1993 年（Council 1993）通过的首个推广可再生能源的专项金融工具。欧洲议会不断强调可再生能源的作用，并大力倡导一项欧盟行动计划来推动可再生能源的发展。

欧盟政策框架确立了 2010 年整体和部分层面的指示性中期目标。欧盟在1993 年的 ALTENER 中首次提出可再生能源的目标：将可再生能源对国内能源总消耗的贡献翻倍，从 1991 年的 4% 提高到 2005 年的 8%。

表 2.1 欧盟支持项目

项目名称	时间安排	财务规模	重点
研究与技术开发框架项目	20 世纪 70 年代起		
欧洲能效专项行动计划	1992—2002 年	>1 亿欧元	能效
（SAVE）项目 ALTENER 项目	1993—2002 年	>1.2 亿欧元	再生能源

---

① 摘自 1998 年欧盟委员会《欧盟通讯战略需求》第 1.1.3 节。

续表

项目名称	时间安排	财务规模	重点
智能能源欧洲项目	2003—2006 年	>2.5 亿欧元	继续 SAVE 和 ALTENER 下的行动
智能能源欧洲项目	2007—2013 年	>7.3 亿欧元	嵌入竞争力与创新的项目（CIP）

2.3 推广可再生能源作为抗击气候变化的核心支柱

1992 年里约会议五年后，鉴于即将于 1997 年 12 月在京都举行的"联合国气候变化框架公约缔约方第三次会议"，气候变化再次成为国际辩论的中心。欧盟意识到急需解决气候变化问题。它还表明了一项谈判立场，即工业化国家到 2010 年将温室气体排放量在 1990 年的水平上减少 15%。为了促进成员国实现这一目标，欧盟委员会在关于《气候变化的能源维度》的通讯报告（European Commission 1997a）中确定了一系列能源行动——包括可再生能源的突出作用。

部长理事会对此表示认同，请求欧盟委员会准备一项行动方案，提出一项可再生能源战略。为筹备在京都举行的国际气候变化会议，委员会确认了欧盟谈判任务的技术可行性和经济可管理性。在《气候变化——欧盟应对京都议定书的方法》（European Commission 1997b）的通讯报告中，欧盟委员会分析了大幅减少二氧化碳排放的后果，包括对能源部门的影响。为了实现这样的减排，欧盟需要作出重大的能源决策，重点是降低能源和碳强度。无论京都会议的确切结果如何，加速可再生能源的渗透被认为对降低碳强度和二氧化碳排放非常重要。

2.4　突破:《1997 年白皮书》是欧盟首份可再生能源立法元素

继 1996 年 11 月欧盟委员会就同一主题发表的绿皮书（European Commission 1996）引发讨论后，1997 年，欧盟委员会发表了《未来能源:可再生能源——欧盟战略和行动计划白皮书》（European Commission 1997c）（简称《1997 年白皮书》）的通讯报告。

在《可再生能源绿皮书》中，欧盟委员会征求意见，以确定到 2010 年可再生能源占欧盟内陆能源消耗总量 12％的指示性目标。在征询意见过程中收到绝大多数的积极回复证实了委员会当时的看法，即指示性指标是一个很好的政策工具，它发出明确的政治信号并推动相关行动。

因此，《1997 年白皮书》设定了一个指示性目标，即到 2010 年将可再生能源在欧盟内部总能源消耗中的份额翻一番，从 6％上升到 12％，这被认为是一个宏远但现实的目标。

鉴于大幅增加可再生能源在欧盟总能源中所占份额的重要性，无论对减少二氧化碳排放的确切约束性承诺最终会是什么，这一指示性目标被视为是必须保持的一个重要的最低目标。强调了监测进展情况和在必要时保留审查这一战略目标的备选办法的重要性。

为实现到 2010 年可再生能源在欧盟能源组合中的份额为 12％的指示性目标所需增加的可再生能源的计算是基于《京都议定书》之前情景下的预计能源使用量。人们认为，如果在《京都议定书》之后采取必要的节能措施，预计欧盟 15 国的总体能源消耗到 2010 年可能会下降。与此同时，欧盟扩充吸纳那些几乎没有可再生能源的新成员国，需要更大的可再生能源增长量。因此，人们认为在这一阶段 12％的总体目标可以进一步细化，此外，还明确强调，这一总体目标是一个政治工具，而不是一个具有法律约束力的工具。

《欧盟战略和行动计划》应被视为一个综合整体，必须在成员国和欧盟委员会之间的密切合作下进一步制定和实施，需要各方长期协调一致的努力来应对面临的挑战。应在本战略和行动计划提供的协调框架内，根据辅助原则在适当层面采取措施。认为只需要在欧盟层面采取行动既不正确也不现实。一开始就指出，成员国在承担推广可再生能源的责任方面发挥关键作用，通过国家行动计划，采取必要措施促进可再生能源渗透率的显著提升，并实施该战略和行动计划，以实现国家和欧洲的目标。

各方一致同意，只有在国家层面的措施不足或不适当，以及需要在整个欧盟范围内进行协调时，才会在欧盟层面采取立法行动。

拟议行动计划的主要特点是在不造成过度财政负担的情况下为可再生能源提供公平的市场机会。为此目的，拟订了一份优先措施清单，其中包括：

- 无歧视电力市场进入渠道；

- 财政和金融措施；

- 关于运输、供暖和发电所用生物能源的新举措，特别是增加生物燃料市场份额、促进使用沼气和开发固体生物质能市场的具体措施；

- 促进可再生能源（如太阳能）在建筑业中的使用，包括改造和新建建筑。

同样清楚的是，实现这一目标将需要各成员国的大量投入，它们必须在可再生能源潜力允许的范围内促进可再生能源的广泛应用。

鼓励成员国努力设定各自目标，以实现：

- 更多地利用现有潜力；

- 帮助进一步降低二氧化碳水平；

- 减少对能源的依赖；

- 发展国家工业；

- 创造就业机会。

据评估，为了实现这一总体目标，1997 年至 2010 年期间需要约 950 亿 ECU[①] 的巨额投资。鉴于欧盟有能力提供设备以及技术和金融服务，预计更多地使用可再生能源将带来巨大的经济效益，尤其是创造大量的出口机会。

评估还指出，预计：

- 创造 50 万至 90 万个就业机会；

- 从 2010 年起，每年节省燃油成本 30 亿 ECU；

- 燃料进口减少 17.4%；

- 到 2010 年，二氧化碳排放量每年减少 4.02 亿吨。

在此之前，在欧盟政策、方案和预算中很少重视可再生能源。因此，该行动计划旨在提高各方案负责人的认识，并在欧盟的下列政策中更加重视可再生能源：

- 环境；

- 就业；

- 竞争和国家援助；

- 技术研发；

- 区域政策；

- 共同农业政策和乡村发展；

- 对外关系，特别是通过 PHARE、TACIS、MEDA 等项目。

为实现白皮书中确定的目标，成员国之间须加强合作。特别是在 ALTENER 项目下提供支持措施，以实现有针对性的行动、告知消费者、制订欧洲标准，提高可再生能源在各机构和商业银行资本市场上的地位，并搭建起可再生能源领域的（区域、岛屿、大学等）网络。

---

① ECU：1999 年 1 月 1 日被欧元取代的前欧洲货币单位。

2.5 起步运动

尽管当时可再生能源技术已经达到一定的成熟度,但它们的市场渗透仍存在许多障碍。为了帮助可再生能源实现大规模渗透的真正起步,朝着到2010年将欧盟可再生能源份额翻番的目标取得进展,并确保整个欧盟采取协调一致的方法,欧盟委员会提议开展一场可再生能源起步运动(European Commission 1997c,p.27ff)。这项工作将在成员国和委员会之间密切合作下在若干年内进行。该拟议运动旨在促进在不同的可再生能源部门实施大型项目,以释放出更广泛使用可再生能源的明确信号。

起步运动(CTO)的目的是推动各种可再生能源领域的引人注目的项目。在运动期间,促进了几项关键行动:

● 安装100万套光伏系统,其中50万套用于欧盟成员国国内市场的屋顶和外墙(总投资成本:15亿ECU),50万套用于出口,特别是用于启动发展中国家的分散电气化;

● 10 000 MW大型风电场;

● 10 000 MW_{th} 生物质能发电装置;

● 在100个小型社区、地区、城市、岛屿实施整合可再生能源的试点方案。

与会方一致认为,将在ALTENER项目下密切关注白皮书中提出的战略和行动计划的执行情况,以衡量可再生能源市场渗透方面取得的进展。

起步运动(CTO)是1999年发起、2003年12月结束的第一次欧洲可再生能源推广运动,这是《关于可再生能源的欧盟战略和行动计划白皮书》中概述的战略的重要组成部分,旨在启动该立法文件的实施。

CTO确认的关键部门与当时成熟的技术相对应,因此被认为是实现白皮书可再生能源目标的关键,但需要初始刺激以加速并大幅提高其市场渗透率,从而发展规模经济,进而降低成本。

CTO 的目的是促进整个战略的成功，方法是以明显的方式刺激增加可再生能源私人投资的必要趋势，并强调接近市场的技术——太阳能、风能和生物质能。CTO 预期在 2003 年实现既定目标，即制定一个行动框架，以突出投资机会和吸引所需的私人资金，预计私人资金将占所需资本的最大份额。

CTO 还试图鼓励将公共支出集中于关键部门，预计此过程也将鼓励私人投资。最后，CTO 以其通信传播能力而闻名，发起多种类型的合作伙伴关系和宣传活动[2004 年欧洲可再生能源理事会（EREC）对 CTO 的影响评估]。

2.6　电力、运输以及建筑部门可再生能源使用立法

继欧盟委员会的白皮书之后，在电力和运输部门建立了推广可再生能源的欧洲立法框架，并制定了两项具体的欧盟指令，建立了各自领域在欧盟和国家层面的可再生能源增长目标，以及一系列具体措施和监测计划。

2.6.1　《可再生能源电力指令》

2001 年 9 月通过的《可再生能源电力指令》（简称《2001 年电力指令》）首次允许与成员国达成具体的国家指示性目标，以维持可再生能源电力的大幅增长，到 2010 年，欧盟 15 国从 2000 年的 14% 上升到 2010 年的 22.1%（欧盟 25 国的 21%）（详情见表 2.2）。通过制定和实现与该指令以及各国在《京都议定书》中所做承诺相一致的年度国家指示性目标，鼓励更多地使用可再生能源发电。

这是欧盟形成可再生能源发电监管框架的一个重要里程碑。《可再生能源电力指令》包含以下措施：

　　● 可再生能源电力消耗的量化国家目标；成员国必须在 2002 年 10 月之前公布独立于与已生效的支持系统或计划的国家可再生能源电力目标。

- 如有必要，国家支持计划加上协调的支持系统。
- 简化国家授权行政程序。
- 保证获得可再生能源电力的输送和分配。

表2.2　《可再生能源电力指令》中设定的国家及欧盟指示性目标

	可再生能源电力份额（%）		产生的可再生能源电力 太瓦时（TWh）	
	1997	2010	1997	2010
奥地利	72.7	78.1	51.5	55.3
比利时	1.1	6.0	1.2	6.3
丹麦	8.7	29.0	3.9	12.9
芬兰	24.7	35.0	23.2	33.7
法国	15.0	21.0	80.6	112.9
德国	4.5	12.5	27.5	76.4
希腊	8.6	20.1	6.2	14.5
爱尔兰	3.6	13.2	1.2	4.5
意大利	16.0	25.0	57.3	89.6
卢森堡	2.1	5.7	0.2	0.5
荷兰	3.5	12.0	4.6	15.9
葡萄牙	38.5	45.6	23.9	28.3
西班牙	19.9	29.4	51.8	76.6
瑞典	49.1	60.0	79.8	97.5
英国	1.7	10.0	8.5	50.0
欧盟	13.9	22.1	424.5	674.9

《可再生能源电力指令》为可再生能源提供了一个宽泛的定义，它包括水电（大型和小型）、生物质能（固体、生物燃料、垃圾填埋气体、污水处理厂气体和沼气）、风能、太阳能（光伏、热能、热电）、地热能、波浪能和潮汐能。一般的垃圾焚烧被排除在外，但垃圾中的可生物降解部分被认为是可再生的。"只要在尊重

垃圾等级"的前提下，备受争议的垃圾焚烧生物降解部分才被保留下来。

此外，还包括大型水电站（10 MW 以上），各方默许大型水电站将被视为实现目标的一部分，但不符合支持措施的条件。

无论是过去还是现在，成员国在国家层面对可再生能源电力实施不同的支持机制，如投资援助、免税或减税、退税和支持支付给生产者的价格援助（直接价格支持），后者在大多数成员国是可再生能源电力的主要推广工具。

值得注意的是，《可再生能源电力指令》并未规定协调一致的欧洲支持计划；但明确规定国家支持系统将继续存在。各成员国有义务实现各自清晰的具体国家目标，但各国差别较大。这些目标是在责任共担过程中达成的。同时，在欧盟层面确定了提供可再生能源电力消费国家目标的原则。

然而，正如指南提案所附带的欧盟委员会工作人员工作文件所示，尽管欧盟委员会认为在当时协调欧洲支持计划不合适，但同时也指出，"当然，这并不妨碍成员国采取措施'自下而上'协调支持计划，例如将其绿色证书制度联系起来或制定共同的电价计划。不同支持计划数量的减少可以产生巨大的规模经济，简化监管环境，提高投资者的透明度，从而更经济高效地实现可再生能源目标"（European Commission 2008，p. 14）。

在《可再生能源电力指令》发布后的几年里，有时会伴随着关于是否需要协调支持计划的必要性和价值的非常情绪化的讨论，比如未来电力项目。

该指令只是规定，欧盟委员会将在 2005 年之前对每个国家的可再生能源体系进行分析和调查，得出的结论是：协调的时机还不成熟，带给投资者的不安全感会对可再生能源在欧盟的部署产生反作用。

《欧洲议会和理事会关于推广可再生能源使用的指令修订并随后废除了 2001/77/EC 和 2003/30/EC 指令》（Renewables Directive 2009）包含在 2008 年"气候和能源一揽子计划"中，是在《2001 年电力指令》和《2003 年生物燃料指令》的基础上制定的。此外，它还通过在供暖与制冷部门使用可再生能源的立法来缩小差距。有关气候和能源一揽子计划的更多参考信息，请参见第 3 章。

2.6.2　生物燃料立法

2003 年 5 月通过的《促进生物燃料用于运输的指令》（Biofuels Directive 2003）（简称《2003 生物燃料指令》）设定了生物燃料消耗量占汽油和柴油总消耗量比例的目标（2005 年为 2%，2010 年为 5.75%），而该指令通过时的目标为 0.6%（详情见表 2.3）。生物燃料包括生物乙醇、生物柴油和任何由可再生能源生产的运输燃料。根据该指令，各国政府应采取措施，促进本国境内生物燃料的生产。

表 2.3　1995—2010 年生物燃料发展和目标

	1995 年欧盟统计局（Mtoe）	2000 年欧盟统计局（%）	1995—2000 年增长率（Mtoe）	2010 年指令性目标（%）	2001—2010 年所需的年增长率（%）
生物燃料	0.27	0.68	20.2	17.0	18.0
汽油和石油需求	237.7	256.6	1.5	295.8	1.6
生物燃料份额	0.1	0.26	—	5.75	—

2003 年 10 月，理事会通过了《关于能源产品征税的新财政指令》（Energy Taxation Directive 2003）。该指令将欧盟能源产品最低费率制度的范围从以前的矿物油扩大到包括煤炭、天然气和电力在内的所有能源产品，因此也有助于推广生物燃料。根据规定，只有当能源产品被用作燃料或取暖时才征税。除其他规定外，该指令允许成员国豁免包括生物燃料在内的可再生能源。

2.6.3　促进建筑能效的指令

除了电力和生物燃料指令外，另一项立法的重点是促进建筑物的能效（EPBD 2002）。鉴于建筑物的周转率较低，使用寿命为 50 年至 100 年以上。显然,在中短期内改善能源性能的最大潜力在于现有的存量建筑。该指令制定了一个框架,以加强成员国之间在这一领域的立法协调。但是,会议决定,该框架的实际应用仍然主要是各成员国的责任。该指令包括五个主要要素:

- 建立计算建筑物综合能效的通用方法的一般框架;
- 应用于新建筑物和翻新现有建筑物的能效最低标准;
- 基于上述标准的新建筑和现有建筑认证方案,公开展示能效证书,以及推荐公共建筑物和公众经常出入的建筑物的室内温度和其他有关气候因素;
- 锅炉和供暖/制冷装置的具体检查和评估;
- 遵循欧盟法律的国家政策措施。一旦建筑物的能效证书得到广泛应用(目前已实现),建筑物(出租或出售)的价格将开始反映其能效。

该指令提出了以下具有成本效益的措施以改善欧盟内建筑的能效,目的是促进建筑标准向那些已经具有雄心的成员国趋同:

- 综合建筑能效标准的方法;
- 新建筑和现有建筑标准的应用;
- 所有建筑物的认证方案;
- 锅炉/供暖与制冷装置的检查和评估。

2.7 可再生能源供暖与制冷：缺失的环节

尽管欧盟在可再生能源电力和生物燃料推广方面处于领先地位,但在供暖与制冷领域推广利用可再生能源还存在明显的立法空白。

在欧洲,超过 40% 的一次能源消耗用于建筑物供暖、家庭热水生产和工业过程中的供暖。供暖部门是一次能源的最大消耗者,超过了电力部门或运输部门。因此,可再生取暖资源(生物质、太阳能、地热能)的市场具有巨大的增长潜力,以取代目前用于取暖目的的大量化石燃料和电力。

然而,无论是在欧盟层面还是在大多数成员国,可再生能源供暖比可再生能源电力受到的政治关注要少，这主要是因为可再生能源供暖不是使用欧洲范围内的网络进行交易。另一个原因可能是可再生能源供暖主要由中小企业销售，它们在欧盟能源市场还没有很强的认同感。可再生能源供暖支持计划的引入被认为比可再生能源电力更为复杂，因为欧洲没有一个可再生能源供暖的单一市场，该市场不受单一监管机构的监管，销售监控也不由单一实体协调。

然而，可再生能源供暖是《1997 年白皮书》的一个关键组成部分，因此，欧洲议会和可再生能源行业（EREC 2005）都表示，可再生能源供暖应成为开发可再生能源资源的任何连贯战略的一个主要组成部分。正如《欧盟委员会关于可再生能源欧盟战略和行动计划（1998—2000 年）实施情况的通讯报告》（European Commission 2001）总结那样，"成员国对单个可再生能源战略和目标的定义，正如《可再生能源电力指令》提议中所呼吁的那样。然而，这些目标的定义不仅涉及电力部门，还涉及供暖、制冷和运输部门"（page 29）。

这一呼吁最终在关于欧盟"能源和气候一揽子计划"的讨论中得到了回应，提升供暖与制冷部门可再生能源增长的措施已成为《可再生能源指令》的重要组成部分（详情见本书第三章）。

第3章　2020年欧盟"气候和能源一揽子计划"

雷纳·欣里希斯-拉尔韦斯

3.1　导言

在国际政策领域,特别是在气候会议和关于气候保护目标和政策框架的谈判中,欧盟一直被视为全球领导者。欧盟和欧盟成员国代表团一直是《京都议定书》的坚定支持者和倡导者。可以合理地假设,如果没有欧盟谈判者和各国政府在广泛民间社会支持的基础上发挥积极作用,该议定书永远不会达成协议并最终获得批准。

然而,当签署国达成最低限度的共识并将其成文时,推动并批准国际框架只是问题的一面,这一点在过去(现在仍然)难以设计和实施。另一方面,无条件执行被评估为减缓气候变化所必需的政策和措施,并有助于安全和面向未来的能源供应则更加复杂,也更加难以设计。多年来,它没有在更大范围内被认真考虑。传统的思维方式(坚持只实施得到广泛认可甚至全球认可的政策)基于这样一种误解,即实施气候保护措施和绿色能源选项主要是一种负担,而不是一种资产或利益。这过去是,现在仍然是全球气候保护政策进展缓慢和无所作为的关键因素。

因此,欧盟决定制定一项"气候和能源一揽子计划",并在 2007 年 3 月的欧洲理事会①上基本达成一致,这可以被视为与谈判和努力达成最低限度共识,而不是设计和实施必要行动的道路发生了重大偏离。尽管仍有一些关键方面有待解决,但欧盟国家元首和政府首脑达成的协议以及随后一系列指令②的详细执行,是可持续气候和能源政策的杰出全球里程碑,尽管在 2008 年 12 月波兰波兹南的《联合国气候变化框架公约》第十四次缔约国会议暨《京都议定书》第四次缔约方会议(COP 14/MOP 4)之前,尚未就法律细节达成正式协议。

本章将描述和分析理事会协议、"气候和能源一揽子计划"的不同要素以及由此产生的立法法案。分析将表明,欧盟一系列 2020 年目标协议以《可再生能源指令》中对每个成员国具有法律约束力的目标为基础,为整个欧盟乃至一些成员国制定可持续气候和能源政策提供了巨大的动力。

3.2　2007 年 3 月的理事会协定

在 2007 年 3 月欧盟国家元首和政府首脑会晤之前的几个月里,就欧洲理事会气候和能源议程的某些方面进行了有争议但富有建设性的讨论。气候和能源是德国总理安格拉·默克尔(Angela Merkel)在其主席议程③中提到的关键议题之一。

环保组织(NGOs)和一些政府一直在寻求在欧盟范围内就 2007 年 12 月在

---

① 根据《欧洲条约》,欧洲理事会由所有欧盟成员国的国家元首和政府首脑组成,根据《里斯本条约》,欧洲理事会应讨论和决定欧盟的"总体政治方向和优先事项",是作出高度重视的政治决策的适当机构。欧洲在国际气候保护政策中的作用无疑是举足轻重的。

② 根据《欧洲条约》,欧洲指令是欧洲立法的一个关键要素,每个成员国都必须将其转换为国家立法。如不遵守规定,欧盟委员通常会启动侵权程序,最终可能会受到欧洲法院的处罚。

③ 欧盟轮值主席国和欧洲理事会轮值主席国每六个月按预先设定(按字母)顺序相继变动。与下一届主席合作,每届新主席通常会提出一个议程,包括在接下来六个月的主席任期内需要解决的问题。尽管这个议程必须反映待定问题和欧盟的普遍共识,但通常是下届主席国纳入的一些特定的兴趣点。气候保护和可再生能源就是德国总统特别承诺的问题。

波兹南举行的气候峰会的宏伟目标和承诺达成共识。虽然 NGOs 明确要求欧盟单方面承诺到 2020 年温室气体减排至少 30%（与 1990 年的水平相比），但大多数国家的政府对他们认为过于远大的单方面目标持犹豫态度。这场辩论的一部分是欧盟排放交易系统的进一步发展，特别是拍卖排放权，而不是通过"溯往原则"自由分配排放权的问题。此外，必须解决在"非排放交易系统"部门执行温室气体减排政策的重点问题。

另一场辩论是关于欧洲可再生能源开发和部署的未来。行业代表，特别是总部位于布鲁塞尔的可再生能源组织①以及欧洲议会的一些成员一直要求制定一个欧洲目标，即到 2020 年，供暖与制冷部门的可再生能源份额至少达到 25%。他们一直在推动在供暖与制冷领域推广可再生能源的欧洲指令，效仿《2001 年电力指令》和《2003 年生物燃料指令》。此外，EREC（欧洲可再生能源理事会，欧洲可再生能源协会的联盟组织）牵头进行了紧急游说，争取在 2020 年实现至少 20% 的具有法律约束力的可再生能源目标，并以电力、供暖与制冷以及交通这三个部门的具体目标为基础。

在理事会会议结束时，德国总理默克尔提交了主席会议的结论，大多数观察人士一致认为，一项将重点放在可再生能源上的宏远的一揽子计划已经制定。官方新闻声明这样描述关于气候保护目标的理事会会议的结果："在与欧盟成员国国家元首和政府首脑的艰难谈判中，德国联邦总理默克尔在制定宏远的欧洲气候和能源综合政策方面取得了突破。"这将使欧盟在定于 2007 年开始的后《京都议定书》机制谈判中，在国际气候保护方面发挥先锋作用，从而获得信誉。在这种情况下，欧洲理事会同意作出自愿承诺，只要其他工业化国家制定类似的目标，就将温室气体减排 30%。然而，除了这一承诺之外，它还确定了

---

① 指欧洲可再生能源理事会（EREC，总部位于布鲁塞尔的欧洲可再生能源协会的联盟组织）及其成员，代表特定技术的协会，如风能、太阳能、生物质、地热能和水力发电，或可再生能源行业的具体方面，如可再生能源生产商或研究机构，已经在布鲁塞尔建立了可再生能源政策工作和宣传的坚实基础，代表了对试图影响欧盟委员会、欧洲议会和理事会的传统能源游说者的重要制衡力量。

一个独立的目标，即到 2020 年将温室气体排放量相对于 1990 年的水平减少 20%（Council 2007b）。

与气候相关的段落——"气候和能源综合政策"标题下——强调了一些关键协议。主席的结论强调了一项关于总体目标的协议（Council 2007a，No. 27）："需要有效和紧迫地应对气候变化的挑战。最近关于这一问题的研究有助于人们日益认识和了解长期后果，包括对全球经济发展的后果，并强调必须立即采取果断行动。欧洲理事会强调实现将全球平均气温上升限制在不超过工业化前水平 2 ℃的战略目标至关重要"。

在强调（Council 2007a，No. 29）"欧盟在国际气候保护方面的主导作用"之后，理事会"强调国际集体行动将在推动有效、高效和公平应对气候变化挑战方面发挥关键作用。应邀请所有国家根据其不同的责任和各自的能力，为本框架下的努力做出贡献"。

除了温室气体减排目标，欧洲理事会还就《欧洲能源行动计划：欧洲能源政策》（Council 2007a，p. 16ff）做出了决策，其中阐述了未来安全、可持续能源政策的各种要素。在该行动计划中，总结了可再生能源和能效方面的关键目标和政策，或如官方通讯报告（Council 2007b）所言："鉴于可持续能源政策在实现气候目标方面的核心作用，以及作为欧洲能源政策道路上的里程碑，欧洲理事会通过了《欧洲能源行动计划》，其三个目标是供应安全、效率和环境兼容性。谈判围绕一项具有约束力的承诺达成协议，即将可再生能源在总能源消耗的比例提高到 20%。该协议还补充了引入能效措施的目标，预计到 2020 年将总能源消耗减少 20%。将节能与推广可再生能源的明确承诺联系起来，向能源市场传递投资可持续和创新能源的重要信息。"

行动计划的文本更详细地描述了国家元首和政府首脑达成的协议（Council 2007a，No. 7：21）："欧洲理事会重申欧盟对 2010 年以后在欧盟范围内发展可再生能源的长期承诺，强调所有类型的可再生能源如果以成本效益高的方式使用时，同时有助于供应安全、竞争力和可持续性，并深信向行业、投资者、创新者和研究人员发出明确信号至关重要。"

基于这一总体评估,理事会同意"到 2020 年可再生能源在欧盟能源消耗中所占份额达到 20% 的约束性目标",以及"到 2020 年所有成员国实现生物燃料占欧盟运输汽油和柴油总消耗的 10% 的约束性最低目标,并将以成本效益高的方式引入"。

10% 的生物燃料目标的约束性被评估为适当的,"前提是生产的可持续性,第二代生物燃料的商业可用性,《燃料质量指令》进行相应修改,以允许足够的混合水平"。

除了可再生能源总份额和运输部门的这些具有约束力的目标外,行动计划还强调了一项重要的补充协议:"从可再生能源总体目标出发,应在成员国充分参与的情况下制定差异化的国家总体目标,适当考虑到公平和充分的分配,并考虑到不同的国家起点和潜力,包括现有的可再生能源水平和能源组合……让成员国决定每个具体可再生能源部门(电力、供暖与制冷、生物燃料)的国家目标。"为实施这些协议,欧盟委员会被要求在 2007 年提出一项《关于所有可再生能源使用的新的综合指令》提案,除其他事项外,还包括每个成员国的总体国家目标,"《国家行动计划》包含部门目标和实现这些目标的措施",以及生物燃料的可持续性条款:"确保可持续生产和使用生物能源的标准和规定,并避免生物能源不同用途之间的冲突"。

表 3.1　2008 年欧盟"气候与能源一揽子计划"

《排放交易系统指令》

　　欧洲议会和理事会第 2003/87/EC 号修订指令,目的是改进和延续欧盟的温室气体排放配额交易计划。

减排共担决策

　　欧洲议会和理事会关于成员国努力减少温室气体排放以履行欧盟 2020 年前温室气体减排承诺的决策。

续表

碳捕获与封存指令

　　欧洲议会和理事会关于二氧化碳地质封存的指令以及修订的理事会 85/337/EEC 指令、2000/60/EC、2001/80/EC、2004/35/EC、2006/12/E、2008/1/EC 指令和 1013/2006 法规。

《可再生能源指令》

　　欧洲议会和理事会关于推广可再生能源使用指令的修订并随后废除 2001/77/EC 和 2003/30/EC 指令。

3.3　履行理事会协定

　　在理事会会议后的几个月里，欧洲委员会开始拟订执行协定所需的各种立法，提供国家元首和政府首脑要求的各种文件和立法建议。然而，尽管就欧洲未来气候和能源政策的主要内容达成了协议，但在九个多月后，直到 2008 年 1 月 23 日，欧盟委员会才最终提出了一项全面的"气候和能源一揽子计划"的提案，其中包括四个主要内容（见表 3.1）和各种附件，如影响评估报告。又过了一年，直到 2009 年，欧洲议会、欧洲理事会和欧盟委员会就一揽子计划的所有内容达成协议，以便立法法案能够在每个成员国生效并转换为国内法。

　　三年多后，"气候和能源一揽子计划"开始生效，并已转换为国家法律，至少在理论上是这样。在现实中还存在许多缺点，例如，一些成员国尚未完成立法转换过程，有的没有正确转换所有内容，有的提交了与现实不符的文件。

　　在拟订最后文件并就所有必要的细节达成一致的过程中，很明显，一些政府及其公务员正试图修改 2007 年 3 月的协议，或者至少在不同的方向解释协议。这一点在《排放交易指令》中对排放权拍卖细节的界定上较明显，在《可再生能源指令》的谈判中更为明显。在就重要细节进行了近两年的密集讨论和谈判后，在 2008 年底前，欧洲各机构终于就所有相关文件达成了协议，涵盖了所有重大政治问题。2008 年 12 月 10 日，欧洲理事会讨论并决定了其余具有政治重要性的要点。最终法律文本于 2009 年前几个月编制完成。

3.4　排放交易指令

欧洲排放交易系统于 2003 年合法建立,并于 2005 年正式启动,作为总量管制和交易系统,限制参与公司和实体的温室气体排放量。参与者被允许排放的二氧化碳的总量受到指令的限制。根据总排放上限,不同参与者的个人排放权由他们可以兑换的配额数量来确定。每个参与者的初始排放权分配主要基于不同类型的"溯往原则",部分与基准线相结合。在向欧盟委员会通报了"国家分配计划①后,该计划在欧盟各成员国设计并实施。如果参与者需要比分配给他们的更多排放权,就需要尝试从那些愿意和/或能够出售排放权的人那里购买。这些人已经分得排放权,但他们自己不需要;或者他们必须减少排放,要么投资于更清洁的技术,要么减少装置的运行时间。欧盟排放交易系统背后的理念是限制现有的排放权,从而减少温室气体排放。然而,在欧盟排放交易系统运行的最初几年,分配给参与者的排放权数量显然过高。由于超额分配,碳价格降至每吨 1 欧元以下,大大降低了该指令的效率和对减排的积极影响。

这就是为什么"欧洲议会和理事会 2003/87/EC 修订指令,以改善和扩大共同体温室气体排放配额交易制度的指令"(Emissions Trading Directive 2009)成为"气候和能源一揽子计划"的一部分。修订的主要目的是修复最初版本(Emissions Trading Directive 2003)的缺陷,以便该系统最终能够启动并实际实现相关的减排。

---

① 在欧洲法律制度中,通报是确保遵守欧洲法律的关键工具。成员国必须详细阐述各自的行动、计划、法律和其他形式的执行,如果欧洲法律要求,还应将这些计划提交给欧盟委员会。委员会在必要时与其他成员国协商后,最终批准(有或没有额外要求)或拒绝批准成员国的行动。这一通报程序适用于成员国的国家分配计划(NAP),即详细计划,说明必须参加欧盟排放交易系统的公司分配排放权的标准和数量。

修订后的指令基本上改变了排放交易系统的两个重要方面。正如欧盟委员会 2008 年 1 月提案（Emissions Trading Directive 2008）中指出，一种更加欧洲化的方法被认为是必要的，为了防止过度分配和暴利，到 2013 年，应该以拍卖代替"溯往原则"成为规则。提案草案第 5 页第 9 和第 10 条中强调了这一点："欧洲经济体要做出的努力，除其他外，需要在共同体内部充分协调分配条件的基础上，以尽可能高的经济效率实现修订后的欧盟排放交易系统的额外努力。拍卖应该是分配的基本原则，因为它是最简单和最经济有效的系统。这也将消除暴利，使新进入者和高于平均增长的经济体与现有生产商处于同等的竞争地位。因此，考虑到他们有能力转嫁二氧化碳增加的成本，完全拍卖从 2013 年开始应该成为电力部门的规则……"

欧盟委员会的提案接受了可能有一些设施仍然需要免费配额，例如新的市场进入者，但免费配额不应再由个别成员国提供，而应基于欧洲标准（No. 14，page 6）："虽然给这些设施过渡性免费配额，但应通过统一的欧盟规则来实现，以尽量减少与欧盟的不当竞争。这些规则应考虑到温室气体和最具能效的技术、替代品、替代生产工艺、生物质能的使用、可再生能源以及温室气体的捕获与封存。任何此类规定都必须避免增加排放的不正当动机。应该增加这些配额的拍卖比例。尽管有设施的过渡性免费配额，但应为新加入者提供统一的欧盟免费配额规则，应适用于与这些设施相同活动的新机构。为避免内部市场的不当竞争，不应对这些新进入者的电力生产进行免费配额。"

正如人们所预料的那样，除了总的减排水平外，在 2008 年 12 月，配额拍卖而非自由分配的相关问题以及与拍卖收入分配有关的问题是理事会工作组、欧洲议会各委员会以及 2008 年 12 月在欧洲理事会上发生冲突的主要问题，其余的冲突必须在欧洲理事会上得到解决和决定。

欧盟委员会 2008 年 1 月的提案自动将排放交易系统的减排目标从 2020 年的 20% 提高到 30%，前提是达成一个国际气候保护框架。这完全符合欧洲理事会 2007 年 3 月达成的共识，但部分成员国直到 2008 年 12 月才改变主意，导致该机制无法纳入最终协议。结果是该指令的目标与欧盟到 2020 年温室气体减排 20% 的目标相关联。为了达到 30% 的目标,在最终商定指令(Emissions Trading Directive 2009)的第 28 条("在欧盟核准一项国际气候变化协定后适用的调整")中可预见到新的立法程序。"欧盟签署国际气候变化协议后三个月内,欧盟委员会应提交一份报告,到 2020 年,温室气体排放在 1990 年水平的基础上强制减少 20% 以上,欧洲理事会 2007 年 3 月批准的减少 30% 的承诺反映了这一点。"根据这份报告,应该提出立法来实施国际协议,包括欧盟温室气体减排 30% 。

对于那些必须拍卖的配额分配也找到了一个折中办法。《排放交易系统指令》新的第 10 条("配额拍卖")涵盖了严格的分配规则。作为一项规则,"拟拍卖配额总量的 88% 在成员国之间分配,分配的份额与《2005 年欧盟计划》中核实的排放量比例或 2005 年至 2007 年期间的平均水平保持一致,以最高者为准。"为了支持经济实力较弱的成员国,"将拍卖配额总量的 10% 分配给某些成员国,以实现欧盟内部的团结和发展……"。最后,为了支持《京都议定书》签署和批准时未加入欧盟的成员国,"将拍卖的配额总量的 2% 分配给那些 2005 年温室气体排放量比《京都议定书》适用的基准年排放量至少低 20% 的成员国。"对于拍卖配额收入的使用,找到了另一个折中方案。"成员国应决定配额拍卖所得收入的使用。配额拍卖所得收入的至少 50%"应用于一系列气候保护措施,如能效、可再生能源、避免砍伐森林以及碳捕捉与封存,其中高达 50% 的措施可以通过为发展中国家的类似措施提供资金来补偿。

最终,有法规保护暴露于 "碳泄漏" 的行业。根据《2009 年排放交易指令》第 14 页第 24 条,"欧盟应向符合相关标准的部门或下属部门免费分配 100% 的配额"。根据该指令,欧盟委员会从 2009 年 12 月底开始详细评估哪些部门或下属部门面临碳泄漏风险,然后定期审查这些情况。

3.5 减排共担决策

"欧洲议会和理事会关于成员国共担温室气体减排以实现欧盟到 2020 年的温室气体减排承诺的决策"（Effort Sharing Decision 2009）涉及《排放交易系统指令》未涵盖部门的减排。作为一个起点，本决策重申了欧盟关于气候变化的共识和早期决定，例如 2 ℃目标和温室气体大幅减排的必要性："欧盟的观点，特别是欧洲理事会最近于 2007 年 3 月表达的观点，是为了实现这一目标，全球年均地表温度总体增幅不应超过工业化前水平 2 ℃，这意味着到 2050 年全球温室气体排放量应比 1990 年的水平至少减少 50%。本决策所涵盖的欧盟温室气体排放应在 2020 年后继续减少，作为欧盟共担全球减排目标的一部分。包括欧盟成员国在内的发达国家应继续带头，承诺到 2020 年将其温室气体排放量与 1990 年相比减少 30% 左右。它们也应这样做，以期到 2050 年将温室气体排放总量比 1990 年减少 60% 至 80%。"（Recital 2, page 3）该决策包括将海运和国际航空纳入温室气体减排共担的目标。如果在 2011 年底前未能达成国际协议，欧盟委员会应提交一份可能单方面实施的提议："该提议应尽量减少对欧盟竞争力的负面影响，同时顾及潜在的环境效益"。

本决策强调了气候保护政策的现有立法和正在进行的修订，然后描述了欧盟的意图，以"进一步确保公平分配各成员国之间的减排共担，促进欧盟的独立减排承诺的落实"。为了实现公平，欧盟内部制定了几项减排共担的规则，并根据《京都议定书》将通过清洁发展机制（CDM）和联合执行（JI）实现的减排纳入其中。在国际气候保护协议生效之前，应允许成员国对发展中国家的项目使用额外的信用额度，该额度最多为《排放交易系统指令》未涵盖的排放量的 3%，最多为根据减排目标计算的 2005 年已核实排放量的 1%。

基于这些考虑，本决策包括关于非排放交易系统部门如何为欧盟 20%（和 30%）减排目标做出贡献的技术和政治定义以及协议。该决定允许成员国在

2013 年至 2019 年期间结转其年度排放分配的 5% (Article 3[3], page 19)。遵守该决策的成员国可向其他成员国转让最多 5% 的排放配额。

由于灵活性、银行和借贷选项的不同,一个国家高达 50% 的减排义务可以转移到其他国家。本决策的另一个缺点是类似于《2009 年排放交易指令》的机制,该指令要求如果欧盟的总体减排目标从 20% 变为 30%,则需要一个新的决策过程。但另一方面,这是《排放交易系统指令》中相应协议符合逻辑的结果。

然而,减排共担决策是欧盟非排放交易系统部门气候保护措施向前迈出的重要一步,这些部门约占欧盟温室气体排放的 60%。在附件二中,它设定了欧盟 27 国中的每一个成员国 2013 年至 2020 年期间与 2005 年水平相比具有约束力的国家温室气体减排目标(或在公平减排共担的背景下,为那些需要这一目标的国家设定了温室气体排放增加的限制)。附件二的目标增加了 2013 年至 2020 年期间的减排 10%[①],符合 20% 的总体减排目标,并必须通过提高各自的减排目标来更新,以遵守 30% 的减排承诺。

3.6 碳捕获与封存指令

正如英国自由民主联盟的报告员克里斯·戴维斯(Chris Davis)在一份新闻稿(European Parliament 2008)中解释的那样,提出 "欧洲议会和理事会关于二氧化碳地质储存的指令" (CCS-Directive 2009)的目的是 "为碳捕获与封存技术的发展奠定基础,这将有助于我们确保发电站和工业装置的二氧化碳排放量大幅减少。监管框架为二氧化碳的安全和永久地下储存提供了条件;我们还提供了资金手段,在全欧洲建设 9 到 10 个商业 CCS 示范项目。" 这段引文不仅解释了碳捕获与封存指令的主要目标,还表明关于该指令的讨论与报告员的建议密切

---

① 在欧洲议会的新闻稿中(European Parliament 2008),减排共担决策的报告员——芬兰欧洲议会议员萨图·哈西(Satu Hassi)(Greens/EFA)提到了这 10% 的份额。

相关，即 CCS 项目应由公共资金，尤其是《排放交易系统指令》①中新的市场进入者储备资金资助。

根据该指令的约定文本（CCS-Directive 2009, Recital 4, page 3），"碳捕获与封存是一种有助于缓解气候变化的过渡性技术……，其发展不应导致在研究和资金方面减少对节能政策、可再生能源和其他安全和可持续的低碳技术的支持"。该文本认为，"到 2020 年，全球可封存 700 万吨二氧化碳，到 2030 年可封存高达 1.6 亿吨二氧化碳……。2030 年二氧化碳减排可能占欧盟要求减排的 15% 左右。"

2007 年 3 月，欧洲理事会敦促"努力加强研究和开发，制定必要的技术、经济和监管框架，以消除现有的法律障碍，如果可能到 2020 年将环境安全的 CCS 与新的化石发电厂一起部署"（CCS-Directive 2009, Recital 8, page 5）。在接下来的引言和该指令的文本中，重点强调有必要为项目融资提供合适的框架，以确保对环境安全的存储以及降低这项新技术的风险。指令中明确强调，CCS 不是一项成熟的技术，尽管它已经证明了它在技术、环境或经济上的可行性。因此，该指令的目的是引发一种发展，这种发展应该带来所需的经验，以评估 CCS 是否能够以经济合理的成本实现大幅减少温室气体的预期②。

该指令基于这些假设，旨在建立"环境安全的二氧化碳地质封存的法律框架，以帮助应对气候变化"（Article 1, 1），而且还提到了限制（Article 1, 2）："对环境安全的二氧化碳地质封存的目的是永久封存二氧化碳，以防止并尽可能消除

---

① 在谈判代表中，有一项协议，即为新的市场进入者预留 5 亿个排放配额（估计值为 100 亿欧元）。新进入者储备的收入（NER）应用于资助创新项目。欧洲议会议员戴维斯坚持并成功地将大规模碳捕获与储存示范项目列入名单。这被批评为双重计入这些排放：根据 ETS 指令不受排放配额的约束，并且有资格获得补贴。这是妥协的一部分，其中还包括大型可再生能源项目和电网基础设施项目的资格。

② 通常，碳捕获与储存因各种原因而受到批评。它降低了配备该技术的发电厂的效率；它增加了能源生产的成本；它带来了额外的风险，公众对实施所需的基础设施（管道、存储）的接受程度很低。此外，碳捕获与储存为继续使用化石能源提供了借口而受到批评，还存在环境问题，并且合适的储存地点有限。

对环境和人类健康的负面影响和任何风险。"值得注意的是,就该指令而言,预防风险显然不是强制性的,但"尽可能消除对环境和人类健康的……风险"就足够了,这当然是公众对碳封存接受度的一个问题。

该指令强调选择合适的封存地点是成员国的唯一责任和权利(page 28—29),并且"不允许在其领土的部分或全部进行任何封存"。在任何情况下,只有在"不存在重大环境或健康风险"的情况下,才应选择封存地点(Article 4,4)。该指令第三章规定了获取、持有和更改存储许可证的技术和行政程序以及预防措施。

第四章(pages 38-53)确定了"运营、关闭和关闭后义务"。除其他要求外,成员国必须确保定期监测二氧化碳的异常情况、迁移和泄漏。运营商有义务定期报告设备的主要情况。主管当局应"组织对本指令范围内的所有封存综合体进行常规和非常规检查,以检查和促进遵守本指令的要求,并监测对环境和人类健康的影响"(Article 15,1,page 42)。根据报告和检查,成员国应确保采取必要措施,如纠正行动或关闭封存设备。

在第五章中,"第三方访问"的构成是为了"潜在用户能够获得运输网络和储存地点的访问权,以便将生产和捕获的二氧化碳进行地质储存"。访问应"由成员国决定以透明和非歧视的方式提供"(page 53)。

在该指令的最终条款中,欧盟委员会需要在 2015 年 3 月 31 日前提供评估报告,其中应包括对该指令可能必要的修改建议。

3.7 《可再生能源指令》

"欧洲议会和理事会关于推广可再生能源使用指令的修订并随后废除 2001/77/EC 和 2003/30/EC 指令"(Renewables Directive 2009),简称《可再生能源指令》,通常被视为"气候和能源一揽子计划"的旗舰文件,这一评估有多种原因。

　　《可再生能源指令》是在《2001 年电力指令》和《2003 年生物燃料指令》的成功基础上制定的。此外，它还整合了欧洲议会和许多利益攸关方提出的关于在供暖与制冷部门使用可再生能源指令的反复请求。

　　《可再生能源指令》是执行欧洲理事会协议的法律文书，该协议旨在到 2020 年将可再生能源在欧盟总能源消耗中的份额提高到至少 20%，包括考虑 27 个成员国的不同起点①、不同的支持机制②、不同的经济潜力、不同的市场自由化程度、与邻国的相互联系的不同程度以及对未来能源组合的不同看法。该指令必须在可再生能源技术和应用方面拥有完善支持法律文本的成员国与迄今为止没有或几乎没有支持法律文本的成员国之间架起一座桥梁。此外，它还必须弥合可再生能源潜力巨大和/或有抱负实现更高国内可再生能源份额的成员国与那些抱负较低和/或成本效益潜力较小成员国之间的差距。最终，必须处理两个重要问题和解决相关的冲突。

　　20 世纪 90 年代末，当《2001 年电力指令》被讨论并最终获得理事会和议会通过时，就已经有了强烈的游说要求"协调"支持计划③。当时，这种游说已被

---

① 可再生能源在 27 个成员国中所占份额的参考年（由于欧盟统计数据的可用性）为 2005 年。2005 年，根据该指令附件一，可再生能源的现有份额在 27 个成员国的国家能源结构从处于下端的马耳他的 0.0%、卢森堡的 0.9%、英国的 1.3% 到处于上端的芬兰的 28.5%、拉脱维亚的 34.9% 和瑞典的 39.8%，相应地设定了 2020 年的国家总体目标，范围从处于下端的 10%（马耳他）、11%（卢森堡）、13%（比利时、捷克共和国、塞浦路斯、匈牙利）至处于更高端的 38%（芬兰）、40%（拉脱维亚）和 49%（瑞典）。

② 成员国的支持计划范围包括各种不同的工具。仅举几例，有上网电价和上网电价溢价，配额义务和可交易的绿色证书，招标模式和税收优惠。它们根据所涵盖的技术而有所不同，支持级别，提供的年数，框架的稳定性，不同的部门应用程序，最重要的是，它们在各个成员国之间差异很大。不同系统在一个国家是合并的，而在其他国家则不是。

③ 当时提倡"协调"的人的意图是转向他们所称的"基于市场的"工具。对于"协调"的倡导者来说，这意味着将重点放在可交易的绿色证书和/或配额制度上，作为理论上更为"基于市场"的工具。

现有国家支持系统的支持者成功地压倒,例如德国的上网电价法①。但是,尽管 2001 年的冲突以赞成国家支持系统的方式得到了解决,但"协调"和更多"基于市场②的工具"的倡导者从未放弃。尽管事实清楚地证明,在大多数分析实例中,精心设计的上网电价系统在效率和成本效益方面具有优越性,但在欧洲可交易绿色证书(TGC)/配额制度上协调支持可再生能源发电的支持者在继续努力解释"基于市场的"支持机制。

　　"协调"的支持者,包括欧盟委员会负责能源政策的一些工作人员几乎是在暗示,现实应该适应他们对经济理论的解释:与 2009 年可再生能源指令第一份官方草案一起提交给公众的"委员会工作人员工作文件"(European Commission 2008)以及关于电力部门各种支持政策的其他重要发现基本上证明了精心设计的上网电价系统的优越性。他们写道:"经济理论表明,在理想条件下,基于数量的工具和基于价格的工具具有相同的经济效率"(page 5)。然而,现实(包括文件本身)已经证明,可交易绿色证书和配额等"基于价格的工具"远不如"基于数量的工具"(上网电价系统)的效率和成本效益。

　　因此,2007 年泄露的《可再生能源指令》初稿包含了欧盟范围内的证书交

---

① 在德国,早期版本的上网电价制度已于 1991 年 1 月 1 日生效。《电力上网电价法》(Stromeinspeisegetz)引发了风力发电的第一波起飞,尽管由于当时的技术、行政和意识相关限制,增长仍然有限。2000 年 4 月 1 日,《电力上网电价法》被《可再生能源优先权法案》(可再生能源法案—EEG)取代。经过一些修改后,EEG 仍然是德国支持可再生能源发电的主要工具。而且它仍然是世界各地许多其他上网电价法的典范。该版本的非官方英文译本于 2012 年 1 月 1 日生效,可从德国可再生能源部、环境、自然保护和核安全部(EEG 2012)的网页下载。

② 由于一些从未得到充分解释的原因,一些经济学家坚持认为配额制度和可交易的绿色证书是"基于市场的",而上网电价系统则不是。没有明显的逻辑原因,为什么定义可再生能源数量(让市场决定价格)的工具是"基于市场的",而确定可再生能源价格(让市场决定数量)的工具不是。大多数支持欧洲可交易绿色证书和配额制度的经济学家都支持传统能源垄断企业公司,这似乎是唯一有助于理解为什么会出现这种情况的因素。另一方面,设计良好的上网电价系统更容易适用于新的市场进入者,如中小型企业、农民甚至私人,他们在一些采用上网电价系统的国家已成为市场份额的相关竞争对手。

易系统的内容①也就不足为奇了。官方草案（Renewables Directive 2008）保留了
这一交易选项。在欧洲议会和理事会的审议结束时，当最终协议投票表决时，
绝大多数人再次拒绝支持工具的"协调"，并坚持将国家支持制度与新引入的成
员国之间的"合作机制"相结合，作为成功实现各自国家目标和指令的总体目标
的关键因素。

　　第二个需要应对和解决的冲突部分仍然是运输部门中使用可持续的生物
燃料（从可持续生长的生物质中生产的）以及在指令草案中为整个欧盟和每个
成员国制定的具有约束力的 10% 生物燃料目标，必须进行不同处理。NGOs 反
对使用生物燃料，主要是出于对可持续性的考虑，尤其是在直接和间接的土地
利用变化方面；其他人则怀疑是否有足够的资源，特别是在将生物燃料用于食
品被视为一项重要优先事项的情况下②。因此，在最终的指令中，10% 的目标成
为运输部门可再生能源的目标，不仅包括第一代、第二代和下一代的生物燃料，
还包括电动汽车中使用的可再生电力，以及交通运输领域使用的其他形式的可
再生能源。

　　其他人对生物燃料使用的技术方面表示担忧。尽管一些利益攸关方认为
第一代生物燃料在技术上较差，不适合现代发动机，但一些政府和汽车制造商
认为第二代生物燃料的性能会更好，这并不令人意外。从环境和技术上来说，

---

① 从委员会内部起草之初（从小道消息中可以听到），这些要素就被设计为与国家支持机制结合使用。
　关于这种全欧盟贸易选择的负面影响的正式和非正式辩论，如果不是最重要的，也可能是商定和最
　终确定该指令过程中最重要的方面之一。
② 这方面已经在各种研究和活动中得到了解决（例如，乐施会，"另一个难以忽视的真相：生物燃料政
　策如何加剧贫困和加速气候变化"，2008 年 6 月 25 日；其他非政府组织，如绿色和平组织
　（Greenpeace）和世界自然基金会（WWF）仍在开展反对不可持续的生物燃料使用的运动，有时这意
　味着不可能在很大一部分运输燃料中可持续地使用生物燃料。因此，就指令及其后的内容达成了
　共识。如有疑问，应将土地和作物用于粮食生产作为最高优先事项。然而，如果可以通过明确的标
　准和/或有效的认证体系证明可持续性，则不应禁止使用可持续生物燃料。对于标准或认证体系应
　该是什么样子，目前还没有达成普遍共识。一些人仍然质疑是否能够实现生物质的可持续利用。
　《2009 年可再生能源指令》中的可持续性标准是解决方案的一个重要组成部分，但关于具体应用的
　讨论，例如评估间接土地利用变化（ILUC）的讨论仍在进行中，就像将可持续性标准延伸到所有形式
　的生物质用于能源生产的问题需要进一步讨论一样。

它们被认为是优越的,因为它们几乎使用了各自生物质能的所有部分,并且可以进行优化,如果它们在适当的时间投入商业使用,可用于排放量非常低的高效汽车。这就是最终指令在这方面有审查条款的原因。

3.7.1　有约束力的总体目标和指示性轨迹

在加速开发和部署可再生能源的支持者中,这已经成为一种广泛的共识,即目标可以有效地推动能源部门的绿色增长,特别是如果与设计良好的支持政策相结合。近年来,全球越来越多的国家、州和省(2008 年为 76 个,2010 年上升为 96 个)制定了相关的政策目标[①]。对于欧洲联盟而言,《2001 年电力指令》在可再生能源政策中引入了可再生能源占一定份额的目标,该指令为欧盟制定了指示性目标,并要求成员国决定其 2010 年的指示性目标,这必须符合欧盟的总体目标,即可再生能源占总能源消耗的 12%,可再生能源占欧盟电力消耗的22.1%。《2001 年电力指令》附录 I 列出了每个成员国的参考值(当时为 15个)。该指令要求成员国定期报告所取得的进展,要求委员会报告在实现目标方面取得的总体进展(详见本书第二章)。

《2001 年电力指令》的指示性目标在可再生能源支持方面引发了不同的目标,包括 2001 年后加入欧盟的 12 个成员国。欧盟委员会根据成员国报告编制的报告表明,并非所有成员国都为实现其目标做出了真正的努力[②]。同样的情况[③]也适用于《2003 年生物燃料指令》设定的 2010 年各成员国 5.75% 的生物燃料指示性目标。

---

① 有关全球政策制定、政策目标和政策的更多详细信息,请参见"2011 年可再生能源:全球现状报告(GSR 2011),该报告的最新版本,每年由"21 世纪可再生能源政策网络"(REN21)发布。
② 2011 年 1 月发布的一份文件(European Commission 2011j)显示了 2010 年目标的最新进展。它显示了哪些成员国正在朝着《2001 年电力指令》的目标迈进,哪些国家没有。2009 年《可再生能源指令》是该指令的直接后续。
③ 根据同一评估(European Commission 2011j),27 个成员国中只有 5 个达到了目标,11 个离目标很远,没有真正努力去遵守,其他 11 个至少做出了一些努力。

因此,可再生能源政策目标的总体经验是模糊的,没有预期的那么令人鼓舞。虽然目标设定和相关报告确实促进了一些成员国的相关进展,特别是在电力部门,而在生物燃料部门的进展则少得多,但很明显,除了公开指责外,对不遵守指令缺乏处罚是指令的一个主要弱点。结果是可再生能源[1]的支持者很快开始呼吁在2010年之后制定新的更强有力的目标。对于供暖与制冷部门,2020年25%的目标从讨论中浮现出来,并成为欧洲议会几次辩论和决策的一个主要方面。2004年,欧洲可再生能源理事会发起了2020年的20%可再生能源目标运动(EREC 2004a),将总体目标与部门评估以及电力、供暖、制冷和交通方面的相关目标相结合。这项运动得到了欧洲可再生能源理事会成员协会以及其他利益攸关方和议员的支持。在争取20%的总体目标和相关部门目标的同时,一些利益攸关方辩称,这些目标必须具有法律约束力,以便在出现违规情况时,可以启动侵权程序并执行有效的处罚,最终有助于强制执行指令。

在2007年3月召开欧洲理事会会议前几个月,无论是在辩论中,还是在正式和非正式会议上,各方经常与潜在的盟友接触,以达成具有约束力的20%最低目标和相关的、宏远的部门目标。尽管这些目标得到了明确的支持,但有人对所有27个国家和政府首脑是否愿意或至少准备好就一个有约束力的目标达成一致表示怀疑,更不用说20%的目标了,一些利益攸关方认为这个目标相当宏远。对于宏远的部门目标达成协议的可能性引发了更强烈的担忧。在2020年目标支持者中,一些参与讨论的人建议评估具有约束力的总体目标(与新的指示性目标相比)和宏远的部门目标之间是否存在潜在的权衡和/或相互排斥性。一些人建议努力制定一系列指示性目标(总体目标和三个部门目标)以避免完全失败的风险,另一些人则认为专注于一个有约束力的总体目标可能更容易。最后,2007年3月理事会会议的审议和决定包括了2020年可再生能源至

---

[1] 欧洲议会和各国议会的许多成员,特别是总部位于布鲁塞尔的利益相关者协会,呼吁制定雄心勃勃的新目标,最强烈的是针对电力部门,但也针对供暖和制冷部门,迄今为止,这些部门既没有制定目标,也没有任何欧盟立法。

少占20%的有约束力的总体目标,为每个成员国提供了基础但具有强制性的总体目标。将部门目标分配和大多数其他问题留给成员国自行决定。关于欧盟理事会如何达成妥协的信息似乎支持那些主张一个总体目标而将其余目标留给成员国的人。一些证据表明,一些国家元首和政府首脑不接受部门目标。

在理事会会议后的一段艰难而复杂的过程中,欧盟委员会建议为每个成员国制定一份差异化的目标清单,该清单后来被列入2009年《可再生能源指令》的附件一,并最终获得一致同意,从而具有法律约束力。这些目标被定义为终端能源消耗总量的份额。委员会的提案基于一系列标准,例如每个成员国的技术和经济潜力、2005年每个成员国可再生能源的份额(这是当时欧盟统计局的最新可用数据)以及每个成员国的经济潜力。

除了具有约束力的总体目标外,附件一还明确了"指示性轨迹"①,这是作为"过渡目标"引入辩论的,以确保顺利、可信地实现2020年的目标。许多人认为,这一轨迹也应该是强制性的,这样有效的侵权程序就可以更早地启动,产生更大的影响。由于不同成员国的利益各不相同,在该指令最终通过之前,就有约束力的中期目标达成协议和就低于轨迹进行直接惩罚达成协议不是各种辩论关注的焦点。然而,委员会一再强调他们的观点,即一旦成员国低于指示性轨迹,他们肯定愿意并通过指令启动侵权程序。尚待观察的是,成员国是否会积极努力遵守这一轨迹,甚至有更大的目标,其中有多少国家会真正达到各自的份额,有多少国家将超过指示性轨迹和2020年具有约束力的国家目标。

3.7.2　国家支持计划和合作机制

2009年《可再生能源指令》提出的最重要问题之一是国家支持计划的完整

---

① 《2009年可再生能源指令》预计,在"B.指示性轨迹"中,可再生能源在成员国最终能源消耗总量中的份额将逐渐增加,三分之一的目标将在最后两年(2019年和2020年)内实现。2011年和2012年两年期的平均值为2020目标的20%,而2013/2014年的增长率应为目标的30%,2015/2016年为45%,2017/2018年为65%。

性。如上所述，长期以来，一直有人试图取消或至少破坏和逐步淘汰国家支持计划，并以全欧洲范围的"协调"机制取而代之。这场辩论对于成功地就指令和可能执行该指令达成协议至关重要。欧洲可再生能源协会、非政府环保组织、欧洲议会和全欧洲各国议会的议员以及成员国政府，他们制定并实施了高效且成本效益高的可再生能源电力支持机制，特别是德国、西班牙、丹麦和其他一些国家明确表示反对直接或间接"协调"支持计划[1]。值得一提的是，辩论达到了一个转折点，在2008年春季举行的国际上网电价合作组织（IFIC）[2]会议上，德国政府在西班牙、丹麦和其他国家的支持下解释说，他们不愿意接受可再生能源指令中支持系统的协调，因为这肯定会破坏德国成功的上网电价系统和其他国家类似系统的可行性。相反，他们建议为那些坚持无法在国内实现未来指令目标的成员国引入灵活性机制。与此同时，欧洲议会也进行了类似的审议，该指令的报告员，来自卢森堡绿色议会议员克劳德·图姆斯（Claude Turmes），与包括来自社会民主党、自由派和保守派在内的所有其他主要议会团体的影子报告员密切合作，正在努力打造一个支持国家支持系统和辅助原则的联盟。基于这一讨论，"合作机制"被进行了设计和微调。因此，最终达成的指令明确指出，成员国需要继续控制其支持计划。

---

① 本书第六章更详细地讨论了关于国家支持计划优势的辩论。因此，这里应该强调的是，虽然在讨论开始时，配额制度的支持者（赞成协调）和上网电价制度的支持者（反对协调）之间存在公开对抗，但很快就清楚了，就本次辩论而言，这并不是主要冲突。根本的问题是，成员国是否能够控制其支持政策的影响，从而明确遵守《欧盟条约》的辅助性原则，或者由于干涉性和潜在冲突的"协调"文书，它们是否具有一些方式实现其具有约束力的国家目标。很有意思的是，这是理事会能源工作组的一份非文件，由英国（主要采用配额和可交易绿色证书，部分用于小型设施的上网支持）、波兰（采用配额和可交易绿色证书）和德国（采用上网系统）联合编制并在辩论中介绍，这最终为达成协议铺平了道路，以确保国家支持系统的安全，并为那些希望与邻国合作的国家引入合作机制。

② 正式地说，只有德国、西班牙和斯洛文尼亚是国际上网电价合作的成员。希腊在2012年加入。但所有其他欧洲成员国，甚至欧盟以外的一些国家都定期参加会议。国际上网电价合作在《2009年可再生能源指令》关于支持"协调"的辩论中发挥了重要作用。国际上网电价合作会议成为交换意见的重要论坛，几乎所有成员国都了解如何设计有效的支持机制。

表 3.2　2005 年国家可再生能源份额和 2020 年目标

成员国	2005 年可再生能源份额（%）	2020 年可再生能源目标（%）
比利时	2.2	13
保加利亚	9.4	16
捷克	6.1	13
丹麦	17	30
德国	5.8	18
爱沙尼亚	18	25
爱尔兰	3.1	16
希腊	6.9	18
西班牙	8.7	20
法国	10.3	23
意大利	5.2	17
塞浦路斯	2.9	13
拉脱维亚	32.6	40
立陶宛	15	23
卢森堡	0.9	11
匈牙利	4.3	13
马耳他	0	10
荷兰	2.4	14
奥地利	23.3	34
波兰	7.2	15
葡萄牙	20.5	31
罗马尼亚	17.8	24
斯洛文尼亚	16	25
斯洛伐克	6.7	14
芬兰	28.5	38
瑞典	39.8	49
英国	1.3	15

为了解关于指令的协议是如何确切地达成和最终拟订，不妨阅读序言 25（Recital 25），它在说明大多数成员国采用某种支持机制之后，明确强调："为了使国家支持计划正常运作，成员国必须根据各自不同的潜力控制其国家支持计划的影响和成本，这是至关重要的。实现本指令目标的一个重要手段是，根据 2001/77/EC 指令，保证国家支持计划的正常运行，以保持投资者信心，并允许成员国为遵守目标制定有效的国家措施。该指令在不影响国家支持计划情况下，旨在促进可再生能源的跨境支持。它引入了成员国之间的可选合作机制，使他们能够就一个成员国支持另一个成员国的能源生产的程度，以及可再生能源生产应计入一个或另一个国家的总目标的程度达成一致。为了确保遵守目标的措施，即国家支持计划和合作机制的有效性，至关重要的是，成员国能够确定其国家支持计划是否以及在多大程度上适用于其他成员国生产的可再生能源，并通过应用本指令规定的合作机制就这一点达成一致。"（Renewables Directive 2009）。

这些想法在指令的规范性条款中有明确规定。第 3 条（"关于可再生能源使用的强制性国家总体目标和措施"）第 3 款明确提到支持计划和合作机制作为实现强制性目标的手段。第 6 条至第 11 条涉及"合作机制"，成员国可在自愿的基础上应用该机制，以协助彼此实现指令的目标。

第 6 条界定了"成员国之间的统计转让"，这是最基本的合作机制，似乎最容易运用。"成员国可商定并安排从一个成员国向另一个成员国统计转让特定数量的可再生能源"。此类转移将添加到为受益人目标计算的能源数量中，并从其他成员国生产的能源数量中扣除。转移必须正式通知欧盟委员会，只有在不影响转让成员国实现目标的情况下，才允许转让。

第 7 条和第 8 条涉及"成员国之间的联合项目"。这似乎是公众讨论中最常提到的机制。"两个或两个以上成员国可就与可再生能源发电、供暖或制冷有关的所有类型的联合项目进行合作。这种合作可能涉及私营运营商"

（Article 7，No. 1）。与统计转让一样，这些项目也必须通知欧盟委员会，包括关于将要计算的各能源份额的信息，以达到所涉成员国的目标。

第 9 条和第 10 条涉及"成员国与第三国之间的联合项目"。这一项目在议会辩论期间遭到广泛批评，因为它为在困难情况下进行合作打开了后门，而这种合作可能并不总是完全可追踪和可核查的。两个或多个成员国可以与一个或多个第三国合作，与第 7 条和第 8 条一样，它们可能包括私营运营商。然而，只有在满足某些条件的情况下，与第三国合作的项目才能算作成员国的目标，其中一些条件相当苛刻，例如，要计入进口国目标的电力必须实际运入欧盟并在欧盟消耗（不一定是在该国，该国正在将其计入国家目标）。例外情况下，如果 2022 年之前没有足够容量的物理互连器，欧盟也可以计算进口。当然，第三国项目也必须向欧盟委员会通报所有细节和属性。

第 11 条（"联合支持计划"）引入了最有趣和最具创新性的合作机制。这一条与其说是一种规定，不如说是一种建议，它为灵活运用该指令并实现其目标提供了更多的可能性。因此，"两个或两个以上的成员国可在自愿的基础上决定加入或部分协调其国家支持计划"。除了要求详细通报合作情况和在这种合作结构下生产的能源的潜在分配规则外，本条为成员国在设计合作和/或协调方面提供了广泛的自由。可能是由于这种开放性或缺乏具体性，到目前为止，还没有两个[1]（或更多）成员国真正开始这种合作，或者国家支持计划之间的差异被认为是相当大的障碍。本条在健全和合理地支持计划趋同方面具有很大的潜力，因为它明确地促进具有类似甚至（几乎）相同支持系统的成员国之间的讨论和合作。因此，它可以触发有效的合作——最好是，但不仅是——相互开放电力市场和对可再生能源开发和部署有相似或相同雄心的邻国之间的合作。

---

[1] 2011 年，瑞典和挪威启动了一项联合绿色证书计划——但最初的设想更老套——实际上应用了 2009 年《可再生能源指令》第 11 条的一些要点。然而，由于挪威不是欧盟成员国（但是像所有欧盟成员国一样，它是欧洲能源共同体的一个成员国），因此，到目前为止，没有两个欧盟成员国执行这一条款。

3.7.3　国家可再生能源行动计划（NREAPs）

已经表明，在各个成员国，《2003 年生物燃料指令》和《2001 年电力指令》的执行力度不够，导致欧盟未能实现各自 2010 年的目标[①]，即电力部门占 22%，生物燃料占 5.75%。这不是一个意外的结果。这也是利益攸关方和欧洲议会成员坚持在指令中引入有效工具的主要原因，该工具将使欧盟委员会能够审查成员国的部门目标、轨迹和政策。NREAPs 是旨在满足这些期望的工具。详情见《可再生能源指令》第 4 条。因此，欧盟委员会必须在 2009 年 6 月 30 日之前提供一个 NREAP 模板[②]，该模板将由每个成员国完全填写。该模板为成员国提供了一份关于三个部门可再生能源技术现有设施、三个部门和不同技术的目标和预测、现有支持机制的描述和分析、现有和新引入的政策、剩余的成本和非成本壁垒以及许多其他有益信息的综合问题清单，这些信息是健全政策制定的基础。成员国必须最迟[③]在 2010 年 6 月 30 日之前提交 NREAPs。

此外，每个成员国都必须提交一份"预测文件"[④]，说明 NREAP 的基本内容，特别是回答他们是否以及在多大程度上计划利用合作机制来遵守目标，或者他们预计是否将超过其目标，以便为统计转让或其他合作协议提供一定的能源。

如果成员国未能达到各自的指示性轨迹，该指令要求它们重新提交 NREAP，明确说明它们计划如何在未来几年填补这一缺口。欧盟委员会应评估行动计划，在必要时提出变更建议。

NREAPs 的起草过程对于有意义地实施 2009 年《可再生能源指令》至关重要。根据这一评估，几个国家可再生能源协会设计了一个项目，其首字母缩写为

[①] 尽管只有 2010 年的初步数据可利用，但欧盟似乎无法满足要求的目标。欧盟委员会认为，可再生能源在电力部门的份额约为 19.4%，在运输部门约为 5%（European Commission 2011i）。

[②] 该模板已及时以本国语提供给成员国，可在欧盟委员会"透明度平台"网站上获得。

[③] 事实上，最近一次的 NREAP 在 2011 年 1 月才提交，但专家认为这并不是一项不好记录。所有 NREAPs 的原文版和英文版均可在欧盟委员会"透明度平台"网站上找到。

[④] 有关文件已上传于欧盟委员会"透明度平台"网页。

REPAP 2020①。该项目是与欧盟委员会负责可再生能源的公务员密切合作开发和实施的,并执行了各种相关指令和潜在的侵权程序。

由于对起草 NREAPs 的高度赞赏和公认的支持,以及在项目中详细阐述和介绍的评估,在最终提交 NREAPs 之前,该项目就提供了大量数据和专业知识,以便对 NREAPs 进行合理评估。该项目还在 NREAPs 提交后立即对其全面性和雄伟目标进行了分析。2011 年 3 月,该项目发布了一本小册子,提供了欧洲"行业路线图"和对 NREAPs 的首次评估。根据提交的 NREAPs 样本,2020 年可再生能源的份额有可能超过 20%(20.7%)。根据行业计算, 24.4% 的份额似乎可以实现(EREC 2011a)。

本书第四章将分析 27 个 NREAPs 中制定的政策、目标和预测的更多细节及其影响评估。

3.7.4　原产地保证(GOs)

除了不同层面的支持工具触发的可再生能源生产外,近年来还出现了一个自愿的绿色电力市场。越来越多的公民愿意自行决定所消耗能源的质量并选择可再生能源,包括愿意支付更高的价格并为其电力消费选择相关的上网电价,一个特定的只销售清洁能源的细分市场正在形成。在此背景下,"清洁能源"被用来描述绿色能源供应商提供的电力。在大多数情况下,这是 100% 可再生能源,包括不同份额的新装置。在一些上网电价中,结合供暖和发电(CHP)的电厂生产的一定份额化石电力也包括在内。从这个意义上讲,"清洁能源"不应与垄断公司的一

---

① "为 2020 年铺平道路的可再生能源政策行动"(REPAP2020)是一个由欧盟委员会的智能能源欧洲(IEE)机构支持的项目并由欧洲可再生能源理事会(EREC)和欧洲可再生能源论坛协调。该项目建立了欧洲、国家可再生能源协会和科学家之间的合作,以伴随可国家再生能源政策行动计划的发展,并为那些愿意接受的成员国提供支持。此外,该财团还制定了国家和欧洲的"行业路线图"比较政策和目标水平,并建议在合适的地方对国家可再生能源政策行动计划进行修改。与欧洲议会议员密切合作,由欧洲可再生能源论坛协调是该项目的另一项内容。最终,国家可再生能源政策行动计划得到了评价和评估,并提出了政策建议,以进一步改进这些措施。项目详情所产生的研究和评估可以在项目网页上找到。

些广告宣传混淆,包括在他们称之为"清洁"或"低碳"的能源组合中使用"清洁煤"或核能。当然,必须毫无疑问地证明所提供电力的绿色质量。这就是为什么证书制度在不同的国家被创建和应用,以提供有关电力"绿色"的证据。

一个重要的方面是此类证书的可靠性,问题是它们是否能提供合理的安全保障,以防止任何形式的欺诈,特别是防止重复计算,这是对这种认证体系的可信度和接受度的真正挑战。很明显,消费者应该只在绿色电力被收取可能更高的价格的时候才应该这样做。一个旨在证明产品的绿色性和防止欺诈的可靠和有效的认证体系并不容易设计,甚至更难实施。这是一个主要原因,也是为什么需要相当多的专业知识来开发"原产地保证"(GOs)系统的原因,该系统现已纳入 2009 年《可再生能源指令》①。

该指令包含了一个清晰而全面的框架,说明 GOs 的目的是什么,应避免什么(Renewables Directive 2009,Recital 52):"GOs 可以从一个持有人转移到另一个持有人,而不受其所涉及的能源的影响。然而,为了确保可再生能源发电单位只向客户披露一次,应避免重复计算和重复披露 GOs"。根据该指令,GOs 必须是所有成员国相互承认和接受的电子文档。第 15 条("可再生能源发电、供暖与制冷的GOs")对此进行了详细阐述:GOs 标准为 1 MWh,必须根据要求发布。必须确保一个能源生产单位只发放一次原产地保证,并且原产地保证只使用一次。成员国或其指定的主管机构必须监督使用和使用后的取消。在关于实现指令目标的进展情况的半年度报告中,成员国必须包含有关 GOs 可靠性及其抗欺诈能力的信息。

3.7.5 扫清障碍

可再生能源指令的范围比一般人知道的要广泛得多。除了目标和合作机制

---

① 应该提到的是,一些利益相关者相信(有些人仍然相信)这些原产地保证(即证书)须用作根据 2009 年《可再生能源指令》证明符合目标的文书。然而,由于证书市场是独立于电力市场的,这会对支持系统的稳定性产生一些负面影响,也会影响公众对可再生能源部署的接受度。但是,由于该指令只允许证书用于绿色证明("披露"),这里就不赘述了。

外,它还包括关于透明程序和消除针对可再生能源的行政和其他剩余障碍的详细规定。

该指令要求精简行政程序,并规定明确的时间表,以使程序透明和无歧视。对于小型装置,在可能情况下,以简单的通报取代复杂的授权程序。第 13 条详细概述了顺利发展可再生能源所需的审议和法规。当局需要详细提供透明度和足够的信息、明确的时间线、适当的程序,同时考虑到不同技术的特殊性,在可能情况下,应用欧洲标签和标准。

该指令强调需要向所有感兴趣的参与者、消费者和供应商、建筑师和安装人员提供信息。第 14 条列出了信息和培训需求。成员国有义务向消费者、本地和地区当局等相关参与者提供信息、认证系统和指导。

平稳合理的可再生能源并网是另一个重要方面。该指令要求成员国为可再生能源的电网接入提供明确和有利的规则:"优先接入和保证接入可再生能源的电力对于将可再生能源整合到内部电力市场至关重要……"和"本指令的目标要求在不影响电网系统可靠性或安全的情况下,持续增加可再生能源发电的传输和分配。为此目的,各成员国应采取适当措施,以提高可再生能源的电力渗透率,特别是考虑到可变资源和尚未封存的资源的特殊性。在本指令规定的目标要求的范围内,应尽快允许连接新的可再生能源装置"(Recital 60)。

该指令规定,并网成本应是透明和非歧视性的,并考虑可再生能源对电力和天然气电网的好处(Recital 62)。第 16 条详细论述了"电网接入和运行"的重要内容。它规定成员国有义务"采取适当步骤,发展输配电网基础设施、智能网络、存储设施和电力系统,以便电力系统能够安全运行,因为它适应可再生能源发电的进一步发展,包括成员国之间以及成员国与第三国之间的互联互通。成员国还应采取适当措施,加快电网基础设施的授权程序,并将电网基础设施的批准与行政和规划程序相协调"(Article 16, No. 1)。下文中,第 16 条详细概述了优先或有保障地接入电网以及优先调度可再生能源的必要性。电网运营商必须使其承担和分担成本的规则透明化,必须公布与电网和天然气电网连接的技术规则和成本。

成员国有义务解决由于电网稳定的原因而频繁削减可再生能源的问题。"成员国应确保采取适当的电网和市场相关运营措施，以最大限度地减少可再生能源发电量的缩减。如果采取重大措施限制可再生能源，以保证国家电力系统的安全和能源供应的安全，成员国应确保负责的系统运营商向主管监管机构报告这些措施，并指出他们打算采取哪些纠正措施，以防止不适当的削减。"（Article 13，No. 2c）在未来几年，当可再生能源（尤其是风能和太阳能等可变资源）在欧洲电力组合中的份额将显著增加时，这一监管无疑将变得越来越重要，对执行情况的监控也会如此。如果不主动应对这一挑战，即需要通过电网实施和增强、部署和开发存储容量以及安装智能电网，使电网能够适应不断增加的可再生能源份额，那么转向基于可再生能源的系统将变得更加困难，成本也将超过必要的水平。

除了扫清障碍外，该指令还包括关于提高能效的明确语言和重要法规，以便更容易地实现可再生能源目标，并为气候保护作出贡献。将能效和可再生能源结合起来无疑是前进的方向。由于欧洲和国家层面的效率立法远不及可再生能源立法和进展，因此《可再生能源指令》更迫切需要解决这一问题。

3.7.6 供暖与制冷部门

《可再生能源指令》必须推动的一项非常重要的任务是制定和整合欧洲可再生能源供暖与制冷政策。根据欧洲议会的决定，应为供暖与制冷部门制定一项类似于《2001 年电力指令》和《2003 年生物燃料指令》的指令。理事会和欧洲议会明确要求将这一目标纳入全面的《可再生能源指令》。

理事会和欧洲议会同意为可再生能源设定具有约束力的总体目标，并由成员国决定如何在三个部门之间分配这些总体目标（只要达到总体目标以及在运输部门可再生能源 10% 的最低目标）。《可再生能源指令》没有规定供暖与制冷部门可再生能源份额的量化目标，但它包括许多促进该部门可再生能源发展的法规和政策。它要求"成员国应在其建筑法规和规范中引入适当的措施以便提高可再生能源在建筑部门中的份额。"……截至 2014 年 12 月 31 日，成员国应在其建筑法规和规范中,或通过其他具有同等效力的方式,在适当情况下,要求在新建筑和需要进行重大翻新的现有建筑中使用最低水平的可再生能 源……(Article 14,No. 4)。公共建筑应作为范例,因此从 2012 年 1 月开始,两年前就已满足这些要求(Article 14,No. 6)。

3.7.7　运输部门中的可再生能源

除了为每个成员国制定的约束性总体目标外,该指令为每个成员国和整个欧盟制定了到 2020 年 10% 的最低约束性目标,并将可再生能源用于运输部门。如前所述,欧盟委员会曾提议将生物燃料的比例设定为 10%(Renewable Energies Directive 2008)。出于环境和技术方面的考虑,最终达成了一项协议,即运输部门使用的其他形式的可再生能源,特别是电动汽车应予以考虑,并成为指令的一部分,应对目标合规性负责。10% 的目标现在被描述为运输部门使用的可再生能源比例,但航空和海运方面存在某些例外(一些专家称之为不一致)。

在计算可再生能源在运输部门中的份额时,制定了具体的计算规则(Renewables Directive 2009,Article 3,No. 4)。分母仅为公路和铁路运输消耗的燃料和电力,分子包括所有运输形式消耗的所有能源。出于鼓励公路和铁路运输以外使用可再生能源的原因,这可能是可以被接受的,但如果飞机和船舶上使用生物燃料或电动发动机的频率越来越高,这将导致一个数字远远高于各自国家运输能源组合中可再生能源的实际份额。

指令中还有另一个关于运输用电的促进因素。由于难以准确评估可再生能源对汽车耗电的贡献份额,并为一些成员国提供计算增长,该指令允许在两种计算路径之间进行选择。"成员国可选择使用来自欧盟可再生能源的平均电力份额或本国可再生能源的电力份额……"在这句话之后,电力部门可再生能源份额低于欧盟平均水平的成员国可以采用更高的欧盟平均水平以便在算术上实现更高的运输部门可再生能源份额。

似乎很明显,到 2020 年,运输部门可再生能源的最大份额将是生物燃料,主要是第一代,尽管有可能将电动汽车的份额计算为目标合规。这就是为什么第二代生物燃料的可持续性和可用性方面出现在运输部门关于可再生能源的讨论中,过去和现在都是如此重要。

3.7.8 可持续生物燃料和其他生物质能

随着对不可持续的生物燃料生产和消费的担忧以及将生物质能用于粮食或能源生产之间据称(有时是真实的)存在竞争,各方达成了广泛共识,认为只有可持续的生物燃料才应对该指令的目标负责。为了实现这一目标,该指令包括三条关于可持续生物燃料的具体条款。该指令最终在理事会和欧洲议会获得通过时,包括了 24 个序言(比指令的任何其他方面都要多)、三条全面而详细的条款和一份 21 页的附件,所有这些都与生物燃料的可持续性有关。

这些序言清楚地概述了该指令中生物燃料法规背后的基本原理。生物燃料应该是可持续的,而且只有可持续的生物燃料才能算作目标合规。为了避免将不可持续的生物燃料用于其他形式的能源生产,可持续性标准必须适用于所有生物液体(Recitals 65,66,67)。该指令的第 17 条"生物燃料和生物液体的可持续性标准"强调,只有符合可持续性标准的生物液体才能计入该指令的国家目标。作为一种基本的总体方法,该指令仅允许与化石燃料相比,温室气体减排至少 35% 的液体被纳入目标达成范围。截至 2017 年,这一数字将增至 50%,对于 2017 年 1 月 1 日之后开始生产的设备,2018 年这一数字将增至 60%。

要想被认为是可持续的,并因此承担责任,生物液体不能来自生物多样性特别强的土地,也不能刺激对此类土地的破坏(Recital 69)。此外,必须考虑将高碳储量土地转变为可耕地的影响以及相关的直接和间接影响(Recitals 70—73)。因此,第 17 款第 3、4 和 5 条清楚地列出了本指令中考虑的生物液体不得生长的地方。统计范围包括迄今为止未受人类影响的林地、大多数保护区、生物多样性的草地和高碳储量的土地。

序言 74 要求考虑欧盟以外生产的生物液体的负面影响,因为在欧盟以外可能很难证明可持续性标准得到了适当遵守。最后,委员会需要分析生物质能对其他能源应用的影响(Recital 75)。欧盟应努力将标准和可信认证扩展到世界其他地区(Recital 79)。为了合理评估生物液体的正面和负面影响,该指令详细阐述了温室气体排放量的计算(Recital 80,Article 19 and Annex V:"生物燃料、生物液体及其化石燃料对比物的温室气体影响的计算规则")。本附件包含各种原料和化石燃料的温室气体减排平均值或典型值。为了避免不必要的行政负担,建议在基于评估的详细事实和区域平均之间进行折中。第 19 条("生物燃料和生物液体对温室气体影响的计算")是适用于附件五详细计算的法律依据。

该指令呼吁采取激励措施,优先考虑更加多样化的生物燃料,从而实现更可持续的生物燃料。为了以有效的方式实现可持续和合理使用生物燃料的目标,该指令暗示对燃料质量指令进行一些修改,该指令与《可再生能源指令》并行讨论和决定,允许提高生物燃料与传统汽油或柴油的混合比例。当然,需要并建立定期报告,2009 年《可再生能源指令》第 6 条和第 7 条为委员会针对这些问题的报告制定了详细要求。

本指令不包括生物燃料以外的生物质能源利用的可持续性标准。解决这个问题的办法是要求欧盟委员会在 2009 年底之前提交一份分析这一领域的报告,并提出进一步处理相关问题和挑战的建议。

第 18 条规定了成员国和经济参与者建立核查计划和质量平衡分析的要求。它还概述了与第三国就可持续性标准的应用进行谈判并达成一致意见的必要性。到 2012 年底,欧盟委员会应报告该系统的有效性以及潜在延伸到与空气、土壤或水保护相关的其他标准的情况(Article 18,No. 9)。

3.7.9 2014 年审查

与大多数欧洲指令一样,《可再生能源指令》是不同利益和不同评估之间的折中。然而,它已成为一种发展良好、前景看好的工具。该指令包括成员国和欧盟委员会必须在规定日期提交的许多报告,这并不罕见。而且,该指令包括一个审查条款,预见到在某个时间点,将对该指令的潜在修订进行辩论,这也并不罕见。

委员会和成员国必须提交许多报告,说明在指令中未解决的问题上取得的成就和可能的解决方案——无论是缺乏证据还是缺乏共识。

成员国必须每两年提交一次进度报告,第一份报告应于 2011 年 12 月 31 日提交;最后一份报告必须在 2021 前完成。按照指令的逻辑,尤其是《国家可再生能源行动计划》模板的逻辑,第 20 条①详细描述了报告必须包含的信息类型,无论是与目标实现、已颁布的政策、剩余障碍、可持续生物质的可获得性还是潜在必要的纠正行动相关的信息。

在成员国报告的基础上,欧盟委员会必须每两年提交一份报告,描述和分析共同体在指示性轨迹和 2020 年目标方面取得的总体进展。委员会的报告必须具体分析生物燃料部门,以期在生物液体和生物质能的背景下解决与可持续性相关的各种问题。2014 年 12 月 31 日,该指令预计委员会将提交一份扩展报告,这通常被理解为该指令主要内容的审查条款。除其他几个方面外,委员会报告要求包括对指令中概述的温室气体阈值审查和以第二代为重点可持续生物燃料的可获得性评估,并评估合作机制和国家支持计划的有效性,这可能是政治讨论中最具挑战性的部分。

根据该报告,委员会应在适当的情况下,提交关于调整温室气体减排要求和调整合作机制的提案。关于国家支持计划的具体利益的争议性辩论,不足为奇的是,有一个明确的澄清试图阻止在指令生效几年后重新开始协调辩论:"此类提案不得影响 20% 的目标,也不得影响成员国对国家支持计划和合作措施的控制"(Article 23,No. 8)。2013 年初,当本书编写并定稿时,很明显,该指令的预防性文

---

① 随着《国家可再生能源行动计划》模板的广泛接受,欧盟委员会提供了一份成员国将于 2011 年底提交报告的详细模板。欧盟委员会透明度平台上可以下载所有欧盟语言的该模板。各成员国提交的所有报告原文和英文均在同一网站上可以找到。

本是多么重要①。辩论正在进行中,而且它很可能会继续下去,至少会一直持续到就 2020 年后气候和能源框架达成政治共识为止。

3.8　"气候和能源一揽子计划"的重要性

"气候与能源一揽子计划"被称为欧洲能源政策的里程碑,这是正确的。尽管存在一些弱点,但这是对一揽子方案中所采取的一整套立法行动的公正评估。然而,这与欧洲内外关于可持续能源发展的具体政策有效性的争论是一致的,当涉及对能源系统面向未来的可持续道路转型的成功实施和相关有效性的详细评估时,不仅有许多强烈的不同意见,而且有一系列的事实值得观察,该一揽子计划的某些部分似乎得到了很好的发展和成功地实施,而其他部分则没有。在接下来的章节中,将尝试对一揽子计划的实施进行第一次评估,结果显示《可再生能源指令》可能是效率最高、最有效的部分,它顺利实现了目标,并引发了关于 2020 年以后的新目标和更雄心勃勃的目标的讨论。然而,能效政策和排放交易指令,甚至更多的碳捕获与封存指令,仍需证明它们可能对提供安全和可持续的能源以及对实现有效气候保护的进程产生的积极影响。

---

① 这可能是政治上的讽刺,因为这是新任命的能源专员,德国的基督徒民主党君特·厄廷格,在他上任欧盟能源专员几个月后,他就在 2010 年提出了他的第一份战略,重新开启了关于这个问题的辩论。在一个通讯报告(European Commission 2010)中,他谈到了各种主题,充分考虑和阐述了直到 2020 年的能源领域情况,包括可再生能源的支持计划。本策略文件等与本委员会的可再生能源相关的政策方面将在这本书第 11 章进行分析。

第4章　从协议到立法再到实施
——2020 年前的"气候和能源一揽子计划"

扬·盖斯

4.1　引言

欧盟制定了 2020 年可再生能源、能效和温室气体减排一系列目标。虽然调整和实施工作正在进行中,但可以假设欧盟和国家层面的政治框架首先能够实现 2020 年的目标。然而,由于各国普遍缺乏雄心壮志,因此得出的结论是,这三个目标仍面临威胁。

可再生能源在 2013 年已步入了正轨,但计划的增长率将在 2020 年前上升,人们不得不担心大多数成员国缺乏真正实现这些目标的意愿。

从 2013 年的角度来看,2020 年 20% 的能效目标将无法实现。新的能效指令改变了这种情况,但需要更多的雄心壮志和立法,才能在 2020 年实现 20% 的目标。

2020 年温室气体减排 20% 的目标取决于欧洲排放交易系统的成败。实施的第一阶段表明,迄今为止,系统性错误导致系统完全失效。碳价格仍然很低,因此排放交易系统无法提供足够强大的激励措施来实现减排。

总而言之,"气候和能源一揽子计划"的成功取决于政治机构。如果决策者看到了实现 2020 年目标的机会,就有可能取得成功。然而,如果成员国、其领导人和选民继续将这些措施视为负担,那么很可能无法实现 2020 年的三个目标。

4.2　"气候和能源一揽子计划"

欧盟"气候一揽子计划"为欧洲制定一项关于可持续能源解决方案的新的、连贯的和具有前瞻性的政策奠定了基础。2020 年目标确立了迈向完全可持续能源系统的过渡步骤。

欧盟"气候一揽子计划"打算到 2020 年实现:

——可再生能源在终端能源消耗中所占比例最低不少于 20%;

——能效的 20% 目标;

——温室气体减排 20% 的目标。

本章描述并评估了三个政策领域的最新执行情况,对未来发展进行了评估,并回答了一个核心问题:这三个部门是否达到了目前的既定目标,或者是否需要进一步改进?

关于预测的一个基本问题仍然存在:根据"欧盟气候一揽子计划"各部分的协议、立法和实施情况,是否可以真正预测目标的实际实现情况,或者是否可以判断欧盟"气候一揽子计划"的潜在失败? 文本对此进行了详细阐述,并对失败的主要原因进行评估:全欧洲缺乏政治意愿,实施工具的设计存在缺陷,这些工具旨在使欧盟"气候一揽子计划"真正落实和在欧洲能源和技术市场上实现。

除了关于欧盟"气候一揽子计划"的一般性政治和科学辩论外,本章还以欧洲可再生能源论坛(EUFORES)①的工作以及 EUFORES 及其合作伙伴下的高级别欧洲项目所做的综合评估为基础:

---

① 欧洲可再生能源论坛(EUFORES)是一个由欧洲议会和欧盟 27 国议会议员组成的欧洲跨党派非营利网络,其使命是推广可再生能源和能效。

——REPAP 2020(为 2020 年铺平道路的可再生能源政策行动)，这是欧洲和各国利益攸关方、科研机构和法律顾问的共同努力，在它们当中有 EUFORES——欧洲可再生能源论坛和项目协调者 EREC——欧洲可再生能源理事会。其任务是促进《可再生能源指令》的实施，并支持国家可再生能源行动计划的制定和推广。

——"步入正轨!"项目分析早期市场反馈和估计欧盟成员国是否在《可再生能源指令》的目标轨迹上走上正轨。

——EEW1 和 EEW2(能效观察)，由 EUFORES 牵头的项目，旨在评估欧盟和国家能效政策和行动计划，并从市场参与者那里收集有关整个欧洲能效政策成败的专业知识。

4.3　现状和前景：可再生能源资源

4.3.1　立法背景:《可再生能源指令》

根据本书第 3 章所述的《可再生能源指令》(Renewables Directive 2009)，欧盟为推广可再生能源建立了一个稳定的立法框架[1]。该指令明确了到 2020 年欧盟终端能源消耗中至少 20% 来自可再生能源的目标(与 2005 年 8.5% 的比例相比)，并已为每个成员国终端能源消耗总量中的可再生能源份额以及运输部门 10% 的可再生能源份额制定了具有约束力的国家目标。

作为实现这些目标的关键工具，该指令要求使用《国家可再生能源行动计划》(NREAPs,该指令第 4 条已明确)，欧盟成员国必须在 2010 年 6 月 30 日前向欧盟委员会提交该计划。预计欧盟成员国将在 NREAPs 中确定他们如何实现其在电力、供暖、制冷和运输部门的国家目标。

所有成员国都要在 2011 年初向欧盟委员会提交各自的 NREAPs。它们发布

---

① "可再生能源——我们想要实现什么"，欧盟委员会,2013 年 2 月 13 日下载。

在欧盟委员会透明度平台①上。欧盟委员会对 NREAPs 进行了全面评估。第一个结果是针对委员会认为没有提出充分行动计划的成员国启动了几项侵权程序。因此,委员会打算推动国家立法者提出改进的 NREAPs。

判断 NREAPs 不足的关键标准是(EUFORES 2011):

——指令执行不彻底;

——明显偏离计划或轨迹;

——任何欧盟公民对错误执行的有效投诉。

4.3.2　现状:《国家可再生能源行动计划》——NREAPs

分析显示,根据提交的 NREAPs②,9 个国家将通过自己的资源和工具实现其国家目标:比利时、塞浦路斯、爱沙尼亚、芬兰、爱尔兰、拉脱维亚、葡萄牙、罗马尼亚和英国。16 个国家已宣布将超额完成目标,并产生超出最低目标的盈余:奥地利、保加利亚、捷克、丹麦、法国、德国、希腊、匈牙利、拉脱维亚、马耳他、荷兰、波兰、斯洛文尼亚、斯洛伐克、西班牙和瑞典。只有两个国家害怕无法实现目标——意大利和卢森堡计划利用合作机制。该合作机制在指令中已确定,本书第三章也对其进行了阐述。总体而言,成员国计划在 2020 年达到 20.7% ,从而略微超出 2020 年 20% 的目标(EUFORES 2011)。

表 4.1 除显示了《可再生能源指令》中确定的个别国家目标之外,还显示了每个国家在各自的 NREAP 中确定的目标以及欧洲可再生能源行业在 NREAP 2020 项目中所做的预测,以说明国家潜力。

---

① "可再生能源——透明平台",欧盟委员会,2013 年 2 月 13 日下载。

② 《可再生能源——行动计划与预测》,欧盟委员会,2013 年 2 月 13 日下载。

表 4.1　各国目标（来源：EREC 2011a）

国家	RES-Directive 确定的国家目标[%]	NREAP 确定的目标[%]	RES 协会预测 RES 在终端能源消耗中的份额[%]（基于 NREAPs 的需求假设）
奥地利	34	24.2	46.4
比利时	13	13	14.5
保加利亚	16	18.8	20.8
塞浦路斯	13	13	14.5
捷克	13	13.5	13.7
丹麦	30	30.5	30.5
德国	18	19.6	26.7
爱沙尼亚	25	25	25
希腊	18	20.2	25.2
西班牙	20	22.7	28.3
芬兰	38	38	42.3
法国	23	23.26	23.6
匈牙利	13	14.7	18.3
爱尔兰	16	16	16
意大利	17	16.2	19.1
立陶宛	23	24.2	31.7
卢森堡	11	8.8	10.4
拉脱维亚	40	40	46.4
马耳他	10	10.2	16.6
荷兰	14	14.5	16.8
波兰	15	15.5	18.4
葡萄牙	31	31	35.3
罗马尼亚	24	24	24
斯洛文尼亚	25	25.2	34.1

续表

国家	RES-Directive 确定的国家目标[％]	NREAP 确定的目标[％]	RES 协会预测 RES 在终端 能源消耗中的份额[％]（基 于 NREAPs 的需求假设）
斯洛伐克	14	15.3	26
瑞典	49	50.2	57.1
英国	15	15	17
欧盟总计	20	20.7	24.4

（对 NREAPs 的评估——正如法国弗劳恩霍夫系统与创新研究所和维也纳能源经济小组在 NREAP 2020 项目中所做的评估那样——表明,NREAPs 在质量和完整性上有很大的不同。）"尽管一些国家提交了到 2020 年的完整和全面的路线图,概述了现状和有待解决的剩余问题,但其他国家则专注于与现实不符的现有政策。在某些案例中,NREAP 模板甚至填充不完整。科学评估分 5 个类别进行:行政程序和空间规划、基础设施发展和电网运行以及供暖与制冷、电力和运输的支持方案。结论是,发现在行政管理和空间规划方面有最大改进空间,在供暖与制冷部门有足够的支持措施。从对 NREAPs 的评估以及根据 NREAP 2020 项目从国家利益相关方收到的反馈来看,总体情况是,在《可再生能源指令》的进一步部署中,许多众所周知的瓶颈也在 NREAPs 中普遍存在（EUFORES 2011）。"

此外,《NREAP 2020 政策建议报告》（BBH 2010）也总结并概述了结论和建议,强调了 NREAPs 的不足:

——拟议的轨迹和计划的措施不一致;

——成员国缺乏雄心壮志和/或缺乏通过行动作出承诺;

——缺乏管理知识和缺乏对可再生能源作为各部门可行、可靠的能源解决方案的信任;

——行政障碍,例如繁琐而复杂的许可程序;

——各种税收制度下的歧视；

——糟糕的操作、缺乏有保障的优先接入和调度以及/或较长时间的电网连接等形式的电网制约；

——一些成员国的支持程度低，特别是对供暖与制冷部门的可再生能源支持低；

——强调维持现状增长，或充其量是渐进式变化，而不是旨在取得重大、巨大收益的具体措施，例如，只有 9 个成员国计划了可再生能源建设义务或类似措施；

——支持是存在的，但并不是针对每个行业的不同可再生能源技术的全部范围；

——缺乏公共信息和知识；

——数据的获取能力薄弱且不可靠；

——许多国家政策的不连贯对各个层面的行业/投资者都有害；

——一些经济体受金融危机的打击尤为严重，这导致银行减少了为项目（包括可再生能源）提供的融资/贷款。

似乎有几个国家已认真履行义务，提供了一份到 2020 年的完整和全面的可再生能源路线图，说明已落实的内容和需要做的工作。其他国家则对旨在刺激增强可再生能源部署的实施措施进行了很好的描述，但并非所有情况都与现实相符。很少有国家提供一份极简和不完整的报告（FHI/EEG 2011）。

表 4.2 列出了 REPAP 项目分析的所有国家的总体评价摘要。可以看出，所有 5 个类别都存在巨大的优化潜力。行政程序和空间规划领域存在最大的缺陷，其次是可再生能源供暖与制冷的支持措施，这两个领域的优化潜力最大。但即使是关于电力部门支持措施的这部分，平均而言也只得到了一个中档的评估，表明许多欧盟成员国仍有改进的空间。

表 4.2　NREAPs 的总体评估(来源:FHI/EEG 2011)

主题国	管理程序和空间规划	基础设施开发和电力网络运营	RES 电力支持措施	RES 供暖和制冷支持措施	RES 运输支持措施
奥地利	🙂	😐	😐	😐	🙂
比利时	😐	😐	😐	🙁	😐
保加利亚	🙁	😐	😐	😐	🙂
塞浦路斯	🙁	😐	😐	😐	🙁
捷克	🙁	😐	😐	😐	😐
丹麦	🙂	🙂	😐	😐	🙂
芬兰	🙁	😐	😐	😐	😐
法国	🙁	🙁	🙂	😐	🙂
德国	😐	😐	🙂	😐	😐
希腊	😐	🙁	😐	🙁	🙁
爱尔兰	😐	🙁	😐	😐	🙂
意大利	🙁	🙁	🙂	😐	😐
拉脱维亚	🙁	🙁	😐	😐	😐
立陶宛	🙁	😐	😐	😐	🙁
马耳他	🙁	😐	🙁	🙁	😐
葡萄牙	🙁	🙂	😐	🙁	😐
罗马尼亚	🙁	😐	😐	🙁	😐
斯洛文尼亚	🙁	😐	🙂	🙁	🙂
西班牙	😐	😐	😐	😐	😐

续表

主题国	管理程序和空间规划	基础设施开发和电力网络运营	RES 电力支持措施	RES 供暖和制冷支持措施	RES 运输支持措施
瑞典	☹	☺	😐	☺	☹
英国	😐	😐	😐	☹	☹

作为对未来发展做出判断的另一个来源，欧盟委员会公布了其对《可再生能源指令》第 4 条第 (3) 款所预见的合作机制的评估。这一预测显示了成员国打算如何通过国内手段或利用合作机制实现中期目标和最终目标。这已经很好地表明了成员国对实现这些目标的技术和政治手段的重视程度。

欧盟委员会对成员国的 NREAPs[①] 摘要提供了一个很好的概述：根据关于促进使用可再生能源的 2009/28/EC 指令的第 4(3) 条，所有成员国均已提交了文件，预测利用该指令中包含的合作机制的预期用途。合作机制包括"统计转让"，成员国政府可以在统计上同意交换一定数量的可再生能源。另一个机制是"联合项目"，即确定一个特定的新工厂，并在成员国之间统计共享工厂的产量。如果满足一些条件，最重要的是，如果电力在欧盟实际消耗，也可以与第三国建立与电力生产有关的联合项目。该指令创设这些工具的意图是允许成员国以成本效益高的方式实现其目标，在最有效的地方开发可再生能源……

报告的主要结论如下：

——与可再生能源在终端能源消费中所占份额的约束性目标相比，预计至少有 10 个成员国在 2020 年会有盈余。这笔盈余可以转让给另一个成员国。数量估计约为 5.5 Mtoe，或约占 2020 年所需可再生能源总量的 2%。

——预计西班牙和德国绝对盈余最大，分别为 2.7 Mtoe 和 1.4 Mtoe。

——与可再生能源在终端能源消费中所占份额的约束性目标相比，预计 5

① 欧盟委员会成员国预测文件摘要，2013 年 2 月 13 日下载。

个成员国 2020 年将出现赤字。因此,这些成员国要求通过使用该指令的合作机制,从其他成员国或第三国进行转让。该数量约为 2 Mtoe(小于 2020 年所需可再生能源总量的 1%)。

——预计意大利绝对赤字最大,为 1.2 Mtoe。

——预计成员国对 2020 年可再生能源消费量的结果是,欧盟应超过其20% 目标的 0.3 个百分点以上。

——预计受合作机制制约的能源数量相对较少,这反映了大多数成员国经济高效地开发国内资源的能力,以及它们渴望从国家开发可再生能源中获得经济、社会和环境效益。然而,如果成员国希望进一步利用该指令建立的合作机制,则仍然可以利用这些机制以更高的成本效益实现目标。

——此外,预计共有 13 个成员国将超过该指令所载轨迹的中期目标,因此在 2020 年之前的年份将有盈余。预计 3 个成员国在此期间将出现赤字。因此,成员国也可以利用这些合作机制在 2020 年之前实现其发展轨迹。(值得一提的是,该指令要求成员国计划达到或超过其轨迹。)

——许多成员国指出,这些轨迹和目标需要强有力的、新的国家能效和基础设施措施。

关于 2020 年前可再生能源形势的最新状况的另一个判断来源是欧盟委员会 2011 年夏季发布的通讯报告(European Commission 2011i)。其主要结论和建议如下:

截至 2008 年的 10 年里,欧洲可再生能源行业的增长有限且分散,部分原因是欧盟监管框架有限。认识到可再生能源将成为未来低碳能源部门的核心,欧盟引入了一个全面而有力的支持性立法框架。现在的挑战是在国家层面从政策设计转向执行,实地采取具体行动。指令的执行和计划的提出是令人鼓舞的进展迹象,需要持续下去。在当前宏观经济脆弱和财政整顿的背景下,重要的是要认识到,为可再生能源提供融资是促进增长的支出,将在未来提供更大的回报。同样重要的是,确保支出质量,采用最有效和最具成本效益的融资手

段。与在能源基础设施方面采取的措施一样,欧洲也需要采取行动,加快速度
提高可再生能源生产的效率,并将其融入欧洲单一市场。在国家层面上,对融
资工具的任何修订都应避免造成投资者的不确定,并考虑到其他成员国的政
策,以确保采取与创建真正的欧洲市场相一致的做法。欧盟委员会将根据《可
再生能源指令》包含的成员国合作新框架,积极支持可再生能源融资方面的国
际合作,并推动可再生能源融入欧洲市场。在欧洲层面上,欧盟的资金应用于
确保具有成本效益的可再生能源开发并提供技术援助,同时确保以最有效的方
式降低该部门的资本投资成本,包括与欧洲投资银行(EIB)合作和提供技术援
助。因此,委员会请成员国:

　　——实施 NREAPs;

　　——简化基础设施规划制度,同时尊重现有欧盟环境立法,并努力符合最
佳实践;

　　——加快电网建设以平衡可再生能源的更高份额;

　　——发展合作机制,开始将可再生能源纳入欧洲市场;

　　——确保现有国家支持计划的任何改革都将保证投资者的稳定,避免追溯
性变化。

　　为了支持这些努力,欧盟委员会将继续与成员国合作执行该指令,审查和
提高欧盟可再生能源项目资金的有效性,并促进国家支持计划的融合,以确保
欧洲可再生能源发展的最佳条件。

　　因此,欧盟委员会已经很好地分析了有关《可再生能源指令》未来实施和欧
盟可再生能源市场份额发展的许多缺陷和失败风险。

4.3.3　政策推荐

　　基于 NREAP 2020 项目工作的分析和结论,以及正在进行的科学工作和市
场参与者在"步入正轨!"项目中的反馈,对电力、供暖与制冷以及运输部门提出
了一些政策建议。它们将有助于提高国家可再生能源政策的质量、结构和目

标,并将《可再生能源指令》的实施推进到必要的水平,以期在 2020 年实现至少 20% 的可再生能源目标:

——确保所有欧盟成员国的可再生能源在 2020 年之前按照《可再生能源指令》的轨迹持续增长;

——稳定的可再生能源支持计划,为投资者创造安全和支持新技术,直到它们能够独立竞争;

——开发一系列技术,为未来的能源组合创造多样化的基础,并在一定时期内保持最佳解决方案的运行,而不会过早停止创新过程;

——可靠的统计数据,作为政治决策和市场比较的公平基础;

——高效的行政程序和空间规划,避免可再生能源市场开发的非货币壁垒;

——有效的电力基础设施开发和运营,以确保可再生能源接入电网,并为区域和欧洲电网以及适用于不同来源的集中和分散可再生能源解决方案的分散电网奠定基础。

作为结论,报告指出:

部署可再生能源的多方面好处是不可否认的。可再生能源发电量的增加不仅有助于欧盟实现其温室气体减排目标,还将加强向可持续经济的转变力度。同时,它对能源供应安全和克服对能源进口的依赖具有积极影响。

2020 年具有约束力的可再生能源目标是促进可再生能源发展的加速器,NREAPs 是帮助成员国实现其目标的至关重要的工具。然而,对 NREAPs 的深入分析得出的总体结论只能是:尽管总体目标有望实现,但旧的瓶颈依然存在,需要更多的警惕和指导(EUFORES 2011)。

根据 2009/28/EC 指令,欧盟建立了一个渐进、明确和承诺的立法框架,以在 2020 年之前实现可再生能源在总能源使用中至少占比 20%,具有约束力的国家目标总和将达到 20% 的最低总体目标。因此,该指令在成员国之间创建了一个"积极命运共同体"(BBH 2011)。

最敏感的是,欧盟委员会将在协助和部分指导实现进程方面担任舵手。与此同时,尽管欧盟委员会需要开展更多的战略性工作,但可以依靠大量具体信息来促进其工作。如果没有涵盖整个需求和供应链的能源系统变革战略方针,增加可再生能源部署的政策将不会稳健,也不会产生前瞻性的可持续能源政策。

对各成员国各种政策的研究显示,各个国家都有许多正面的例子,来自社区和区域层面的规划和授权都有。无论是从不平衡的支持机制角度看,还是从如电力、供暖/制冷和运输等所涉及的所有部门的稳健性角度看,没有一个国家是完美的,即使实力强大的领跑者也有弱点。在未来的几个月和几年里,所有成员国认真履行义务将是一个关键点。欧盟需要更多讲述"正面故事"。

为了改变欧洲能源系统的面貌,建立一个可持续的可再生能源驱动和能效高的世界,需要所有成员国和欧盟层面作出更强有力的现实承诺,以减少能源消耗,并尽快提高能效。

4.3.4　现状：《可再生能源指令》的实施

作为最新情况,欧盟委员会于 2012 年夏天发布了一份通讯报告,对欧盟可再生能源的最新状况进行了反馈和判断(European Commission 2012c),重申了在国家和地方层面实施 NREAPs 的强烈愿望。它再次确认,需要为基础设施发展制定一个清晰的远景,并确保投资安全,以便在欧盟创造可再生能源投资和市场的稳定发展。

然而,不得不批评的是,欧盟委员会几乎完全忽略了以可再生能源为基础的供暖与制冷部门。《可再生能源指令》在电力和运输部门增加基于可再生能源的供暖和制冷,这是一个巨大的进步。现在看来,布鲁塞尔的机构倾向于削弱通过可再生能源供暖和制冷的作用,尽管供暖和制冷约占欧盟能源消耗的50%。对于 2020 年可再生能源目标来说,只关注电力部门是相当危险的发展。在这种发展趋势下,目标无法实现几乎是不可避免的。

关于实现过渡目标的情况,首先情况似乎是积极的。所有专家都同意,如果就前两年的执行轨迹和过渡目标而言,欧盟成员国总体上正在步入正轨,这无疑是一个良好的开端。然而,这只是一个大致印象,并不表明未来的趋势。事实上,轨迹曲线起点很低,如果没有更大的雄心壮志,在接近 2020 年的后期,它会变得越来越陡峭。真正的雄心壮志将在最后的几年,那里的增长率必须更高,可再生能源设施必须快速跟上。因此,目前情况不再那么乐观,因为大多数成员国没有表现出将可再生能源推广到必要水平的更大雄心壮志,而且有理由担心其中许多国家在真正实现 2020 年国家目标所需的增长率方面会遇到问题。

4.3.5　结论: 可再生能源的前景

金融和经济危机严重打击了对可再生能源的支持。许多成员国将可再生能源投资更多地视为一种负担,而不是对未来技术、就业和能源独立性等的投资。这一事实使人们有理由担心可再生能源支持在未来几年将继续疲软,甚至会减少,一些成员国最近采取的一些追溯措施表明了这一点(西班牙、葡萄牙、希腊、捷克等)。因此,我们必须建议,尽管存在经济困难,但成员国应尽早开始大规模实施和建设可再生能源,以便为实现 2020 年目标做好投资和业务安全的准备。有多种不依赖国家预算的选择,可以解决仍然存在的市场壁垒,稳定和增加对可再生能源的投资。积极影响将不仅仅是发展可再生能源:它为经济增长、新的绿色技术市场、创造就业机会、积极的健康和环境影响奠定了基础,并最终降低了欧洲公民的成本(详情见 2011 年 ECN 2011 和 European Commission 2011i)[1]。

成员国需要为发展我们的能源系统和我们使用能源的方式确定中长期战略。很明显为了有效地促进投资,转型的定义至关重要——将资金投入到技

---

[1]　欧盟委员会的综合网站提供了有关 2020 年可再生能源目标的信息。

术、公司和基础设施上面。

除了一般的市场危机之外，还应看到部门也必须解决的具体困难。例如，最近的光伏市场危机清楚地表明欧洲政策缺乏方向性：成员国和欧洲机构未能明确制定为欧洲可再生能源产业的可持续发展奠定基础的产业战略，这是使可再生能源故事不仅仅在欧盟取得成功所必需的。将需要新的市场设计，以便将可再生能源融入现有或未来市场，通过市场机制自动奖励像能源生产和市场机制提供的电网平衡、存储和备用系统等二级服务。然而，如今这样的市场设计远未实施，欧盟甚至缺乏如何让市场运行的想法。需要更多的研究和讨论来定义这种新的综合市场设计。

此外，还需要为供暖与制冷部门敲响警钟：可再生能源在该部门没有跟上速度，在许多讨论中，这一关键部门被完全遗忘，似乎很少有有效的措施将发展推向正确的方向、在市场份额和设施方面取得可衡量的进展。

综上所述：可再生能源指令和大多数国家行动计划为可再生能源的强劲发展奠定了立法背景。然而，欧洲机构和欧盟成员国必须表现出更多的努力和奉献精神，以确保可再生能源市场的发展以及实现《可再生能源指令》的中期和最终目标，欧洲需要付出巨大的努力来保证其目标的实现。

4.4 现状和前景：能效

能效可以对欧盟的三个关键政策优先事项作出重大贡献：气候保护、能源安全和欧盟工业的技术领先地位。气候一揽子计划的第二个目标是，与 2020 年的预测相比，到 2020 年节能 20% 的能效目标。该目标及其支持政策的主要意图是通过使行为、系统、建筑、运输、流程和产品越来越节能，使欧盟的经济发展与能源使用脱钩：用更少的资源做更多的事。

4.4.1　立法背景——能效政策

欧盟在处理能效方面的立法历史悠久。为了提高工业、家庭和服务部门的能效水平,一些部门已经采取了措施。以下欧盟指令是在 2012 年夏天①之前制定的:

——《能源终端使用效率和能源服务指令》简称《能源服务指令》(ESD),2006/32/EC 指令;

——《建筑能效指令》(EPBD),关于建筑能效的 2002/91/EC 指令、2010/31/EU 指令中 EPBD 的修改;

——《热电联产指令》,关于根据国内能源市场的有用热量需求促进热电联产的 2004/8/E 指令。

——产品能效:

- 产品能耗:信息和标签(自 2011 年 7 月起);

- 轮胎标签;

- 能源使用设备的生态设计;

- 荧光灯、高强度放电灯及其镇流器的生态设计要求;

- 家用电器:能源消耗标签(至 2011 年);

- 办公设备能效:能源之星计划(欧盟—美国);

- 热水锅炉。

当然,通过这些指令可以看到一些进展,例如家用电器的能效分类、更节能建筑的新规则等。然而,实现 2020 年减排 20% 的气候一揽子计划目标遥不可及。尽管欧盟的利益攸关方和机构做出了许多努力,但成员国的进展总体上太慢。在新能效指令出台之前,据估计,按照目前的速度,到 2020 年,欧盟的减排目标可能连 20% 的一半都达不到。直到 2012 年,欧洲机构才最终制定了新的

---

① 欧盟委员会的综合网站提供了有关 2020 年可再生能源目标的信息。

指令,改善了这一局面(Energy Efficiency Directive 2012)。

4.4.2　能效政策现状——差距和政策要求

在判断欧盟能效的未来发展之前,应该先了解欧盟最近的情况以及成败。一项全欧洲的项目调查收集了专家对现状的反馈:能效观察项目分析了全欧洲对能效政策的进展和实施的缺陷。

2006 年,欧盟通过了《能源终端使用效率和能源服务指令》(ESD 2006),这是迄今为止欧洲最重要的能效相关框架之一,ESD 是为欧洲社会利用能效增益的一项政策措施。本指令的目的是使能源终端使用更加经济高效。根据 ESD,成员国必须在 2016 年之前采用并实现 9% 的指示性节能目标。它规定了国家当局在节能和节能采购方面的义务,以及促进能效和能源服务的措施。ESD 要求成员国提交 3 份国家能源效率行动计划(NREAPs),于 2007 年、2011 年和 2014 年提交。在 NREAPs 中,成员国必须说明其计划如何在 2016 年前达到 9% 的指示性节能目标,并描述计划中的能效措施。此外,NEEAP 必须表明成员国如何遵守 ESD 关于公共部门示范作用的要求以及向最终消费者提供信息和建议。此外,在第一个 NREAPs(2007 年)中,成员国必须设定中等目标,第二个(2011 年)和第三个(2014 年)NREAPs 必须显示能效改善和节能的结果。

基于专家反馈的能效观察项目的主要调查结果和结论显示了阻碍能效改进取得突破的主要问题。它们可以作为今后更好的政策制定和执行活动的基础。该报告(EEW 2012)提出了以下关键要求:

——更坚定的政治意愿和更大的抱负,同时理解能效的好处;

——新的、大胆的能效政策框架,建立欧洲新的领导地位;

——改善治理和政策管理:多层次治理,责任更明确,执行部门和机构的工作人员更多;

——在进展最为缓慢的运输部门要有更宏远的目标;

——加强建筑改造,建立更有效的融资工具;

——了解除资金以外的广泛障碍，以及了解能效及其在整个欧洲部署的复杂性。

4.4.3　新的《能效指令》

2012 年，欧洲机构制定了新的《能效指令》（EED）（Energy Efficiency Directive 2012）。它取代了《能源服务指令》和《热电联产指令》，并结合了能源链上所有的能效方面——从能源转换的第一步，通过运输和分配，到社会不同部门的能源使用程度。

该指令的一个关键政治因素是成员国不希望制定一个有约束力的 2020 年能效目标，但同意采取具有约束力的措施作为替代方案。欧盟委员会同意这一点的前提是，如果 2014 年欧盟成员国没有做出足够的努力，2020 年的指示性目标可能具有约束力，从而具有法律强制执行力。

4.4.3.1　《能效指令》的关键要素

《能效指令》（EED）的主要特点是无约束力的目标、有约束力的措施、部门方法、一般措施、新的衡量和报告工具。当该指令于 2014 年 1 月 1 日生效时，成员国每年必须对其中央政府拥有的供暖和/或制冷建筑的总面积的 3% 进行翻新。此外，每个成员国都必须建立一个能效义务计划，确保能源分销商和/或零售能源销售公司在 2020 年底前实现累计终端能源节约目标，占终端消费者年度能源销售额的 1.5%。这一义务计划仍然让成员国选择灵活措施以及同等的替代措施。该指令的文本还包含关于能源审计和能源管理系统、计量、计费信息以及供暖与制冷部门能效推广、能源转换、传输和分配以及能源服务的规定。此外，每个欧盟成员国都有义务制定路线图，到 2050 年使整个建筑部门（包括商业、公共和私人家庭）更加节能。

预计 EED 将在短期内为欧洲创造数十万个就业岗位，从长期来看，将为实现欧盟气候目标和减少欧盟对化石燃料的依赖做出重大贡献。

EED 的关键要素如下：

——国家目标和有约束力的措施。

——国家能效行动计划，自 2014 年 4 月 30 日起，每 3 年发布一次。

——能源使用效率：

- 建筑物改造；

- 公共部门的示范作用；

- 公共部门建筑翻修；

- 公共部门采购；

- 能源公用事业义务计划；

- 能源审计和管理方案；

- 测量；

- 计费信息；

- 消费者信息；

- 处罚。

——能源供应效率：

- 供暖与制冷；

- 能源转换、传输和分配。

——横向规定：

- 资格、认证和认证计划；

- 信息和培训；

- 能源服务；

- 国家能效基金。

——审查和监测执行情况。

4.4.3.2 存在的差距

《能效指令》显然是朝着 2020 年 20% 的能效目标迈出的一大步。然而，正如所显示的那样,如果正确实施和遵守①,它将不会提供全部 20%,而是 15%。除此之外,已承诺对锅炉、汽车和货车采取措施,使欧盟在 2020 年的效率达到 17%。

人们必须意识到,立法框架首先是文本和文件,可能与成员国的现实存在明显的不一致性——就像过去的情况一样。因此,无论是在立法层面上,还是在实施全面措施体系的实际层面上,都需要做出更多努力,以实现现实生活中可测量的 2020 年效率目标。欧洲各机构已开始讨论如何通过补充立法和措施来弥补这一差距。

成员国没有就具有约束力的目标达成一致意见,而是就 20% 的能源节约指示性目标和具有法律约束力的措施达成一致意见。预计到 2020 年,这将导致总节能量减少 15%,低于成员国此前在 2007 年原则上达成的 20% 的目标。为了弥补这一不足,15% 的目标将由汽车燃油效率法规和锅炉等产品的新标准来弥补,并将这些标准添加到生态设计指令中。这使欧盟节约的能源达到 17%。其余百分比的计算如下:

——2013 年 4 月,预计成员国将提出其国家效率方案,并计算其要实现的目标。然后,欧盟委员会将对其进行评估。

——如果欧盟委员会对国家节能计划的分析表明欧盟没有达到 20% 的节能目标,那么它必须在指令中增加更具约束力的措施来弥补这一差距。

——如果成员国不采取额外措施,而且仍无法实现目标,欧盟委员会将提出具有约束力的目标。

——将于 2014 年计算节能,2016 年将对该指令进行审查。

4.4.4　结论:能效前景

欧盟希望在 2020 年实现 20% 的能效目标。过去,已经采取了初步措施,使

---

① "议会给能效指令最终开绿灯",2012 年的《欧洲动态》(Euractiv),2013 年 2 月 13 日下载。

欧盟在 2020 年达到约 10% 的水平。新的《能效指令》已将上限推至 17% 左右。为了达到 20% 的目标，仍需弥补存在的差距。如果欧盟想要在能效领域取得成功，就需要尽快在欧盟、国家、区域和地方各级层面作出有效努力。

到目前为止，人们不得不承认，如果不采取进一步措施，欧盟将无法实现 20% 的目标。特别是在欧洲，由于欧洲议会选举和欧盟委员会①换届，立法程序至少要停顿一年，时间不多了。然而，这一差距不仅需要在欧洲立法层面上加以弥补，更重要的是，真正可衡量的实施必须在所有利益攸关方的坚定承诺和对迄今为止效率政策缺陷的不断学习过程的推动下进行。

4.5　现状和前景：温室气体减排

欧盟"气候一揽子计划"的第三个目标是到 2020 年温室气体减排 20%。实现这一目标的主要工具是欧盟排放交易系统（EU-ETS）②。本书第三章详细描述了当前的《排放交易系统指令》。

4.5.1　欧盟排放交易系统的逻辑和运作

欧盟排放交易系统（EU-ETS）的主要逻辑是确定欧盟某些排放密集型部门的年总排放量，并让市场决定排放配额的实际价格。这一上限将每年降低，以便根据联合国国际气候协议（《京都议定书》等）强制减少总排放量。根据这一上限，市场参与者将选择购买欧盟排放配额以实现排放，或投资于减排。EU-ETS 是一个国际性的温室气体排放配额交易系统，目前覆盖 31 个国家的 11 000 多个发电厂和工业工厂以及航空公司。如果该系统按照其创造者的预期运行，

---

① 每五年，欧盟公民选举欧洲议会及其 700 多名成员。此外，还成立了一个新的欧盟委员会。考虑到选举之前的竞选活动以及恢复所有系统运行的时间，政治系统需要大约一年的时间来重新启动其立法能力，并启动新的立法程序，这通常需要 6～18 个月的时间。
② "欧盟排放交易系统（EU-ETS）"，2013 年欧盟委员会。

那么与 2005 年的起点相比,2020 年 EU-ETS 覆盖的部门应该实现 21% 的减排量。EU-ETS 覆盖的部门约占欧盟所有部门总排放量的一半。

排放交易系统的建立分几个阶段进行,每一阶段都增加了新的和更具体的要素,以确保 EU-ETS 的运作[①]。

4.5.1.1　第一阶段:2005 年—2007 年——"测试阶段"

第一阶段是所谓的"测试阶段",即建立和测试欧盟排放交易系统及所有相关服务和机构。欧盟委员会并没有真正预计在那个时期的具体温室气体排放量。

在第一阶段,EU-ETS 仅涵盖发电和能源密集型工业部门的排放。几乎所有配额都是免费提供给企业的。违规罚款为每吨 40 欧元。第一阶段成功地在早期阶段制定了碳价格,在整个欧盟范围内实现了排放配额的自由贸易,并为监测、报告和核实实际排放量建立了必要的基础设施。由于缺乏可靠的排放统计数据,第一阶段的排放上限是根据最佳猜测设定的。在实践中,EU-ETS 配额的分配总额严重超过了需求,2007 年配额价格降至零。

因此,尽管只作为试验,但 EU-ETS 的运作已经受到批评,因其没有提供足够高的市场价格来创造温室气体减排的激励措施(IMF 2007,第一章"全球前景和政策问题")。

4.5.1.2　第二阶段:2008 年—2012 年——"正规运营阶段"

在第二阶段,建立或改进了 EU-ETS 的其他几个要素。更多的气体被包括在内,一些非欧盟国家加入,违规罚款增加到每吨 100 欧元。第二阶段与《京都议定书》第一个承诺阶段同时进行。航空部门也从 2012 年开始被纳入,但实施被推迟到 2013 年,以使国际航空有机会适应新法规,并就航空气候目标达成国际协议。

但同样,EU-ETS 的价格不足以激励减排。由于经济危机,温室气体排放量

---

① "欧盟排放交易系统(2005—2012)",2013 年欧盟委员会。

减少仅仅是因为经济活动减少，而不是因为 EU-ETS 运作良好。批评人士甚至强调，EU-ETS 为配额耗费了巨大成本，但其影响相当于零[①]。

4.5.1.3　第三阶段：2013 年—2020 年——"改进交付阶段？"

如果不采取进一步行动，第三阶段也将持续存在 EU-ETS 配额的结构性盈余和未能制定适当的配额价格，额外的减排不会达到足够的数量[②]。

因此，欧盟委员会提出了一些改进建议，以使 EU-ETS 成为一个成功的工具，从而实现专门和额外的减排，并证明该系统的存在是合理的[③]。气候变化谈判中最具争议的问题之一是一项提案，即从 2013 年起，"应全面拍卖能源发电机的许可证，并逐步转向所有其他行业的全面拍卖"[④]。另一项建议是，通过将某些配额的拍卖推迟更长的时间来阻止这些配额的发放，以减少第三阶段早期发放的配额总量（2013 年—2015 年至 2019 年—2020 年期间发放了 9 亿配额）。此外，越来越多的配额将不会免费提供给市场参与者，而是通过拍卖机制进行分配，从而鼓励市场参与者和 EU-ETS 下的公司更好地计算所需的排放配额、价格和未来发展。2013 年拍卖了 40%，这一份额将逐年增加。此外，更多的温室气体得到了整合，参与的更多部门与国际排放配额市场的联系得到了加强[⑤]。此外，正如第一阶段和第二阶段的情况一样，总排放配额将不会由国家分配计划确定，但会建立一个单一的欧洲排放上限。

也许最有效的措施是在 2020 年将减排目标从 20% 提高到 30%，向市场发出更强烈的信号，并为真正的额外减排留出空间，这些减排不是由经济危机或可再生能源和效率目标的影响造成的。

所讨论的改进概述[⑥]如下：

---

① "欧洲 2 870 亿美元的碳'废物'"：澳大利亚人席德·马赫 2011 年编制的《瑞银报告》，2013 年 5 月 1 日下载。
② "排放交易"，维基百科，2013 年 2 月 13 日下载。
③ "欧洲碳市场的结构改革"，2013 年欧盟委员会。
④ "悬而未决：欧盟的气候议程"，2012 年《欧洲动态》（Euractiv），2013 年 2 月 13 日下载。
⑤ "国际碳市场"，2012 年欧盟委员会，2013 年 2 月 13 日下载。
⑥ "欧洲碳市场的结构改革"，2013 年欧盟委员会，2013 年 2 月 13 日下载。

——将欧盟 2020 年温室气体减排目标从 1990 年的 20% 提高到 30%；

——永久退出一定数量的第三阶段配额；

——修改配额数量每年减少 1.74% 的规定,使其幅度更大；

——将更多部门纳入 EU-ETS；

——限制获得国际信贷；

——引入可自由支配的价格管理机制,如价格管理储备金。

如果所有这些措施都得到实施,EU-ETS 将有很好的机会提供真正可测量的额外结果,证明其存在、其复杂的机构和结构以及相关的成本是合理的。只有这样,这个目标及其 EU-ETS 主要工具才能在可再生能源和效率目标之外发挥作用。

到目前为止,随着 EU-ETS 第三阶段的实施,欧盟委员会建议从第三阶段开始到结束时对配额进行折量拍卖,以便从 2013 年起人为减少交易配额,从而在更高的水平上建立更有效的碳价格。不幸的是,欧洲议会的部分政治团体以及许多欧盟成员国强烈反对对该体系进行任何修正,担心危机时期欧洲工业承受不起负担。这让人有理由怀疑 EU-ETS 是否会及时得到修复,是否会产生额外的温室气体排放。

4.5.2　结论：温室气体减排前景

因此,EU-ETS 尚未证明其完全有效。然而,必须调整一些因素,以实现额外的和可衡量的减排。

碳价格太低,因为与欧盟减少的实际排放量相比,总配额的可获得性太高。经济危机减少了总排放量,但 ETS 总量上限的调整或设计方式并未使其产生动态调整,以达到足够的配额价格水平,并激励 ETS 下的市场参与者投资温室气体减排。

如今,即使在第三阶段,现有的 EU-ETS 在实现 2020 年减排 20% 的目标方面仍不太有希望。到 2011 年,EU-ETS 可能耗资 2 870 亿美元,但对欧盟总排放量的影响"几乎为零"。如果这些钱被有针对性地使用，比如升级发电厂，那么本来是可以减少 40% 以上的排放量，这是对 EU-ETS 的影响的灾难性判断①。

至少，ETS 前两个阶段的结果令人失望——"灾难性的记录"（Gilbertson and Reyes, 2009）。欧盟机构似乎已经明白，必须采取某些措施来实现 ETS 的预期影响和温室气体排放目标。

即使欧盟机构改善了某些因素，仍有几个遗留问题困扰着 ETS：

——该系统动态变化不足，无法为减排投资提供强有力的激励和价格信号；可能会讨论与欧盟最新经济地位相关的浮动上限。

——排放上限可以降低，但其定义将始终取决于政治决策者，他们没有兴趣给自己的行业带来额外负担，尤其是在经济危机时期。

——碳泄漏仍然是一个问题。

——可再生能源和能效目标已经达到 2020 年减排目标的大部分，如果不制定更高的排放目标，EU-ETS 的存在将被质疑。结果，为了使 EU-ETS 成为一个有意义的系统，应制定一个新的具有约束力的 2020 年目标，通过可再生能源和效率目标，使欧盟在 2020 年预期的减排目标基础上更进一步。2020 年减排 30% 是讨论的新目标。有了这样一个目标，再加上专门且不断降低的温室气体排放配额上限，ETS 市场价格可能会达到一定水平，这真的会激励投资者进一步减排。

4.6　结论

欧盟在气候一揽子计划中引入了一系列 2020 年可再生能源、能效和温室气体减排的目标。虽然调整和实施工作正在进行中，但可以假设欧盟和国家层

---

① "欧洲 2 870 亿美元的碳'废物'"：澳大利亚人席德·马赫 2011 年编制的《瑞银报告》，2013 年 5 月 1 日下载。

面的政治框架首先能够实现 2020 年的目标。然而,问题在于细节,立法缺乏雄心和完整性,这导致了以下结论:所有三个目标仍然受到威胁。为了确保气候一揽子计划的真正实施,决策者需要更大的雄心壮志、更高的立法质量和更大的意愿。

可再生能源在 2013 年步入正轨,但预计年装概率将在 2020 年前上升,并接近 20% 的约束性目标,人们不得不担心,大多数成员国缺乏通过向可再生能源市场提供必要的推动来真正实现这些目标的意愿。尤其是过去几年,一些欧盟成员国关于可再生能源支持的负面消息,让人对未来的道路产生了怀疑。要想到 2020 年可再生能源的总份额达到 20%,这需要更大的雄心壮志并保障投资者的安全。

能效是一个更加棘手的政策领域。能效无处不在,不像可再生能源那么容易推广。从 2013 年的角度来看,2020 年 20% 的效率目标将无法实现。新的能效指令无疑改变了这种情况,并为新政策奠定了基础,这些政策将目标实现率从一切如常情况下的 10% 左右提高到 2020 年预期的 17%。然而,要在 2020 年达到 20%,还需要更大的雄心壮志和新的政策。需要更全面地了解如何实现效率这样的复杂目标,并需要一套有效的政策一揽子计划来实现。

2020 年温室气体减排 20% 是 EU-ETS 成败的首要因素。从理论上讲,总量管制和交易制度是一项充分的措施,可以限制排放,找到最具成本效益的解决方案来拯救气候。然而,ETS 实施的第一阶段表明,EU-ETS 设计中的漏洞和系统性错误导致了系统的彻底失败。市场上有太多的排放配额,而欧盟经济在经济危机期间减少了活动,配额的过剩导致市场价格过低,无法改变市场参与者的行为,也无法实现温室气体减排。此外,如果假设可再生能源和能效目标在 2020 年取得成功,同时减排本身就已经实现,那么用 EU-ETS 等复杂工具单独实现 20% 减排目标就不再有意义了。它只是不能带来额外的可测量的减排。越来越多的声音要求在 2020 年实现温室气体减排至少 30% 的目标,以便通过 EU-ETS 增加雄心和激励措施。人们寄希望于这场辩论以及欧盟机构的新计划，即大幅减少排放配额数量，能带来更高的排放配额价格，并鼓励市场参与者进一步限制温室气体排放。

　　总而言之，气候一揽子计划及其三个单独目标的成功与否取决于欧洲、国家和地方各级层面的政治机构。如果决策者看到实现这些目标的机会，就有可能取得成功，对健康和环境、经济增长、就业、缓解公共预算以及欧洲能源进口和资本出口的独立性产生积极影响，雄心壮志是取得成果的基础。然而，如果成员国、欧盟领导人和选民继续将这些措施视为负担，2020 年的目标很可能会落空，欧盟将失去成长为创新型绿色清洁经济的主要选择。

第5章　对国家支持系统中
"歧视性市场壁垒"的法律评估

马库斯·卡勒斯　　托尔斯滕·穆勒

5.1　引言

从欧洲法律角度看,对成员国"可再生能源电力国家支持计划"的主要反对意见之一始终是对国内安装的限制。这是因为国家支持计划的这一特点与根据《欧盟运作条约》(TFEU 2012)第 34 条保障货物自由流动相冲突,根据该条,成员国之间禁止与数量相关的进口限制以及所有具有同等效果的措施。然而,国家支持计划以多种方式限制跨境电力交易,这就提出了这些限制是否合理的问题(参见本书第 6.2 章节)。针对这一点,2009/28/EC 指令(Renewables Directive 2009)根据第 3 条(3)款第二小段澄清了成员国可以自由使用区别性支持计划(参见本书第 6.3 章节)。这种通过二级法律使之合法化的做法提出了一个问题,即成员国的支持计划是否仍应直接以货物的自由流动来衡量(参见本书第 6.4 章节)。

5.2　基本冲突：货物自由流动与国家支持计划

TFEU 第 34 条包括货物自由流动的保障,内容如下:"成员国之间应禁止对进口实施数量限制和所有具有同等效力的措施。"

国家支持计划以两种方式限制跨境电力交易,从而限制货物的自由移动。首先,他们限制传统能源的贸易,因为可再生能源的推广将传统能源挤出了市场。然而,由于环境保护和气候变化是符合公众利益的必要原因,限制货物自由流动是正当合理的(fundamental:ECJ 1979),无需进一步讨论。在此,在既定的判例法中,欧洲法院(ECJ)将环境保护视为公共利益的强制性事项,这一事实应该足够了……(ECJ 1985,ECJ 1988)。

然而,限制可再生能源向国内发电厂发电需要更多的理由。成员国的支持计划始终限于其应用①领域内的此类可再生能源发电厂,这导致其他成员国对可再生能源发电的歧视。在这方面,ECJ 对普鲁士电力公司(Preussen Elektra)的判决有利于成员国(ECJ 2001),但并没有平息所有猜测。自该决定以来,通过内部市场一揽子计划,即采用内部市场指令(Electricity Market Directive 2003 and Electricity Market Directive 2009),逐步实现了内部能源市场,这被引用为反对成员国②支持计划的这种限制范围的论据。此外,随着成员国用于能源生产的可再生能源份额的增加,支持计划对内部市场的影响也在增加。最后,如果不能同时实现这两个目标,就必须决定是应该优先考虑自由市场还是气候保护。鉴于在可预见的未来不可能就统一支持计划达成协议,《可再生能源指令》关于货物自由流动与国家支持计划之间基本冲突的决定加强了成员国暂时确

---

① 将 2008 年 10 月 25 日的德国《可再生能源法》(EEG)(Erneuerbare-Energien-Gesetz)第 2 款第 1 条 (BGBl. I S.2074)与 2012 年 8 月 17 日第 1 款修正法案英文版(EEG 2012)(BGBl. I S.1754)进行比较。
② 2009/72/EC 指令及其前身 2003/54/EC 指令旨在引入发电、输电、配电和供电的通用规则。它还规定了通用的服务义务和消费者权利,并澄清了竞争要求。

定其国家支持计划设计的自由（参考第 3 条第 3 款）。在这方面,欧盟立法者也按照欧洲条约行事。

5.3　《可再生能源指令》使区别性支持计划合法化

《可再生能源指令》第 3 条第（3）款第二小段明确规定,成员国可以自由决定（只受国家援助制度的限制）推广来自其他成员国能源的程度。"在不影响《条约》第 87 条和第 88 条的情况下,成员国有权决定……在何种程度上支持不同成员国生产的可再生能源。"

《可再生能源指令》第 25 条提供了欧盟立法者发布这一影响深远版本的理由:"实现本指令目标的一个重要手段是保证国家支持计划的适当运作,（……）,为了保持投资者信心,允许成员国设计有效的国家措施,以实现目标合规。该指令旨在推广可再生能源的跨境支持,而不影响国家支持计划。（……）为了确保目标合规措施的有效性,即国家支持计划和合作机制,成员国必须能够确定其国家支持计划是否以及在多大程度上适用于其他成员国生产的可再生能源（……）"。

正如欧盟立法者在《可再生能源指令》第 25 条中明确指出的那样,目前有限的支持计划将继续存在。这些目的论的考虑也得到了历史和系统因素的支持（Müller 2009:167）。从系统的角度来看,《可再生能源指令》依赖于成员国的稳定支持计划来实现其目标。根据《可再生能源指令》第 3 条第（3）款 a）项,它们是实现指令约束性目标的主要工具。根据《可再生能源指令》第 5 条第（3）款和第（4）款以及第 2 条 f）项,可再生能源占相关成员国终端能源消耗总量百分比的计算方法与国内生产密切相关。只有在《可再生能源指令》第 6 条至第 11 条合作机制的严格条件下,才能考虑不同成员国或第三国的发电量。此外,还可以借助该指令的立法历史来解释作为实现目标措施以坚持国家支持计划。该指令的特点是成员国拒绝了欧盟委员会提出的与实现目标相关的全欧洲原产地担保贸易的建议（European Commission 2008a，Article 9）。

5.4　《欧盟运作条约》第 34 款作为国家支持计划的测试标准

　　根据作为二级立法的《可再生能源指令》第 3 款第（3）条第二小段的规定，允许区别对待来自另一个成员国的可再生能源和来自当地的可再生能源。起初，这一规定似乎令人惊讶，并提出了一个问题，即国家支持计划是否仍然可以根据《欧盟运作条约》（TFEU）第 34 款的规定与货物的自由流动进行核对。因此，二级立法可能对基本自由的范围产生中止效力。但是，如果该规定符合欧洲条约（参见第 6.4.1 章节），则欧盟立法者仅被允许定义这样一项规定，以限制在支持可再生能源方面的成员国内货物的自由流动。在这种情况下，该条款对成员国规定了关于 TFEU 第 34 条范围的中止效力（参见第 6.4.2 章节）。

5.4.1　《可再生能源指令》第 3 条第（3）款第二小段与基本法的兼容性

　　《可再生能源指令》第 3 条第（3）款第二小段包括成员国对可再生能源区别性支持的许可。因此，这一规定与 TFEU 第 34 条规定的货物自由流动相矛盾。欧盟立法者是否受基本自由的约束是司法争论的主题，但必须在结果中予以确认，尽管欧洲法院通常给予欧盟立法者比成员国更大的自由裁量权[①]。即使通过了与成员国具有同等约束力的次级法律规定，允许成员国制定或遵守区别性措施（Barents 1990：22 ff. und ECJ 1978），《可再生能源指令》第 3 条第（3）款第二小段被视为对出于环境保护和应对气候变化目的的货物自由流动的比例限制（Müller 2009：169 ff）。

　　TFEU 第 34 条并不是无条件排除对内部市场产生负面影响的措施。事实

---

① 仅与欧洲法院（2004）第 57 项、欧洲法院（2001a）第 37 项、欧洲法院（1997）第 27 项、欧洲法院（1993）第 11 项、欧洲法院（1984）第 15 项等相比较。

上,内部市场的建立有时必须服从于其他目标。然而,随着统一市场的建立,另一个重要的问题是高水平的环境保护和应对气候变化。《可再生能源指令》第3条第(3)款第二小段的规定旨在实现《可再生能源指令》第25条中规定的这些目标。对于这些目标——有效开发可再生能源和应对气候变化——目的是正当的,这是没有争议的。限制选项使成员国能够实现其规定的强制性目标,这一规定是必要的,也是相称的。因此,对《可再生能源指令》第3款第(3)条第二小段没有重大的法律异议。

还应注意的是该法律许可是监管规定的一部分,总体上有助于协调支持可再生能源的法律。如果成员国想要避免侵权诉讼〔参考第3条第(3)款〕,那么定义强制性目标可以阻止成员国放弃对可再生能源的支持。根据《可再生能源指令》第16条第(2)款b项和c项的规定,优先考虑有关电网接入和设施调度的问题。此外,《可再生能源指令》第6—11条规定的合作机制旨在改善成员国对可再生能源的联合支持〔参考第3款第(3)条〕。因此,《可再生能源指令》总体上有助于协调。欧洲法院曾多次表示,如果欧盟立法者采取的行动总体上有助于协调,那么欧盟立法者有很大的自由裁量权来决定协调的进展(ECJ 1984a,Para.20;ECJ 1991;ECJ 1996,Para.25;ECJ 1984b)。因此,《可再生能源指令》第3条第(3)款第二小段给予成员国的法律许可与货物的自由流动是一致的。

5.4.2　《可再生能源指令》第3条第(3)款第二小段的中止效力

原则上,符合一级立法的二级立法具有中止效力,因此 ECJ 不再直接根据一级立法判断二级立法范围内成员国的措施,而是仅根据二级立法法案的规定(ECJ 1992,Para.21;ECJ 2003,Para.52-54)。这种中止效应通常证明对成员国不利,因为它们不能再依靠一级立法来为偏离措施辩护。然而,在法律许可的情况下,如《可再生能源指令》第3条第(3)款第二小段,这种中止效应可能导致成员国采取的措施不再直接根据一级立法进行检查。在这种程度上,"保护效应"将取代"中止效应"。然而，ECJ 的判例法在这里并不一致。在一些教条的有问题的裁决中，ECJ 认为成员国的措施由于侵犯了基本自由而不考虑现有的二级立法是非法的（ECJ 2003a，Para. 26；ECJ 2006，Para. 45），但在大量的案件中，ECJ 只根据使用的二级立法来检查成员国的措施（ECJ 2004a，Para. 56f. ；ECJ 2003，Para. 52-54；ECJ 2003b，Para. 58；ECJ 1992，Para. 20ff. ）。只有在极少数情况下，二级立法因侵犯基本自由而被归类为与一级立法不相容（ECJ 1978，ECJ 2007）。出于与标准层次和法律适用的明确性有关的原因，不应教条式地遵循前面提到的决定。因此，可以认为，根据《可再生能源指令》第 3 条第（3）款第二小段规定，成员国的支持计划不应再在 TFEU 第 34 条规定的货物自由流动的基础上进行直接检查。

5.5　总结和预测

尽管一开始看起来令人惊讶，但《可再生能源指令》第 3 条第（3）款第二小段看似无关紧要的规定实则具有深远的意义。欧盟立法者已决定暂时搁置在可再生能源推广领域建立一个完全协调的内部市场的目标。事实上，为了实现可再生能源目标，立法者优先考虑成员国规定的有效性和效率。欧盟立法者的这一决定可以根据环境保护的目的加以证明，因此符合欧洲法律。有鉴于此，立法者启动了一个学习进程，这对未来的立法发展很重要，并允许对各个成员国的各种监管方法进行对比。

因此，国家支持计划在欧盟推广可再生能源政策中的地位将特别取决于 2020 年后的时间段。在此背景下，欧盟委员会于 2011 年 12 月提出了《2050 年能源路线图》（European Commission 2011f），最近的《可再生能源战略》（European Commission 2012b）细化了该路线图。在这里，《2050 年能源路线图》必须与"2050 年迈向有竞争力的低碳经济的路线图"（European Commission 2011a）和"单一欧洲运输区的路线图"（European Commission 2011d）一起考虑，后者已于 2011 年发布。根据《2050 年能源路线图》,在这一阶段,委员会期望启动 2020 年后的进程,这将有助于欧盟进一步推进能源供应的脱碳进程,目标是在 2050 年能源部门的温室气体减排至少 80%。电力部门在能源部门的重组中起着决定性的作用。应尽早明确欧盟未来的能源战略,以确保投资者、决策者和公民的必要投资和规划安全。根据委员会关注的能源生产类型或能源节约量,提出了各种可能导致能源系统结构变化的情景(Matthes 2012,p. 51)。在这方面,欧盟委员会在未来的能源生产和可再生能源技术的使用中依赖核能的很大一部分(European Commission 2011f,p. 8)。在理想情景下,到 2050 年,随着电力成本的飙升,这一比例将达到 75%;而在不利情况下,这一比例为 55% ~ 57%,电力成本也将不断上升,但在 2030 年后将大幅下降(European Commission 2011f,p. 6f.)。然而,由于基本假设和计算方法缺乏透明度,将使测试情景变得困难,这是一个受到批评的点(May 2012,p. 16)。此外,提出《2050 年能源路线图》被视为讨论 2020 年至 2030 年《可再生能源指令》后可再生能源支持计划的约束性目标的前奏(Fischer and Geden 2012,p. 3)。部分可再生能源部门认为,委员会到 2030 年扩大 30% 的计划过于明确(May 2020,p. 16)。一方面,由于可再生能源的份额不断增加,尤其是在电力供应方面,以及由此导致的内部市场失灵,成员国的支持计划原则上将在未来面临越来越大的协调压力。另一方面,必须为进一步开发可再生能源提供稳定的框架条件,以确保投资。因此,在可预见的未来,有关协调的辩论将围绕可再生能源在未来欧洲能源组合中应扮演何种角色的讨论,以及支持可再生能源的国家或协调方式的问题展开。

第6章 强大的国家支持系统与欧洲范围内协调——评估相互竞争和趋同的支持工具

马库斯·卡勒斯 托尔斯滕·穆勒

6.1 引言

"现在是能源政策真正成为欧洲政策的时候了。"这是欧盟委员会就能源相关问题提出的主张(European Commission 2010,p.4)。然而它也提出了一个问题,即如何以有意义的方式构建这样一种欧洲政策。想要回答这个问题,说只有一个协调的系统才能是欧洲的政策,这是不成熟的,而且会否定差异以及现有的市场失灵和其他必要的学习过程。不仅成员国有不同意见,认为能源政策是国家利益的组成部分从而反对协调,而且有关这一程序的意义和结构的重要问题也未解决。

一方面希望协调一致,另一方面又巩固现有的支持计划,这种矛盾情绪也反映在推广可再生能源使用的指令中(Renewables Directive 2009)。根据第25条,该指令遵循了"在不影响国家支持计划的情况下推广可再生能源的跨境支持"的目标。根据这一点,成员国可以根据《可再生能源指令》第3条第(1)款第二小段的规定,自行决定在何种程度上推广另一成员国的可再生能源发电。在该法律框架内启动流程,在系统之间的竞争和相互学习过程中,即使没有中央立法协调,也能使成员国的支持计划趋于一致,这肯定会提高对推广可再生能源发电的有效性和高效方法的理解。在简要概述了成员国使用的支持计划——旨在解释欧盟为推广可再生能源发电而采取的各种方法之后(参见第6.2章节),必须对期望提高协调效率与过早协调的可能缺点之间的冲突做出基本考虑(参见第6.3章节)。在此基础上,描述如何利用不同支持计划的共存,来确定通过系统间竞争推广可再生能源的最有效方式(参见第6.4章节)。《可再生能源指令》中包含的政府间合作工具补充了系统之间的竞争,使成员国能够相互推广可再生能源(参见第6.5章节)。

6.2　成员国支持计划概述

成员国为可再生能源发电确定了不同形式的支持,其中一些是在2001/77/EC 指令通过之前于20世纪90年代建立的。最常见的促进可再生能源发电措施包括上网电价、上网电价补贴和配额义务,招标模式现在很少使用,以至于它们后来被忽略了(ECOFYS 2011,P. 28;European Commission 2011k,P. 9f.)。

6.2.1　上网电价

大多数成员国使用不同版本的上网电价,其区别在于,可再生能源发电商在特定时期内从输电系统运营商或能源供应公司获得输电系统所需能源的固定补偿不同。补偿金额主要取决于所使用的可再生能源类型。由于规定的监管补偿率,这种方法也被称为价格控制系统。目前,有21个成员国使用此类上网电价(European Commission 2011k,p. 6)。

《德国可再生能源法》(EEG)在这类推广中最为突出,通常被认为是欧洲发展的典范(OPTRES 2007,p. 18)。该法的核心要素有:

- 可再生能源发电装置与一般供电网络的优先连接(Sect. 2 No. 1 EEG)

- 系统运营商对此类电力的优先购买、传输、分配和支付，以及为将电力并入供电系统的补贴费用（Sect. 2 No. 1 EEG）
- 针对已购买和支付电量的全国均衡计划（section 2 No. 3 EEG）

由于可再生能源发电享有的优惠政策及财政支持，传统电力将被挤出市场。

6.2.2　上网电价补贴

所谓的上网电价补贴系统是上网电价的一种变体，这些系统还涉及价格法规。然而，与上网电价不同，投资激励并非基于全面和有保证的支付。相反，上网电价补贴迫使可再生能源发电商在市场上提供和销售电力。除了销售利润外，上网电价补贴系统还应确保补贴用以补偿实现的市场价格与增加的成本价格之间的差额，再加上一个合理的利润率（European Commission 2011k, p. 5）。西班牙可再生能源支持计划被视为该方法的原型（ECOFYS 2011, p. 30）。自2012年1月1日起，根据EEG第1条第33b款，现在也可以选择所谓的"市场补贴"作为德国EEG中的补偿模型，作为固定上网电价补偿的替代方案。

6.2.3　配额义务

配额义务表明了对上网电价和上网电价补贴的另一种监管方法。电力供应商或消费者有义务在配额义务的范围内，以可再生能源满足其电力需求的特定百分比。因此，也提到了用于电量控制的工具，义务方必须获得的证书可作为满足该费率的证明。由于这种结构，费率监管被认为比上网电价更"基于市场"，因为市场主要决定价格，从而也决定了应使用的再生能源生产类型（European Commission 2005, p. 5）。为了避免可再生能源的法定份额仅来自成本最低的来源，一些数量控制方法为某些技术提供个别配额（"绑定"）。然而，过去的经验表明，这种方法最终不如上网电价有效（Klessmann 2011, p. 30）。此外,费率的确定导致开发效果在法律确定的范围内受到限制。另一个弱点是制裁,如果不符合数量规格,制裁往往不够有效(OPTRES,2007,p. 131)。

6.2.4　异同点

上述成员国推广可再生能源不同方法的区别在于,它们限制了其推广效果,例如根据 EEG 第 2 条第 1 款,在德国仅限于国内可再生能源发电。因此,从法律角度来看,所有支持计划都与 TFEU 第 34 条规定的货物自由流动相冲突。然而,成员国推广可再生能源对货物自由流动的限制必须主要出于环境保护和气候变化的原因。根据《可再生能源指令》第 3 条第(3)款第二小段(见本书第五章),《可再生能源指令》现在特别允许对来自可再生能源的外国电力采用不同的处理方式。

过去,欧盟委员会认为配额义务"更接近市场",因此通常更符合 TFEU 第 107 条第 3 款第 c 项规定的国家援助立法(European Commission 2005,p. 5)。由于配额义务基本上不包括任何国家资源,因此它们不定期接受国家援助检查。然而,也可以制定上网电价,使国家援助规则不适用(ECJ 2001)。此外,根据 TFEU 第 107 条第 3 款第 c 项,可再生能源的推广主要可被视为符合内部市场和国家援助规则的要求(Community Guidelines 2008)。

另外,由于本条款的法理重点,不能也不应该对推广可再生能源发电的有效性方面的经济利弊进行最终评估。然而,从已经进行的研究中可以得出结论,全欧洲的配额义务可能不会产生预期效果(REShaping 2010)。

在使用上网电价的国家,可再生能源发电已经取得了成功,提倡使用这种系统。这样,对不同技术的更大支持似乎是可能的,而配额义务往往倾向于选择根据成本和效益最有效的技术(ECOFYS 2011,p. 104)。然而,在目前这个阶段,可再生能源的技术发展还有很大的空间,而且还必须确定其他形式的市场失灵,因此,市场过早地承诺少数"廉价"技术似乎是一种相当不可取的结果。在固定上网电价的广泛支持下,相反可以创造所需的投资安全性,从而在可预见的未来为大量有前景的技术提供选择,与传统能源生产商竞争。发电运营商的意外暴利和经济效率低下可以而且必须在上网电价系统内抵消,例如,通过反映各自技术发展状况的技术特定多元化或上网电价的百分比递减来抵消。

长期以来,欧盟委员会和电力部门的老牌公司都支持配额义务(EWI2010;European Commission 2005 p. 5)。同时,还建议引入全欧洲证书交易(European Commission 2008a;Recital 19)。然而,至少在此期间,欧盟委员会似乎偏离了其对费率模型的偏好;事实上,它似乎更倾向于对上网电价补贴进行监管(European Commission 2011i, p. 11; European Commission 2011k, p. 7)。

6.3 支持计划的协调能作为替代方案吗?

欧盟中不同形式的支持并存,其范围往往局限于各成员国,长期以来产生了在统一工具基础上进行协调的要求。成员国的支持计划似乎主要取决于双方的协调努力。一方面,由于商品自由流动适用于国家支持助计划,为解释来自可再生能源的外国电力受到不平等待遇的理由压力很大。这个过程也被称为"消极整合"。另一方面,欧盟立法者要求在"积极整合"过程中引入全欧洲范围的支持计划。

迄今为止,ECJ 在判例期间的"消极整合"过程并没有直接影响到成员国对可再生能源的推广,这主要是因为普鲁士电气公司(Preussen Elektra)的裁决(ECJ 2001),在该裁决中,德国支持计划被评估为与基本自由相兼容。在该裁决中,ECJ 认为,出于环境保护的原因,德国支持可再生能源发电的计划是对货物自由流动的合理限制。这一观点现在也被引入了欧洲二级立法。《可再生能源指令》第 3 条第(3)款第二小段允许成员国自行决定在多大程度上推广其他成员国可再生能源发电(见第五章)。

因此,在可预见的未来,绝不能指望在"消极整合"过程中实现立法协调。这种协调也只会排除成员国不符合内部市场的个别法规。然而,从欧洲的角度来看,"消极一体化"并不能创造一个内部一致的统一立法。因此,支持在立法过程中通过协调的支持计划进行"积极整合"的人希望获得比独立市场更有效的成本收益分配,并改善跨境电力贸易。因此,将概述如何将不同支持计划共存的现状视为系统之间的竞争,并可以作为一种整合方法。

6.4 欧盟支持计划之间的竞争

目前的《可再生能源指令》及其前身2001/77/EC 指令的发展过程清楚地表明,到目前为止,对于欧盟可再生能源发电的最佳支持方案还没有达成共识。人们只对推广可再生能源的必要性达成了共识。因此,承诺一个特定的全欧洲支持计划似乎为时过早。《可再生能源指令》选择了一种通过确定具有约束力的国家目标来维护主权的方法,但尽可能将实现这些目标的手段的选择留给成员国。《可再生能源指令》试图利用不同支持方案的共存,但没有在系统之间建立任何纯粹的竞争。更确切地说,系统之间的规范竞争是可以参考的。通过这种方式,可以避免可能出现的如"恶性竞争"的负面后果,并实现相互学习的过程。

6.4.1 系统之间竞争的利与弊

制度间竞争的概念主要来自"经济理论"中的经济考虑(Posner,2007)。所谓的"经济原则"适用于各个国家建立的法律制度,根据这一原则,自由市场中的个人或公司利用其现有资源,始终努力取得尽可能最佳的结果或尽可能有效地取得特定的结果。从长远来看,假设只有那些被证明在某些经济因素(如职场和投资)下比其他竞争对手具有优势的制度才能实施。

还可以假设如果对正确的监管方法存在分歧或不确定性,这种不确定性可以在法律制度之间的竞争中解决。如果具有普遍约束力的规则由欧盟立法者集中制定,则不再可能同时使用不同的现有规则进行并行实验过程。特别是在正确程序存在不确定性或分歧的情况下,建议不要依赖集中协调法规,而是通过相互学习来尝试用不同方式挖掘同一个解决方案的创新潜力(fundamental: Hayek 1968)。

特别是在《公司法》中,在设立自由的基础上,充分利用成员国的不同规定,被解释为制度之间的竞争(ECJ 1997a)。如果将这些概念应用于可再生能源的推广,不同法律制度的创新潜力可能会通过支持计划之间的竞争被释放出来,而支持计划采用"自下而上"的方法,使得找到推广可再生能源的最佳方法成为可能。

各制度之间有效竞争的基本要求是经济因素的流动,特别是工人、企业和资本的流动,从而可以从可用的法律制度中选择任何法律制度。这主要是在欧洲联盟内部通过基本自由来确保的,即使在成员国对可再生能源的支持计划仅限于国内设施的情况下也是如此。这样,公司、员工和投资者就可以自由地在不同的法律制度之间进行选择,并选择为各自的要求提供最佳条件的法律制度(ECJ 1997a,Para 20ff)。为了能够找出哪种法律制度最适合市场参与者的各自要求,了解欧盟可供选择的各自法律制度的优缺点非常重要。这些信息越容易获得,流动性就越大,因为高信息成本基本上对要素流动性具有限制作用。

与集中协调相比,不同的功能和由此产生的优势归因于系统之间的竞争(Streit 1996;Reich 1992)。一方面,这是一种控制功能,这源于这样一种假设,即在集中监管的情况下,所选择的法律解决方案的可比性一旦由于缺乏竞争而变得不适用,就存在风险。因此,错误纠正可能会变得更加困难。这是因为,一个统一的法律框架,作为谈判的产物,往往只能成为一种"平均解决方案",不同的偏好相互抵消。此外,通过分权监管,可以提高地方知识的生产效率。

分权监管也可以抵消所谓的"寻租"问题。这种现象意味着,一方面,法律决策越集中,决策者就越有可能因利益集团的影响而失去对一般利益的跟踪。另一方面,较小的决策单元限制了单个决策者的权力,并增加了不同法律制度之间的可比性,从而更容易识别设计中的错误。

由于这些特点,系统之间的竞争,尤其是在过渡阶段(例如,二级立法颁布之前),可用于在较长时期内观察不同国家方法,以便随后利用在成员国尝试和测试过的方法。鉴于缺乏有关适当方法的知识,在"公平竞争环境"方面过早进行协调通常是不可取的。

然而,将系统间竞争理论应用于成员国的不同监管系统不仅具有优势,例如,所谓的"恶性竞争"的风险尤其存在于制度之间的竞争中,也称为"特拉华效应"(Streit 1996;Reich 1992)。从理论上讲,这种"恶性竞争"带来的结果是,在放松管制和降低最低要求的过程中,各州相互竞争压低报价,以创造最自由的投资条件,结果却忽略了对某些环境、健康或社会标准的保护。

转移外部影响的风险与这一问题密切相关,主要是在诸如环境和气候政策等跨界事项方面。在这一方面,政府间层面也出现了共同关心的资源的基本问题,几乎没有鼓励个人对共同关心资源的维护(所谓的外部化)做出贡献的任何激励措施。气候,特别是二氧化碳在大气中特定的百分比,是一种共同关心的资源。但其污染一般不反映在范围有限的某一特定国家经济或能源政策的成败上。另一方面,非生态经济政策也可以反映在一个国家的高增长率上,而每个人都必须为环境和气候污染付出代价。受影响国家之间的合作可以防止外部性转移,从而利用不同监管体系之间的低效造福一个国家,但却损害了其他国家的利益。

最后,有人提到这样一个事实:一个系统的明显优势可能仅仅是个别系统由于规模经济或经济实力所带来的主导地位而产生的。然而,这不是系统间公平竞争的最终结果,而是已经预先确定的竞争扭曲导致的结果(Dreher 1999)。

6.4.2　通过约束性目标避免不利因素

2009/28/EC 指令(Renewables Directive 2009)使用与最低协调和合作要素相关的制度之间的竞争方法作为完全协调的替代方法。尽管存在个别协调方面,例如在电网连接方面,《可再生能源指令》并没有为欧洲的可再生能源建立统一的支持计划,但允许成员国存在不同的支持计划;事实上,它加强了成员国的立法自由裁量权。

为了抵消上述支持方法之间竞争的不利方面并同时利用它们的积极方面,需要采取不同的措施:《可再生能源指令》中为每个国家确定的可再生能源在终端能源消费中所占比例的约束性目标受到重视。欧盟希望根据《可再生能源指令》第3条第(1)款,到2020年可再生能源在终端能源消费中所占比例达到20%的最低水平。为此,以可再生能源占终端能源消费中的特定比例的形式,为每个成员国设定了单独的有约束力的目标。根据《可再生能源指令》附录Ⅰ,马耳他的比例为10%,瑞典为49%,德国为18%。来自可再生能源的电力或供暖/制冷在成员国各自最终能源消费量中的百分比未有具体说明。然而,对于运输部门,《可再生能源指令》第3条第(4)款对各成员国都有约束力地规定,到2020年,所有形式的运输中来自可再生能源的能源份额必须至少达到其最终运输能耗的10%。

《可再生能源指令》第5条第(2)款规定了一项履行困难条款,作为例外,允许成员国在发生不可抗力的情况下可以偏离其具有约束力的目标。欧盟委员会决定不可抗力的案例是否被证实,如有必要,向下修正目标。如果成员国未达到其目标,且不允许依赖不可抗力,但《可再生能源指令》中未规定特殊制裁。然而,欧盟委员会有权根据TFEU第258条,在目标责任的基础上启动条约侵权程序。如果成员国根据《可再生能源指令》指令附录Ⅰ第B部分消极偏离其指示性轨迹,则无法启动此类程序,因为中间目标不具有约束力(Müller 2009, p.161)。然而,如果根据《可再生能源指令》第4条第(4)款偏离其指示性轨迹,成员国必须提交一份修订后的国家行动计划,其中必须说明其打算使用的措施,以便在适当的时间跨度内重新遵守轨迹。最后,应以确保所有成员国实施有效支持计划的方式影响各系统之间的竞争。这防止出于经济考虑避免因推广可再生能源而导致电价上涨的可能诱惑,从而企图在当地取得对其他成员国的优势。因此,具有约束力的目标有助于确保不存在恶性竞争的现象。

相反,可以通过宏远的、有约束力的目标来发起良性竞争。可以通过选择最有效的方法推广可再生能源来寻找优势,以实现该指令规定的各自国家目标。根据《可再生能源指令》第 6—11 条,经济优势如技术领先和创造就业机会,在超额完成的情况下,甚至可能利用合作机制谋取某种利益。

6.4.3　建立信息交流的机制框架

除了具有约束力的目标外,成员国各种形式支持的效果和结果还需要经过全面评估,过程要透明。为此,欧盟委员会应根据《可再生能源指令》第 23 条监测推广可再生能源措施的改进情况。根据《可再生能源指令》第 23 条第(8)款 c 项,委员会应在 2014 年 12 月 31 日之前提交一份报告,其中包括对《可再生能源指令》执行情况的评估,尤其是对合作机制和实现 20% 目标的评估。委员会可根据本报告提出措施建议,但根据《可再生能源指令》第 23 条第(8)款 c 项的第二点规定,这些措施既不能导致 20% 目标的改变,也不能影响成员国对其国家支持计划或已经采取的与合作机制相关的措施的控制。

根据《可再生能源指令》第 23 条第(3)款的规定,除了成员国对委员会的报告义务和委员会据此发布的报告外,在成员国之间建立了推广可再生能源发电的信息交流机制之后,还采取了许多其他举措。所谓的"透明度平台"是由委员会建立和支持的,《可再生能源指令》第 24 条要求建立此类在线交易平台。根据《可再生能源指令》第 24 条第(1)款,这应有助于提高透明度,简化和促进成员国之间的合作,特别是在根据第 6 条的统计转让以及根据第 7 条和第 9 条的联合项目。此外,以欧盟委员会的名义建立了"可再生能源立法(res-legal)"信息平台,使成员国的支持计划可见,并代表欧盟委员会对这些支持计划更新和解释。

成员国的一个共同信息平台是所谓的"协调行动可再生能源指令"(CA-RES)。为了实施 2009/28/EC 可再生能源指令,CA-RES 应能够在成员国之间进行结构化和严格保密的对话。此外，应加强相互学习的过程，并就实施可再生能源指令的共同方法进行对话。CA-RES 得到欧洲智能能源（IEE）计划的支持，并由奥地利能源局协调。"国际上网电价合作（IFIC）"是成员国之间在政治层面的另一种合作形式，在这种合作中，使用上网电价促进可再生能源的成员国团结一致。成员国包括德国、西班牙、斯洛文尼亚，最近还有希腊。大多数其他成员国定期参加会议和讨论。

此外，委员会定期启动不同的经济研究（OPTRES 2007；REShaping 2011；ECOFYS 2011），以评估现有的支持计划，例如前面提到的欧洲智能能源计划或欧洲可持续能源计划，旨在评估现有的支持计划，从而确定推广可再生能源发电的最佳方法（European Commission 2011i，p. 14）。

6.5　支持计划的趋同过程

据观察，在推广可再生能源发电方面，成员国的不同支持计划并不是独立共存的，但肯定已经实施了相互学习的过程，从而消除了不同支持计划之间的一些甚至可能越来越多的差异。一些成员国，如英国交替使用配额方案和上网电价方案，这表明在工具领域正在经历较大变化。即使在上网电价先驱的德国，也从 2012 年 1 月 1 日开始尝试减少可再生能源发电对固定上网电价补贴的依赖，从而通过引入可选市场补贴进入电力市场，该补贴可作为固定上网电价的替代。委员会还注意到其工作文件中的各项支持计划与"2020 年能源"通讯报告的趋同过程，然而，欧盟委员会认为进展太慢且不协调（European Commission 2011k，p. 10f.）。

根据《可再生能源指令》第 6—11 条的合作机制，《可再生能源指令》提供了迄今为止尚未使用的工具，成员国可以利用这些工具共同促进能源，特别是利用可再生能源发电，同时有助于实现其约束性目标。

6.5.1　统计转让

根据《可再生能源指令》第 6 条,成员国可以就一个成员国向另一个成员国一次性或更长时间的可再生能源特定数量的统计转让达成一致。然后从转让成员国的目标合规性中扣除转让的能源数额,并分配给接受国的目标合规。因此,超额实现具有约束力的预定目标的成员国有可能向其他成员国转让能源数额,而这些成员国不希望或无法通过国家发展可再生能源来实现目标。这种转让纯粹是统计上的,实际没有供电(European Commission 2011k,p. 7)。《可再生能源指令》第 6 条第(1)款第 2 项在进行统计转让时包含一项重要限制。根据这一规定,如果转让成员国的目标合规性在转让过程中受到损害,则可以不进行统计转让。《可再生能源指令》第 6 条第(2)款和第(3)款包含了对委员会的通报义务。

在统计转让的范围内,成员国之间的合作仅限于"资产负债表上"能源数额的纯粹转让,是这方面合作机制的最简单形式。私人公司不能直接包括在内,因为根据《可再生能源指令》第 15 条的原产地担保或任何其他可交易可再生能源证书,如可再生能源证书(RECS),都不会对成员国的目标合规性产生影响。目标合规是根据《可再生能源指令》第 5 条计算的,直接基于可再生能源电力在各成员国终端能源消费总额中的份额。因此,私营公司不能在有证书担保的情况下,将其生产的可再生能源电力的特定份额出售给其他成员国的主管当局,从而在统计上增加其可再生能源余额。因此,根据《可再生能源指令》第 6 条进行的统计转让在功能上与国际排放交易或引入全欧洲范围内的可再生能源电力证书交易的原始计划有很大不同。

促进内部市场的效果仅在于成员国之间可能建立可再生能源统计数量市场。然而,这只会导致不同形式的间接协调,因为统计转让不需要成员国之间就推广可再生能源的方法达成任何协议。它充其量会导致一些效率方面的竞争。重要的是,随着 2020 年的临近,统计数据转让有助于保护那些最有可能违反目标的成员国（REShaping 2010a）。

6.5.2 联合项目

作为政府间合作的另一种形式，《可再生能源指令》根据其第 7—9 条，引入了成员国之间或成员国与第三国之间的联合项目。

6.5.2.1 成员国之间的联合项目

根据《可再生能源指令》第 7 条第（1）款，两个或多个成员国可以在可再生能源发电、供暖或制冷的联合项目范围内共同合作。与统计转让不同，这种合作还可以包括私人运营商。这意味着可以在联合项目范围内支持私营电厂运营商，或者私营项目规划者也可以确定合适的项目（European Commission 2011k, p. 8）。联合项目必须是 2009 年 6 月 25 日之后开始运营的新建装置，或是在该日之后改造的容量增加的装置。不仅装置而且相关基础设施也可以由几个成员国共同出资（European Commission 2011k, p. 8）。根据《可再生能源指令》第 7 条第（2）款的规定，根据成员国之间的协议，此类联合项目产生的可再生能源的统计数量在成员国之间按比例分配，从而达到目标合规性。实际生产的能源不得遵循这种虚拟分配模式，但可由私人电厂运营商独立向其消费者提供。

《可再生能源指令》第 7 条第（3）款包含了向本委员会提交的关于装置类型、能源统计数量分布和本协议期限的各种通知要求。《可再生能源指令》第 8 条规定了在项目期间必须向委员会履行的其他通报义务，以实现各成员国的目标。《可再生能源指令》第 7 条规定的联合项目与《京都议定书》第 6 条规定的"联合实施项目"具有相似之处。因此，可以认为，联合实施项目是联合项目的一个例子（Müller 2009, p. 158）。

关于联合推广这些项目的细节问题，在政府间协议的范围内可以有不同的回答。因此，各支持计划的协调并非必然相关。然而，与统计转让相比，根据

《可再生能源指令》第 7 条规定,成员国之间的联合项目至少需要两个成员国之间就联合推广可再生能源的某些方面达成协议。这种影响可以局限于某些方面,因为合作可以只涉及单独确定的项目或一个单独的项目,而且成员国的支持计划也不一定用于资助这些项目。相反,很可能是两个或两个以上的成员国就一种特殊支持机制达成一致,该机制与现有的专门针对特定项目和特定技术的支持计划并存,并通过招标程序确定项目运营商(REShaping 2010a)。

然而,不可低估的是,在联合项目范围内,成员国基本上达成了一项关于联合推广可再生能源发电(或供暖与制冷)的协议。即使这种形式的合作最初仅局限于个别项目,在这方面,联合项目的实施也不一定要求改变成员国的不同支持计划并相互协调,然而,各自成员国的决策者要求在实施联合项目之前,与潜在伙伴国家的现有支持计划密切接触,以确定各自联合项目的最佳框架条件。

6.5.2.2　与第三国的联合项目

除了成员国之间的联合项目外,根据第 9 条,《可再生能源指令》还为成员国提供了通过与第三国联合项目推广可再生能源发电的选择,从而促进其目标合规性。这种合作也可以包括第 9 条项目范围内的私营经营者。然而,根据《可再生能源指令》第 9 条第(2)款第 a 至 c 项,只有在相关成员国符合目标的情况下,才能将欧盟以外联合项目中可再生能源产生的电力分配给相关成员国,电力是在共同体内消耗的,相关装置在《可再生能源指令》生效后进行了重建或翻新以增加其容量,除投资援助外,没有第三国的支持计划为该装置提供支持。

因此,对于与第三国的联合项目,先决条件是这些项目所产生的电量实际进口到欧盟并在那里消费。作为此类进口的证明,《可再生能源指令》第 9 条第(2)款 a)项规定,首先,原产国、目的地国以及(如果相关的话)每个第三过境国的所有负责输电网络运营商明确指定与所占电量相等的电量,以达到分配的互联容量;其次,由负责的输电系统运营商在互联互通共同体一方的结余表中明确登记与所占电量相当的电量;最后,在联合项目范围内运营的装置所产生的指定容量和可再生能源发电量是指同一时间段。《可再生能源指令》第 10 条包含对委员会的其他通报义务。

与成员国之间根据《可再生能源指令》第 7 条开展的联合项目一样,根据《京都议定书》开展的灵活机制的要素也可以在与第三国根据《可再生资源指令》第 9 条开展联合项目的情况下进行检测。在这种情况下,所讨论的机制是《京都议定书》第 12 条规定的清洁发展机制(Müller 2009 , p. 158f.)。

《可再生能源指令》第 9 条纳入了欧盟的能源政策,其中与第三国的国际合作发挥着重要作用。例如,这包括促进与南地中海地区国家在可再生能源项目方面的合作(地中海太阳能计划),尤其是计划在 2011—2012 年开始试点安装(European Commission 2011e , p. 6)。此外,沙漠倡议(DESERTEC initiative)是私人倡议的一个例子,主要鼓励在北非实施太阳能项目。对于此类项目,使用《可再生能源指令》第 9 条,为从成员国获得财政支持提供了另一种可能性;反过来,此类项目可通过使用《可再生能源指令》第 9 条,促进成员国的目标合规性。

6.5.3　联合支持计划

《可再生能源指令》第 11 条第(1)款提供了两个或两个以上成员国自愿决定加入或部分协调其国家支持计划的选择。使用这种支持计划的可再生能源产生的能源数量可以根据《可再生能源指令》第 11 条第(1)款第 a 项以统计转让的方式在相关成员国之间分配,或者根据《可再生能源指令》第 11 条第(1)款第 b 项,能源数量可以根据相关成员国制定的分配规则之一进行分配直到目标合规。

在三个合作机制中,联合支持计划需要有关成员国之间进行最大程度的合作,在这方面代表了政府间协调的一种强有力的形式。但是,联合支持计划不必涉及所有类型的可再生能源,也只能就个别技术或区域达成协议。然而,根据《可再生能源指令》第 7 条,联合项目与联合支持计划之间的界限仍然存在问题。在特定的联合支持计划的情况下,促进各种联合项目的区别必须是:从以下事实可以看出,支持计划通常是为最初未定义的设施安装数量预先确定的(尽管在这种情况下,提升的能源数量的定量上限也可以被认为是"上限"的形式),而不是专门为一个或多个定义更精确的项目准备的。

每个联合项目的能源数量也可以在成员国之间进行不同的分配,这在根据《可再生能源指令》第11条第(1)款b)项事先确定分配规则的情况下是不可能的。

在挪威作为非欧盟成员国实施《可再生能源指令》的条件下,根据《可再生能源指令》第11条(platts 2011,RES4less 2011),挪威和瑞典在2011年达成的联合证书计划可以作为联合支持计划的第一个应用案例有效。然而,关于这一点的谈判于2001年开始,2006年由于融资问题已经失败过一次(REShaping 2010a)。这个例子表明,即使在出发点相似的情况下,就联合支持计划达成协议是多么困难和乏味。它还清楚地表明,联合支持计划可以作为第一步,特别是用于合并具有类似特征的系统。一方面,这有助于纠正类似系统之间现有的差异,有利于内部市场在这方面的发展。然而,另一方面,在配额和上网电价系统之间已经存在的划分方面存在形成区块的风险。只有对可再生能源的支持采取不同做法的几个成员国能够达成一项联合支持计划的情况下,才能确保在国家支持计划的趋同方面取得真正的"突破"。因此,根据《可再生能源指令》第11条制订的联合支持计划尽可能接近全联盟协调支持计划的理念,但需要高度的政府间合作。

6.6　总结

成员国的国家支持计划,至少在可预见的未来,将继续作为实现内部能源市场的目标与委员会协调努力的压力比。然而,本条款表明,正运作的支持计划的共存没有必要被视为欧洲协调推广政策的障碍。鉴于整个欧洲支持计划的正确设计存在不确定性，成员国的不同方法可以用于竞争和相互学习过程中，以实现推广可再生能源的"最佳实践"方法的协调。从长远来看，就效率而言，这可能不会取代协调，甚至不会导致一种"自下而上"的支持计划的自然过程，但它绝对可以防止过早承诺统一的支持计划，并保护正常运行的国家法规免受仓促协调的影响。为此，《可再生能源指令》承诺具有约束力的目标，与成员国的极大自由裁量权以及同时进行的评估和透明度过程相联系，维护了成员国的主权，也符合该指令作为法律整合方法的最初想法。在政府间合作过程中，《可再生能源指令》的合作机制为成员国本身提供了协调推广可再生能源的机会，而不是等待委员会未来的建议。鉴于下一轮协调辩论的召开，成员国根据各自支持计划的偏好，不要错过这个已经实现可再生能源支持趋同的机会。

第7章　内部能源市场——实施待定

雷纳·欣里希斯-拉尔韦斯

7.1　引言：环境、能源和货物自由流动

欧盟最宏远的目标之一是建立一个单一的欧洲市场,将整个欧盟转变为生产者和消费者的内部市场:《里斯本条约》第26条第(2)款延续了欧洲条约的早期版本,概述了以下目标:"内部市场应包括一个没有内部边界的区域,按照条约的规定保证货物、人员、服务和资本的自由流动"。内部市场的目标由整个欧盟范围内商品和人员的自由流动的具体规定加以补充(Articles 28 and 29)。

在能源部门,单一市场的障碍从一开始就非常高。因此,制定、讨论和颁布了具体的立法,同时顾及各种相互矛盾的能源部门。在这些部门中,深度整合的现有垄断企业或寡头垄断企业已经发挥并仍在发挥主导作用,这使得建立正常运作的市场非常困难,甚至更难使市场"自由化"并向新进入者和争夺市场份额的竞争者开放市场。

能源组合、部门组织和相关政策过去和现在都被认为是各国政府和议会的一项特殊特权,无论是否直接参考权力自主原则。因此,迄今为止,欧盟关于支持可再生能源的所有决定在法律上都是以环境权限为基础的,这使欧盟有权在理事会和议会中以合格多数决定目标和政策,就像讨论、商定并实施2020年

"气候和能源一揽子计划"时一样。

直到 2010 年,《里斯本条约》生效,欧盟才获得了第 194 条第（1）段规定的部分能源权限:"在内部市场建立和运作的背景下,在保护和改善环境的需要方面,欧盟的能源政策应本着成员国之间团结一致的精神,旨在:（a）确保能源市场的运作;（b）确保欧盟的能源供应安全;（c）提升能效和节能,开发新能源和可再生能源;（d）促进能源网络的互联互通"。然而,遵循成员国的保留意见,第（2）段强调这"不应影响成员国确定开采其能源资源条件、在不损害第 192 条第（2）款（c）项的情况下在不同能源来源和能源供应总体结构之间选择的权利"。根据第 192 条第 2 款,欧盟可以——尽管这需要一致同意——决定"对成员国在不同能源来源和能源供应总体结构之间的选择产生重大影响的措施"。欧盟的能源权限增加了第 191 条规定的环境权限。能源和环境权限的重叠仍然存在,尤其是在"谨慎合理地利用自然资源"或"在国际层面上推动措施,以应对区域或全球环境问题,特别是应对气候变化"方面。未来关于可持续能源政策和气候保护措施的欧洲共同目标的讨论和决定必将建立在这个法律框架上,这为解释留下了空间,因此也为欧洲法院的裁决留下了空间。

在这种背景下,制定和实施国内能源市场是政府、立法者、监管机构和市场参与者面临的一项具体挑战。早在欧洲单一市场的实际实施之前,挑战就已经开始了。挑战从定义目标和相关原则开始。能源部门过去（而且在一定程度上仍然是）由现有的垄断企业或至少是寡头垄断企业主导,而不是作为一个市场。因此,任务不仅是协调成员国之间的法规,而且还要在成员国内部建立市场运作的基本先决条件:法规和成本分配的透明度、不同市场参与者之间的竞争、消费者在不同天然气或电力供应商之间选择。特别是在基础设施和能源生产由同一家公司所有的情况下,新的市场进入者没有公平的机会进入市场。结果是独立的能源生产商,尤其是可再生能源生产商,进入这些扭曲的市场尤其具有挑战性。立法者和监管者面临着定义和实施透明度以及由此带来的市场开放的挑战。

为了实现建立和实施正常运作的能源市场并最终建立一个单一的欧洲内部能源市场的目标,1996 年至 2009 年期间,欧盟连续通过了三个立法一揽子计划。本章将描述和分析这三个一揽子计划的产生过程。时至今日,许多成员国尚未将一揽子计划二和三完全纳入国家立法,这两个一揽子计划尚未对市场运作产生重大影响。而且,似乎很有可能需要加强现有立法的执行力度,并可能进一步加强立法。

共同目标是建立内部能源市场,为新的市场进入者消除障碍和壁垒,调整规范、标准和条例,促进消费者在相互竞争的供应商之间进行选择。目标是确保市场在公平准入和保护消费者的情况下运作,而现有企业从来都不知道真正的竞争。2011 年 2 月 4 日,欧洲部长理事会再次强调必须在 2014 年前迅速完成内部能源市场建设(Council Conclusions 2011a)。就目前情况而言,不能想当然地认为能及时取得成就。

7.2　第一个内部能源市场一揽子计划

15 年前,在欧盟成员国内部、欧洲议会和代表能源领域各部门利益攸关方之间进行了数年的讨论后,通过了第一个立法一揽子计划,包括两项指令,即《1996 年电力市场指令》和《1998 年天然气市场指令》。该一揽子计划制定了关于国内能源市场基本原则的协议,但缺乏具体有效的法规,几乎没有包括任何可以真正执行的措施。

《1996 年电力市场指令》(《1998 年天然气市场指令》亦有类似之处)重申了"内部市场平稳运行"的必要性(Recital 2),指出"完成竞争性电力市场是完成内部市场的重要一步"(Recital 3),但也包括一些预防性保留意见。"需要逐步建立电力内部市场,以使电力部门能够灵活有序地适应新环境,并考虑到目前电力系统的不同组织方式"(Recital 5)。它必须有利于"系统的互连和互操作性"(Recital 6)。欧盟的基本目标被提及如凝聚力(Recital 20)和权力自主原则（Recital 11）。

当引入"电力生产和输配电系统运行的通用规则"的需要（Recital 22），以及考虑"汽车生产商和独立生产商的立场"的必要性（Recital 24）和要求"输电系统运营商必须以客观、透明和非歧视的方式行事（Recital 25）"时，就意味着在市场运作方面取得进展。第20条以规范性语言详述了这一方面，但没有制定明确的规定："成员国应确保各方本着诚意进行谈判，任何一方不得滥用其谈判立场，阻止谈判取得成功"（Article 20,2）。

该指令引入了目前仍被接受的前瞻性原则，这可能有利于可再生能源的增长，例如优先考虑"可再生能源发电"的可能性（Recital 28 and Article 8,3）。它还指出，"任何滥用支配地位或任何掠夺性行为都应避免"（Recital 37）。然而，立法者意识到，"成员国之间的电力贸易仍存在一些障碍"（Recital 39），因此要求欧盟委员会报告可能的改进。

该指令定义了"行业组织的通用规则"（Chapter II），并描述了如何以透明和竞争性的方式组织新发电能力的授权程序，使用"授权程序"（Article 5）或"招标程序"（Article 6）。

在第四章"输电系统运行"中，要求输电系统运行主体独立于发电主体。成员国有义务"指定……一个系统运营商负责运营，确保维护，并在必要时开发给定区域内的输电系统及其与其他系统的互连器，以保证供应安全"（Article 7,1）。要求系统运营商提供足够的信息，并且"……不得歧视系统用户……尤其有利于其子公司或股东"（Article 7,5），以及"…… 应至少在管理方面独立于与输电系统无关的其他活动"（Article 7,6）。

该指令确立了"分离"原则，这仍然是整个欧洲能源部门市场运作的一个关键挑战，这意味着电力生产和传输的分离，通过确定成员国应采用的原则，采取"必要步骤确保"（Article 14）至少实现账户分离。"综合电力企业应在其内部会计中单独核算其发电、输电和配电活动……"（Article 14,3）。成员国应"确保纵向一体化电力企业的单一买方活动与其发电和配电活动之间没有信息流动"（Article15,2）。很快就有迹象表明,拆分监管是该指令中最薄弱的部分之一,尽管它们构成了理事会和欧洲议会能达成的最大共识。这一弱点是在第二和第三个一揽子计划中继续讨论和修改这些条例的主要原因之一。

《1996 年电力市场指令》必须最迟在 1999 年 2 月 19 日之前转换为国家立法,为三个成员国增加一到两年的时间。《1998 年天然气市场指令》必须在 2000 年 8 月 11 日之前转换。在第二个一揽子计划和第三个一揽子计划中对几项关键条例进行了全面调整,然后才被成员国完全转换。

7.3　第二个内部能源市场一揽子计划

第一个一揽子计划生效后不久,就开始讨论必要的改进措施,以加快内部市场的实施。2001 年 3 月,欧盟委员会提交了第一份修正提案,欧洲议会和理事会对此进行了讨论。在 2002 年 6 月欧盟委员会提出修订草案之前,提出了一些改变和修正。2002 年 11 月 25 日,成员国能源部长就第二个一揽子计划的主要内容达成了政治协议。其余细节如强制市场开放日期于 2003 年 2 月决定。最终,欧洲议会同意,新的一揽子计划于 2003 年 8 月 4 日生效。

该一揽子计划包括《2003 年电力市场指令》《2003 年天然气市场指令》和 1228/2003 法规。与第一个一揽子计划相比,主要的变化和改进包括为工业和私人用户开放天然气和电力市场的具体日期、与配电系统相连的小型和分布式发电授权程序的改进、有关独立系统运营商的规范、所有权分离以及电力供应商的标签要求。

7.3.1　试图克服第一个一揽子计划的弱点

《2003 年电力市场指令》（以及类似的《2003 年天然气市场指令》）在序言中包括了一些如果要解决第一套方案的弱点需要考虑和改进的分析要点。序言指出，"改正市场运作重大缺点的可能性仍然存在，特别是需要有具体规定，以确保在发电方面有一个公平的竞争环境，并减少市场主导地位和掠夺行为的风险，确保无歧视性的输电和配电上网电价，办法是根据在其生效前公布的上网电价进入电网，并确保小型和弱势客户的权利得到保护，披露有关发电能源的信息，并在可能的情况下，提供有关其环境影响的信息来源参考"（Recital 2）。在提到理事会和欧洲议会的决定时，序言引用了重要的调查结果。"在建立一个充分运作和充满竞争的内部市场方面的主要障碍，除其他外，与网络准入问题、上网电价问题和成员国之间不同程度的市场开放有关"（Recital 5）。更准确地说："为了使竞争发挥作用，网络接入必须是非歧视性、透明和价格公平的"（Recital 6）。

已解决但尚未完全解决的一个重要问题（Recital 8）是系统运营商的独立性。普遍认为，"在存在纵向一体化企业的情况下，配电和输电系统由法律上独立的实体运营是合适的"，并且"有必要保证配电系统运营商和输电系统运营商的独立性，特别是在发电和供应利益方面"。然而，由于一些重要成员国的持续反对，该指令并没有执行声明中最明显的结论。该指令只是简单地陈述了显而易见的事实。"然而，区分这种法律上的分离和所有权的分离是很重要的。法律上的分离并不意味着资产所有权的变更，也不妨碍在整个纵向一体化企业中适用类似或相同的雇用条件"。鉴于这些限制，只能向成员国发出呼吁，尝试不可能的事情："然而，应通过有关负责决策者独立性的组织措施，确保非歧视性决策过程"。

除了这些主要发现外，序言还强调了有效监管的必要性。"重要的是，所有成员国的监管机构必须共享相同的最低权限"（Recital 15）。欧盟委员会成立"欧洲电力和天然气监管机构小组"（ERGEG）的意图受到欢迎（Recital 16），并重申需要确保"客户能够自由选择供应商"（Recital 20）。经过这些审议，就本指令商定了一些条款。

7.3.2　消费者保护

除了第一个一揽子计划中已经概述的内容外,第 3 条现在还规定了成员国让电力部门①的企业承担公共服务义务的可能性,这些义务必须"明确界定、透明、非歧视、可核查,确保欧盟电力公司与国家消费者平等接触"(Article 3,2)。"成员国应确保所有家庭客户以及成员国认为适当的小型企业(即入住人数少于 50 人且年营业额或资产负债表不超过 1 000 万欧元的企业)享受普及服务,即在其领土内以合理、容易、明显可比较和透明的价格获得规定质量的电力供应的权利"(Article 3,3)。成员国有义务确保"采取充分的保障措施,以保护弱势客户"(Article 3,5 and Annex A)。

为了使消费者能够做出明智的决定,该指令要求为出售给消费者的电力贴上可靠的标签。供应商必须在电费单中披露"上一年各种能源来源对供应商整体燃料组合的贡献"〔Article 3,6(a)〕或"至少提及现有参考来源(如网页),公开提供有关环境影响的资料,至少包括二氧化碳排放量和前一年供应商整体燃料混合生产的电力产生的放射性废料等"〔Article 3,6(b)〕。

7.3.3　输电系统运营商(TSOs)

第 9 条规定了输电系统运营商的任务。他们负责"确保系统的长期能力",负责"通过足够的传输容量和系统可靠性确保对供电安全做出贡献"。TSOs 必须管理"系统上的能量流",包括考虑互连,并承担维护系统和提供辅助服务的责任。他们必须确保"非歧视……特别是有利于其相关事业"。他们负责"为系统用户提供有效访问系统所需的信息"。

众所周知,透明度和独立性并不是纵向一体化企业的主要优势,其中一部

---

① 在本章中,大多数具体法规都是指适用于电力行业的法规。由于市场开放、分离、透明度、消费者保护等问题与天然气行业基本相同,因此未明确描述和分析天然气行业(通过重复电力行业的法规)。

分经营输电系统。现在,这些公司有义务不歧视竞争对手。这就是为什么《电力市场指令》规定了一套独立的标准和成员国必须执行的最低要求。第 10 条包括比《1996 年电力市场指令》更长的标准清单。"如果输电系统运营商是纵向一体化企业的一部分,则其应至少在法律形式、组织和决策方面独立于与输电无关的其他活动"。但仍有保留:"本规则不应规定将输电系统资产所有权与纵向一体化企业分离的义务"。为了弥补所有权分离的不足,制定了"合法分离"(被称为所有权和决策权分离的这种形式)的最低标准,以"确保输电系统运行的独立性"。这些标准包括 TSOs 决策者和公司生产单位的身份不一致、独立行动的能力和定期报告。但同样存在局限性:"这不应妨碍适当协调机制的存在,以确保母公司在资产回报方面……的经济和管理监督权在子公司中受到保护。"母公司甚至有权"批准年度财务计划",但"不得允许母公司就日常运营或与输电线路建设或升级相关的个别决策发出指示"。很明显,后者使母公司能够影响 TSOs 关于大规模投资的决策,这在非歧视意义上可能是运营和扩展电网所必需的。

值得一提的是,1996 年指令中已经确立的关于"账户分离"(Article 19)的规定基本上得到了维持。

7.3.4　市场开放

尽管与 1996 年的指示一样,该指示合理地保留了成员国"在调度发电装置时,要求系统运营商优先使用可再生能源或废物或生产热电联产的发电装置"的可能性。令人遗憾的是,另一个方面也未改变:"出于供应安全的考虑,成员国可指示优先调度使用本土一次能源燃料的发电装置,但在任何日历年内不得超过相关成员国发电所需总全部一次能源的 15%"。这是 1996 年颁布的一项法规,旨在确保煤炭的最低使用量,并迫使系统运营商遵守这一目标。自那时以来,这一政策一直没有改变,尽管它至少不再是必要的,如果不是阻碍可再生能源和其他独立生产的话。

迈向真正内部市场的一个重要步骤是,电力和天然气供应商可以进入成员国市场,客户可以自由选择供应商。2003 年的指令对网格系统的"第三方访问"非常具体(Article 20)。访问必须是"基于公布的上网电价,适用于所有符合条件的客户,并在系统用户之间不受歧视地客观应用。成员国应确保这些上网电价或其计算基础的方法在根据第 23 条生效之前得到批准,并且这些上网电价和方法(如果方法得到批准)在生效前公布"(Article 20 ,1)。2003 年的指令授予新的电力和天然气供应商进入成员国市场的权利。他们还为客户自由选择供应商设定了日期。对于"所有非家庭客户",自 2004 年 7 月 1 日起适用(Article 21 ,1b),对于国内消费者,日期为 2007 年 7 月 1 日(Article 21 ,1c)。

市场开放是向前迈出的重要一步。然而,它并没有完全实现。《2003 年电力市场指令》第 26 条和《2003 年天然气市场指令》第 27 条预见了一些"减损",建立了一个可以考虑减损的正式程序以及许可流程。"在指令生效后,如果成员国能够证明其小型孤立系统的运行存在重大问题,则可以根据相关规定申请减损……,就现有容量的翻修、升级和扩大而言,委员会可能会授予他们这些权利。后者应在作出决定之前将这些申请通知成员国,同时要考虑到遵守保密。本决定应在《欧盟官方杂志》上公布。本款也适用于卢森堡"(Article 26 ,1)。

7.4　移到下一个一揽子计划

正如 2003 年指令所预见的那样,欧盟委员会在 2006 年 1 月 1 日之前提交了一份关于指令执行情况的报告(European Commission 2005a)。报告非常清楚地说明了所取得的成就以及成员国未能遵守的地方。"随着第二份电力和天然气指令的通过,建立真正内部市场的基本框架已经到位。现在,成员国应该有效地执行这些指令,并使市场在实践中发挥作用。这需要本着第二份电力和天然气指令目标的精神进行,即为了欧盟公民的利益,建立一个运作良好的内部能源市场"。报告总结如下:"本报告阐述了为什么这一目标仍远未实现的原因"（page 15）。因此，欧盟委员会宣布在 2006 年底和 2007 年初提交两份更深入的报告（European Commission 2007a and European Commission   2007b）。

2005 年的报告指出，"欧盟现在有极难得的机会来创建世界上最大的、具有竞争力的综合电力和天然气市场。欧盟不能错过这个取得市场成功的机会"。在指令本应完全转换为成员国法律一年后和"市场将完全开放竞争"的一年半之前，可以观察到重大缺陷。"最重要的长期缺点是各国市场之间缺乏整合。这方面的关键指标是整个欧盟缺乏价格趋同，跨境贸易水平较低。这通常是由存在进入壁垒、现有基础设施使用不足，以及在电力方面许多成员国之间互联不足所导致的。此外，许多国家市场的行业高度集中，阻碍了有效竞争的发展"。报告发现，"大多数成员国只是推迟了新指令的更改，有些根本没有"（pages 2、3），几乎没有取得什么进展，特别是没有发现任何超过最低要求的努力，只有在"Nordpool"地区有一些例外。在大多数成员国错过了最后期限之后，"一些结构性措施将晚于指令中规定的时间生效。在这方面特别重要的是关于监管的规则和分离规定"（page 4）。委员会预计将在 2007 年报告是否有必要制定额外的立法，"例如，增加监管机构的分拆或进一步的权力"（page 3）。

欧盟委员会认为，市场整合进展不足、跨境贸易水平较低、成员国之间的价格差距很大（部分超过 100%）、互连能力不足是延误的主要原因。报告回顾道，"早在 2002 年，在巴塞罗那举行的欧洲理事会就通过了一项目标，即所有成员国必须拥有至少相当于其国内消费量 10% 的互联互通能力，这一目标尚未实现"（page 5）。互联互通能力的规划程序远远落后，现有基础设施的非歧视性使用尚未实现。尽管有分离条例，"有利于历史长期合同的容量保留"（page 6）加剧了问题，被视为与非歧视不相容。

工业基本上仍然是全国性的，跨境贸易和电力与天然气的竞争是一个例外。在大多数市场中，尚未实现欧盟范围内的竞争。自市场开放以来，集中度很高，甚至进一步巩固。新的市场参与者仍然很难进入市场，"只有非常有限的新发电项目是由非垄断企业委托的"（page 6）。在发生跨国收购的情况下，这

"加剧了与集中相关的风险"(page 8),特别是通过垄断企业合并。

　　未实施的一个特别有问题的领域是网络运营商的独立性。虽然"有效地将网络运营与业务的竞争部分分离对于确保所有市场参与者的独立网络运营和无歧视的网络接入至关重要"(page 11),但这一点尚未得到充分实施。另外,对于输电系统运营商来说,大约一半的成员国和天然气市场中的一些国家已经超出了指令的最低要求,并转向了所有权分离。表7.1概述了欧盟成员国天然气和电力行业网络运营商独立性的实施情况。对于配电网络,大多数成员国都使用了指令授予的减损,或者至少没有超过最低要求。而新市场参与者的网络接入成本仍然很高,导致了许多投诉。

表7.1　立法和所有权分离现状

成员国	电力运输	天然气运输
奥地利	立法	立法
比利时	立法	立法
丹麦	所有权	所有权
芬兰	所有权	
法国	立法	立法
德国	立法	部分立法
希腊	立法	
爱尔兰	立法	分离未实施
意大利	所有权	立法
卢森堡	立法	分离未实施
荷兰	所有权	所有权
葡萄牙	立法	
西班牙	所有权	立法
瑞典	所有权	所有权
英国	所有权	所有权
挪威	所有权	

续表

成员国	电力运输	天然气运输
爱沙尼亚	立法	分离未实施
拉脱维亚	立法	分离未实施
立陶宛	所有权	分离未实施
波兰	立法	分离未实施
捷克共和国	所有权	分离未实施
斯洛伐克	立法	分离未实施
匈牙利	所有权	立法
斯洛文尼亚	所有权	分离未实施
塞浦路斯		
马耳他		

数据摘自欧盟委员会(2005a,p.12)——无说明的部分背离了分离条款。

欧盟委员会极力要求执行能源市场指令。2007 年初,又提交了两份关于国内电力和天然气市场进展和前景的报告(European Commission 2007a, European Commission 2007b)。这两份通讯报告的主要信息也包含在一份战略通讯报告"欧洲能源政策"(European Commission 2007c)中,该通讯报告同时发布。

欧盟委员会通过总结成员国的市场调查结果(European Commission 2007b),发现"市场开放的目标尚未实现"(page 2)。"这些关键领域中发现的不足需要采取紧急行动,应优先考虑以下四个领域:(1)实现网络和供应活动的有效分离,(2)消除监管差距(尤其是跨境问题),(3)解决市场集中度和进入壁垒,以及(4)提高市场运营的透明度"(page 3)。该调查于 2005 年 6 月 17 日启动,随后于 2006 年 2 月 16 日提交初步报告,并在此基础上进行了公众咨询。

"一般来说,纵向一体化的垄断企业不赞成采取进一步的措施,而消费者、贸易商/新进入者和当局支持立法倡议的呼吁"(page 5),这当然并不令人意外。调查发现,在电力市场全国范围和自由化前的高度集中方面,进展甚微。客户的选择仍然非常有限,"整个供应链的服务仍然依赖于纵向一体化的垄断企业"(page 5)。市场整合受到互联互通能力不足以及产能容量的阻碍。报告还抱怨"纵向一体化的垄断企业和他们的竞争对手之间的信息不对称"(page 7)。

在平衡市场方面有一些具体的缺点。"目前,平衡市场往往有利于垄断企业,并为新进入者制造障碍。当前平衡区的范围太小,导致成本增加,保护了垄断企业的市场力量"(page 8)。

补救措施是扩大控制区的地理范围。此外,报告建议全面执行指令和竞争法。精心设计的反垄断法规将有助于限制"自由化前垄断的市场力量"(page 9)。"市场分割仍然是市场整合的最严重障碍之一。打击垄断企业之间的串通仍然是反垄断执法行动的优先事项,反映了委员会的总体优先事项是打击企业试图协调而不是竞争"(page 11)。

其他调查结果与分离水平仍然不足和需要加强监管有关。这也将导致更透明的市场信息,再次降低垄断企业的主导地位。

根据市场调查,关于"内部天然气和电力市场前景"的通讯报告(European Commission 2007a)就如何克服"当前立法框架的不当实施"(page 6)以及如何进一步完善立法框架得出了若干结论。并明确表示,如果未实施,将执行侵权程序。根据 European Commission(2007a)的通讯报告,针对 20 个成员国的 34 起侵权事件是因为未转换或违反现有指令。针对 16 个成员国(包括最大的成员国)启动了 26 项侵权程序,作为第一步发送了合理的意见,以便在规定时间得到答复。

"新内部市场指令转换过程中观察到的主要缺陷"(page 6)读起来像是一个应该做些什么的完整清单,但由于稍后讨论的原因,许多成员国没有实施。这些缺陷包括:

- "受管制的价格阻止新的市场参与者进入;
- 输电和配电系统运营商分离不足,无法保证其独立性;
- 歧视性的第三方接入网络,尤其是在授予历史上长期合同的垄断企业的优先接入方面：

- 监管者能力不足；

- 未向委员会提供关于公共服务义务的信息，尤其是关于受监管的供电电价；

- 对推广可再生能源尤其重要的电力来源说明不足"（page 6）。

欧盟委员会得出的结论非常明确，因此这里引用了全部结论：在 2004 年 7 月 1 日有义务转换指令后近两年半时间里，这些侵权行为依然存在，这清楚地表明了由这些指令引起的现行欧盟法律框架的不足和缺陷。能源监管机构没有获得必要的权力和独立性，使它们无法确保建立以有效和非歧视方式运作的开放市场。此外，现有的法律框架不允许对与天然气和电力网络接入有关的跨境问题进行适当和有效的监管。持续给予跨境互连者的优先访问显然表明了当前规则的缺陷。最后，现行指令规定的与生产和供应活动垂直整合的网络运营商的法律和职能分拆，并不能成功确保所有供应商平等进入网络"（page 6-7）。

该报告在谈到分离时尤其直言不讳，这是所有不打算大幅限制垄断企业影响力的成员国的主要观点。欧盟委员会表示，有证据表明，目前的立法是不够的，尽管这些问题不是普遍存在的，并且已经取得了一些进展。"从本质上讲，立法分离并没有抑制纵向整合带来的利益冲突，因为这种冲突的风险是，网络可能被视为服务于被整合实体商业利益的战略资产，而不是服务于网络客户的整体利益"（page 10）。因此，欧盟委员会强调"只有强有力的分离条款才能为系统运营商提供适当的激励措施，以运营和发展网络，造福所有用户"（page 11）。考虑采用两条主要途径进一步分离输电系统运营商（TSO）。第一条途径是"完全（所有权）分离的 TSOs"，第二条途径是"没有所有权分离的独立系统运营商"（page 11），即独立系统运营商（ISO）。第一种选择有许多优点，这种独立性是该模式固有的，对第三方准入的不歧视"得到保证并被视为如此"，"投资决策将不再受到供应利益的扭曲"。完全分离的 TSOs 更容易倾向于跨境合作或合并。必要的监管水平与分离程度之间存在直接关系:"完全所有权分离将减少对日益繁重的监管的需要,因为监管监督可以不那么详细,以确保不发生歧视"(page 11)。

ISO 解决方案需要将系统运营与资产所有权正式分离。但这种解决方案"需要详细的监管和永久的监管监控"(page 11)。

委员会正在寻找一种可适用于所有成员国的解决方案。在编写本报告时,已有 11 个成员国引入了所有权分离,这一事实被认为是支持这一解决方案的有力论据,因为"经济证据表明,所有权分离是确保能源用户选择和鼓励投资的最有效手段"(page 12)。"独立系统运营方法将改善现状,但需要更详细、更规范和成本更高的监管,并且在解决投资网络的阻碍因素方面效果较差"(page 12)。

报告的另一个主要发现是,需要加强系统运营之间的协调。因此,考虑加强 TSOs 和欧洲天然气输送的现有网络,以在标准和框架方面取得进展,并最终推动区域系统运营商的发展。

2007 年 9 月,欧盟委员会正式发布了 2003 年电力和天然气市场指令的修订提案,并附有详细的解释性备忘录(Electricity Market Directive 2007, Gas Market Directive 2007)。备忘录从"发展真正竞争性市场的过程远未完成"的总体评估开始(page 2),概述了需要应对的主要挑战。关于分离,他们可以得到欧洲议会和以及欧洲能源监管委员会(CEER)①的大力支持,因为欧洲议会认为"输电所有权分离是以非歧视方式促进基础设施投资、新进入者公平上网和市场透明的最有效工具"(European Parliament 2007, p. 4)。

欧盟委员会的提案侧重于六个主要方面,解释性备忘录对此作了详细概述。包括了修订指令的草案文本(European Commission 2007a):

---

① 欧洲能源监管委员会于 2007 年 6 月 6 日发表了六篇论文,阐述了新能源立法中的主要问题(CEER 2007a-CEER 2007f)。

——将供应和生产活动与网络运营有效分离（page 4-7）；

——增强国家监管机构的权力和独立性（page 7-9）；

——国家监管机构合作和决策的独立机制：能源监管机构合作局（page 9-13）；

——输电系统运营商之间的高效合作（page 13-15）；

——改善市场运作（page 15-19）；

——加强供应安全的合作（page 19-20）。

与前几年一样，要解决的首要挑战是生产和网络的分离。欧盟委员会知道，有些成员国不会轻易让步。备忘录认为，"一体化公司内部存在根本利益冲突"，因此"TSOs 可能会比竞争第三方更好地对待其关联公司"。结果"不能保证无歧视地获得信息"（page 4）。一体化 TSOs"有一个固有的利益，即在有利于竞争对手的情况下限制新投资"（page 4）。委员会得出结论，"显然有必要对TSOs 进行更有效的分离"，强调"欧盟委员会的首选方案仍然是所有权分离"。然而，欧盟委员会考虑并概述了"选择不走这条路的成员国的另一种选择"（page 5）。这种方法是 ISO，这是一种允许一体化公司保留网络所有权的选择，同时作为网络运营商"真正独立"行事。该选项不可或缺地要求"必须建立规章制度和永久性的监督监管"（page 6）。这些选项适用于电力和天然气部门，尽管委员会注意到电力部门的分离更为先进。最后，需要指出的是，这些分离要求必须适用于整个欧盟，适用于总部位于欧盟的公司和来自（计划）活跃在欧盟的第三国公司。强调"任何活跃在欧盟任何地方的供应或生产公司都不能在欧盟任何成员国拥有或运营传输系统"（page 7）。

为了加强市场自由化和市场参与者的公平准入，在所有成员国建立监管机构至关重要，"拥有强大的权力和资源，使其能够确保适当的市场监管"。委员会建议加强监管机构的"市场监管权力"（page 8）。此外，这些机构需要在欧洲层面进行明确的合作授权,尤其是与欧洲能源监管合作局(ACER)的合作授权[①]。该局应根据欧洲电力和天然气监管机构(ERGEG)过去的良好经验创建。

这些提议(《2007年电力市场指令》和《2007年天然气市场指令》)在欧洲议会和理事会上进行了有争议的讨论,特别是关于拆分和ISO的讨论。直到2009年4月,各方才就第三个、也是迄今为止最后一个内部能源市场一揽子计划达成一致。

7.5 第三个内部能源市场一揽子计划

该一揽子计划包括内部电力和天然气市场的修订指令(Electricity Market Directive 2009;Gas Market Directive 2009)、建立ACER的法规(Regulation 713/2009)和两项关于天然气和电网接入条件的法规(Regulation 714/2009 and Regulation 715/2009),通过欧洲电力传输系统运营商联盟(ENTSO-E)和欧洲天然气传输系统运营商联盟(ENTSO-G)建立各网络运营商之间的合作。新一揽子计划于2011年3月3日生效。2011年9月,欧盟委员会启动了17项违反电力市场指令的侵权程序,以及18项违反天然气市场指令的侵权程序。

7.5.1 电力和天然气市场指令全面修订

经修订的指令于2009年达成一致并发布,旨在大力推动建立一个开放和自由的国内能源市场,为所有成员国的所有市场参与者提供一个公平竞争的环境。这两项指令都强调建立一个运作良好的内部市场的必要性。它们强调必须消除市场开放的其余障碍:"尤其是,各成员国尚不存在无歧视的网络接入和

---

① 该机构根据欧盟委员会2007a中概述的提案建立,并作为欧盟独立机构负责完成电力和天然气的内部能源市场,它于2011年3月正式推出。该机构总部位于斯洛文尼亚卢布尔雅那,是根据《2009年电力市场指令》正式解散欧洲电力和天然气监管机构后成立的。

同等有效的监管水平"（Electricity Market Directive2009, Recital 4）。该指令包括《2007 年电力市场指令》解释性备忘录中的理由,即需要消除"歧视的固有风险"（Recital 9）,并呼吁"有效拆分"（Recital 9）,特别是"消除生产商、供应商和输电系统运营商之间的任何利益冲突"（Recital 12）。尽管欧盟委员会和许多利益攸关方主张所有权分离为指令中保留了最简单、最有效的解决方案,即建立ISO 的替代方案。因此,"成员国应在所有权分离和建立独立于供应和发电利益的系统运营商或输电运营商之间做出选择"（Recital 17）。然而,疑虑依然存在。包括审议、列举 ISO 真正独立的各种先决条件,以"通过特定的附加规则来确保"（Recital 19）。该指令第 9—16 条提供了有关确保 ISO 所有权分离或独立性的详细规定。TSOs 的独立性并不是公平竞争环境的唯一必要因素。因此,成员国应鼓励分散发电和提高能效。此外,"授权程序不应导致与电力生产商的规模和潜在影响不成比例的行政负担。过于冗长的批准程序可能会对新的市场进入者构成准入障碍"（Recital 31）,以及"应采取进一步措施,以确保网络接入的透明和非歧视的电价。这些电价应在不歧视的基础上适用于所有系统用户"（Recital 32）。

为了实现这一切,独立的监管机构是不可或缺的。第 35—40 条包含独立监管机构的目标、决策过程和记录保存的详细清单。"每个成员国应在国家层面指定一个单一的国家监管机构"（Article 35, 1）。监管机构应能够确定并批准电价和强调网络接入和使用的基本方法。"在执行这些任务时,国家监管机构应确保输配电电价不具有歧视性和能够反映成本,并应考虑到分布式发电和需求方管理措施带来的长期、边际和节约的网络成本"（Recital 36）。这种电价对于有效的市场运作至关重要,尤其是对于新的和独立的参与者。监管机构有权采取合理措施"促进新发电容量接入电网,特别是消除可能阻碍新市场进入者和可再生能源电力接入的障碍"（Article 36, paragraph 1e）。因此,监管机构应被授权"实施有效、适度和劝阻性处罚"（Recital 37）,并应"有权要求电力企业提供相关信息,进行适当和充分的调查并解决争议"（Recital 38）。ACER 应在成员国监管机构的协调并就此提供建议方面发挥重要作用。

　　该指令的终端条款允许成员国申请对该指令的某些条款进行扣减（Article 44,1）。一些分离条款不适用于岛国塞浦路斯和马耳他以及卢森堡（Article 44, 2）。最后,很明显,不能想当然地认为指令的充分效力和适用,指令包含报告和审查条款。委员会应于 2013 年 3 月 3 日前向理事会和议会提交最新报告,"概述第五章下的分离要求在何种程度上成功地确保了输电系统运营商的充分和有效独立性,并以有效和高效的分离为基准"（Article 47,3）。更有趣的是,到 2014 年 3 月 3 日,指令的下一次修订可能会启动,"在适当的情况下,尤其是如果第 3 段所述的详细具体报告确定第 4 段所述条件在实践中未得到保证,委员会应向欧洲议会和理事会提交建议,以确保输电系统运营商在 2014 年 3 月 3 日前完全有效独立"（Article 47,5）。

7.5.2　建立欧洲能源监管合作局

　　欧洲能源监管合作局（ACER）是作为国家和欧洲层面的独立监管机构而成立的。它是具有行政和财务自主权的独立法人。在 713/2009 法规中定义了该机构的任务:"该机构应监测电力和天然气部门输电系统运营商之间的区域合作,以及欧洲电力传输系统运营商网络和欧洲天然气输电系统运营商网络的任务执行情况。为了确保输电系统运营商之间的合作以高效、透明的方式进行,以利于电力和天然气的内部市场,该机构的参与至关重要"（Recital 7）。"该机构在制定网络代码必须符合的非约束性框架准则方面发挥着重要作用。该机构也被认为在审查网络代码（创建时和修改时）方面发挥作用是适当的,以确保这些代码符合框架准则,符合该机构宗旨,然后才可向委员会建议通过这些守则"（Recital 9）。

　　该机构的独立性至关重要。"ACER 应有必要的权力以高效、透明、合理且最重要的是独立的方式履行其监管职能。该机构独立于电力和天然气生产商以及输电和配电系统运营商,这不仅是良好治理的关键原则,也是确保市场信心的基本条件"（Recital 18）。更多详情见第4—11条。

　　该机构于2011年3月正式成立，总部位于斯洛文尼亚首都卢布尔雅那。现已发展为设计和实施国内能源市场的主要参与者。

7.6　仍有待实现：完善内部市场

　　实施内部能源市场仍然是议程上的重要内容。这是能源工作组、理事会会议和利益攸关方经常讨论的话题。2009年指令的法律转换滞后。根据一份"非正式文件"（European Commission 2011），仍然存在一些主要的障碍，例如高度集中的市场、受监管的家庭价格，尤其是网络的分离尚未取得足够的进展。2011年2月1日，在所有成员国必须完全转换指示的一个月前，没有一个成员国向委员会通报转换情况。"只有少数成员国将立法草案提交议会通过，或议会授权政府采取必要的转换措施，但这些措施本身尚未通过。转换过程存在明显的延迟风险。总的来说，国内市场立法在国家层面的实施情况总体上令人失望，目前仅第二个国内能源一揽子计划就有60多起侵权诉讼案正在进行"（page 3-4），这一破坏性的中期评估为正在进行的讨论提供了基础。

7.6.1　2012年之前的一些进展

　　欧洲理事会定期回顾有关国内能源市场的未决问题，重新评估需要做什么，并规划新的时间表。2011年2月4日，各国元首和政府首脑商定了强有力的结论（Council 2011a）。"欧盟需要一个充分运作、相互关联和一体化的内部能源市场。因此，成员国必须充分遵守商定的最后期限，迅速、充分地开展国内能源市场的立法"（page 1）。理事会强调了紧迫性，需要为全面执行设定一个新的最后期限："内部市场应在2014年前完成，以允许天然气和电力自由流动。"此外，"2015年后，任何欧盟成员国都不应与欧洲天然气和电力网络分离，否则其能源安全将因缺乏适当的连接而受到威胁"（page 2）。

各国元首和政府首脑似乎变得不耐烦了，尽管他们需要就金融和货币危机作出紧急决定，他们回到了指令缺乏执行的问题上。在 2012 年 3 月 1—2 日的春季会议上，他们强调了一些关键点，其中之一就是完成能源市场。"关于能源，重要的是落实 2011 年 2 月和 12 月达成的指导方针，履行到 2014 年完成国内能源市场建设的承诺，包括在商定的期限内全面实施第三个能源一揽子计划，并实现跨境网络互联互通。欧洲理事会期待着欧盟委员会在明年 6 月前就内部能源市场的自由化和一体化程度评估情况的通讯报告"（Council 2012a，p. 7）。

2012 年 10 月，欧盟委员会列出了使单一市场运作的 12 项关键行动。"关键行动 4"是"改进第三个能源一揽子计划的实施和执行，使有利于消费者的跨境市场成为现实"（European Commission 2012l：8-9）。2012 年 11 月 15 日，欧盟委员会提交了一份关于电力和天然气内部市场指令执行情况的新报告（European Commission 2012m），进一步详述了相关挑战。这份名为"使内部能源市场运转起来"的通讯报告，重申了欧洲能源市场一体化的好处。它强调，"到 2014 年，现有立法需要全面实施"，"如今，欧盟还没有在这个最后期限前如期完成内部能源市场"（page 2）。根据随附的一份工作文件（European Commission 2012o），能源市场在很大程度上仍是集中的。在 8 个成员国中，具有一定年限的垄断公司仍然控制着大部分发电，在 8 个成员国超过 80%，另外 3 个成员国超过了 50%（表 7.2）。

表 7.2　2010 年电力市场结构

成员国	发电量至少占净发电量 5%公司数量	电力市场最大发电商的市场份额（%）
塞浦路斯	1	100
马耳他	1	100
爱沙尼亚	1	89
拉脱维亚	1	88

续表

成员国	发电量至少占净发电量 5%公司数量	电力市场最大发电商 的市场份额（%）
法国	1	86.5
卢森堡	2	85.4
希腊	1	85.1
斯洛伐克	1	80.9
比利时	3	79.1
捷克	1	73
斯洛文尼亚	2	56.3
葡萄牙	2	47.2
丹麦	2	46
匈牙利	3	42.1
瑞典	5	42
罗马尼亚	6	35.6
立陶宛	5	35.4
爱尔兰	6	34
德国	4	28.4
意大利	5	28
芬兰	4	26.6
西班牙	4	24
英国	9	20
波兰	5	17.4
保加利亚	5	???
荷兰	5	???
奥地利	4	???

数据摘自 European Commission（2012o，page 42）表 10。

通讯报告（European Commission 2012m，pages 3-6）描述了取得的一些进展

（更多的消费者选择、更大的透明度和市场联结、一些跨境价格趋同、共同监管的最佳实践和技术标准），但在竞争和接入输电网络方面进展甚微。"输电基础设施缺乏开放和非歧视性准入，阻碍了新进入者在市场上公平竞争"（page 6）。尽管"仅以输电为重点，越来越多的跨境足迹"的新行业分支正在发展，但还有很多目标需要实现。到目前为止，只有少数成员国开始将 TSOs 认证为 ISO 或所有权分离。这就是欧盟委员会所说的"执行挑战"（page 7），需要"紧急应对，以便在 2014 年之前完成内部市场建设"。欧盟委员会正积极通过侵权程序追究成员国没有（完全）将第二和第三个能源市场一揽子计划纳入国家立法的责任。

　　表 7.3 显示了截至 2012 年底仍有多少案件待处理。截至 2012 年 10 月 29日，7 个成员国因未完全转换《2003 年电力市场指令》和 7 个《2003 年天然气市场指令》而有待处理的侵权案例，其中 4 个（爱尔兰、希腊、波兰、英国）涉及这两项指令。此外，13 个成员国因未转换《2009 年电力市场指令》和《2009 年天然气市场指令》而有侵权案例待处理。完全转换仍有待执行，欧盟委员会需要定期提供关于所取得进展的最新情况。2012 年 12 月 3 日的能源部长理事会（Council 2012b）赞同委员会的意图，并欢迎宣布促进和执行这些指令的措施。更深入的讨论定于 2013 年 2 月 2 日进行，预计 2013 年 5 月召开欧洲理事会会议，2013 年 6 月 7 日由能源理事会通过[①]。

表 7.3　第二个和第三个一揽子计划未转换的侵权案例

	第二个能源市场一揽子计划		第三个能源市场一揽子计划	
	电	气	电	气
比利时	已结案	已结案	已结案	已结案
保加利亚	已结案	1 起待处理	待处理	待处理

---

① 一些讨论只有在本书定稿后才会进行，届时也可能将做出某些决定，这些决定很可能强调需要在 2014 年之前完成内部市场并满足所有预期的最后期限。

续表

	第二个能源市场一揽子计划		第三个能源市场一揽子计划	
	电	气	电	气
捷克	已结案	已结案	无案例	无案例
丹麦	已结案	已结案	已结案	已结案
德国	1 起待处理	已结案	无案例	无案例
爱沙尼亚	已结案	已结案	待处理	待处理
爱尔兰	1 起待处理	1 起待处理	待处理	待处理
希腊	1 起待处理	1 起待处理	无案例	无案例
西班牙	已结案	已结案	已结案	已结案
法国	已结案	1 起待处理	已结案	已结案
意大利	1 起待处理	已结案	无案例	无案例
塞浦路斯	无案例	无案例	待处理	待处理
拉脱维亚	已结案	已结案	无案例	无案例
立陶宛	已结案	已结案	待处理	待处理
卢森堡	已结案	已结案	待处理	待处理
匈牙利	已结案	已结案	无案例	无案例
马耳他	已结案	无案例	无案例	无案例
荷兰	已结案	已结案	已结案	已结案
奥地利	已结案	已结案	已结案	已结案
波兰	1 起待处理	2 起待处理	待处理	待处理
葡萄牙	已结案	已结案	无案例	无案例
罗马尼亚	已结案	1 起待处理	待处理	待处理
斯洛文尼亚	已结案	已结案	待处理	待处理
斯洛伐克	已结案	已结案	待处理	待处理
芬兰	已结案	已结案	待处理	待处理
瑞典	1 起待处理	已结案	待处理	待处理
英国	1 起待处理	1 起待处理	待处理	待处理

数据来自 European Commission（2012o, P. 155）。

7.6.2　鸡还是蛋：内部市场中的可再生能源

内部能源市场本身并不是一个目标，大多数利益攸关方和政治家都同意这一说法。欧洲内部单一能源市场的理念是以透明的能源部门为目标，向新进入者开放，公平竞争，从而降低费用并为消费者带来好处。在这样一个公开和公平的市场中，费用基本上将由使用能源的人承担，污染者付费原则将适用，这意味着外部性将在能源价格中完全内化。温室气体排放和由此产生的气候变化将成为能源价格的一部分，例如通过税收和/或通过运行的排放交易系统，这将导致相关和有效的碳价格激励。将建立充分考虑到清洁和可持续能源质量的市场机制。对需求变化作出反应的价格结构将促进能源节约和效率，并鼓励减少消费。

在这方面发挥作用的市场可以提供一个公平的竞争环境，可再生能源变得越来越具有竞争力，化石和核资源竞争力越来越弱，这些变化都是由于碳成本增加导致的，包括健康损害的社会成本、废物采购和其他方面的成本，这些成本由一般公众通过传统能源市场的税收承担。在垄断企业占主导地位的市场，规则和成本不透明，平衡领域和法规遵循化石能源和核能的逻辑，当然不适合发送和接收运行基于可再生能源系统的价格信号，尤其是可变风能和太阳能。这就是为什么关于如何设计能源市场的讨论正在进行中，以便它们能够容纳高份额的灵活发电，并为灵活性选项、存储和电网基础设施提供必要的信号——一般来说，是运行基于清洁和可持续可再生能源的能源系统。

在关于到 2014 年完成国内能源市场的辩论中，这些必要的变化尚未深入讨论，而那些继续坚持可再生能源必须暴露于市场风险，不应再通过支持机制来对冲的人则更没有考虑到这些变化。然而，很明显，成员国内部和成员国之间存在结构性市场失灵，因此可再生能源需要支持，尽管越来越多的技术在越来越多的地方具有成本竞争力。

在欧洲及欧洲以外的大部分地区,陆上风力发电是可再生能源技术中最成熟和最具成本竞争力的。如果市场允许公平竞争的话,即使存在一些市场失灵情况,风电行业也渴望参与市场。在 2012 年出台的一份文件中,欧洲风能协会(EWEA)详细阐述了加快单一市场完成的必要措施,并使风能和其他可再生能源市场切实可行(EWEA 2012)。努力争取在 2014 年之前完成内部市场的同时,正如能源市场指令所预见的那样,EWEA 发现"结构性市场失灵仍然是创建内部能源市场和整合风能的主要障碍……以经济高效的方式整合大量风能需要改变当前的市场安排"。EWEA 强调,《2009 年可再生能源指令》对风能和其他可再生能源的开发十分重要。"由于许多市场和监管失灵或不完善,这些支持性条款是必要的。因此,对风能和其他可再生能源的支持机制,应该放在自由化尚未完成的背景下看待,并作为对内部市场支离破碎、功能失调且远未充分发展而导致的众多市场失灵的补偿。普遍存在的市场失灵,对化石燃料和核能的持续大规模补贴、市场集中度和受监管价格,加上不考虑风能特性的市场规则,给风能发电带来了更大的市场风险"。

EWEA 的分析还阐述了另一个重要方面。尽管欧盟已同意致力于气候保护、温室气体减排以及面向未来的、竞争力强的、清洁的可再生能源,但在立法和市场规则方面并未遵循。政府做出了支持可再生能源的决定,颁布了立法,但对化石能源和核能的支持仍在继续,补贴金额不断增加,远远高于可再生能源。根据国际能源署(IEA)的数据,2012 年,超过 3 800 亿欧元(5 000 亿美元)花在了化石燃料补贴上,相比而言,可再生能源补贴仅为 600 亿欧元(800 亿美元)[1]。作为一个合乎逻辑的结果,EWEA 强调,"只有在市场具有功能性、竞争性、流动性和透明度以及所有技术在公平竞争的环境中处于相同的条件下,风

---

[1] IEA 的数据仅涉及化石燃料补贴,不包括核能源补贴。化石燃料补贴是可再生能源补贴的六倍——国际能源署自 2009 年以来一直在描述这一事实,在这个基础上更引人注目。这里引用的数据来自 IEA 首席经济学家法提赫·比罗尔(Fatih Birol)2013 年 1 月在阿拉伯联合酋长国(United Arab Emirates)的阿布扎比(Abu Dhabi)举行的世界未来能源峰会上的演讲。

力发电才能充分暴露于市场风险"。这当然需要取消化石燃料和核能补贴,但市场功能也需要适应完成,事实上,对于所有市场参与者,不仅仅是可再生能源生产商。"一个功能性、成熟和有竞争力的市场应被视为使风力发电商和其他生产商面临包括碳价格和燃料价格风险在内的市场风险的前提条件"(EWEA 2012:5-6)。一个功能完善、成熟的能源市场肯定是一个没有化石能源和核能补贴、没有不透明的成本计算和电网结构的市场,相反,它将鼓励新的参与者。更大份额的能源将在商业电力交易所进行交易,在互联市场中有更大的控制区,交易时间更短,交易日功能正常,市场平衡。只有在这种灵活和短期的市场中,才能适当评估可变和灵活来源的价值和质量,并成为成本和价格计算的一个重要因素。在这些市场中,只要有可能,就会利用风能、太阳能和其他丰富的可再生能源,这是可取的,因为风能和太阳能没有资源成本,因此通过优序效应降低了股票交易的价格。其他边际成本较高的能源应根据其可用性和灵活性来使用,以提供系统稳定性以及不同规模的存储容量、反应时间和电网执行,以利用更大平衡区域的优势。

7.6.3 展望

即使不能在 2014 年之前完成内部能源市场的建设,也将是朝着公平竞争环境迈出的重要一步,使新的市场进入者,尤其是可再生能源生产商能够公平竞争可再生能源系统的市场份额。如果不消除现有垄断企业的市场主导地位,新技术和新的参与者将继续需要扶持性框架来促进其市场准入。取消对不可持续能源的补贴,并根据可再生能源占有率极高的能源系统的要求设计电网、储存容量和市场,是实现清洁和可持续能源供应的重要步骤。本书第二部分将详细阐述与此目标相关的情景和辩论。

第二部分　前进之路:2020 年及以后

第 8 章　情景发展和政策辩论

雷纳·欣里希斯-拉尔韦斯

2020 年框架是在欧盟和成员国之间经过多年辩论后制定的。尽管 2007 年 3 月的欧洲国家元首和政府首脑峰会在达成共识并随后将其转化为"气候和能源—揽子计划"（本书第 3 章）的相关立法方面发挥了关键作用，值得理解的是，如果没有事先对目标框架的可行性以及对成本、就业、环境和其他问题的潜在影响进行科学研究，就不可能达成这种程度的协议，包括一些参与者痛苦的妥协和愉快的成功。"气候和能源—揽子计划"由各利益攸关方精心准备，并通过欧洲各国政府和议会决策者的果断和勇敢行动，在欧盟官员和科学家专业知识的支持下，更深入地研究影响和解决方案，它最终成了现实。

本章探讨了集中政策辩论的重要性，以及学习世界其他地区的经验和分享经验的重要作用，这些经验可能有助于提高其他地方实现可持续能源系统的绩效。此外，它还通过多种情景弥补各种指令目前的执行状况与正在进行的政策辩论之间的差距，这些辩论将导致欧盟就 2020 年后可再生能源、能效和温室气体减排框架达成一致。

第 9 章论述了 2009 年成功达成"气候和能源—揽子协议"的各种情景的作用，描述和分析了 2020 年以后的情景，以 2050 年为目标，勾勒出可持续能源系统发展的愿景。它展示了假设、方法以及作者的意图如何影响研究结果。它还展示了 2009 年欧洲电力公司（Eurelectric）在欧洲能源研究所（EWI）的另一项研究的支持下,在"气候与能源一揽子计划"达成一致后,立即重新开始了关于气候与能源方案中已解决的若干问题的辩论。加强国家对可再生能源支持系统和通过良好实践交流来支持融合的协议遭到了攻击,因为该协议通过伪造证据证明通过协调支持方案可节省数十亿欧元,并坚持认为核能和碳捕获与封存对于气候保护和供应安全以及降低成本是必要的。欧洲电力公司的"电力选择研究"(Eurelectric 2009)和欧洲能源研究所的"欧洲可再生能源政策分析"(EWI 2010)面临着来自其他利益攸关方的反应,并与旨在到2050年温室气体减排80%～95%、同时提升可再生能源份额,包括旨在2050年实现100%可再生能源的情景的研究进行了比较。

除了利益攸关方的贡献外,还描述和分析了2011年欧盟委员会提出的三个能源相关路线图。低碳路线图(European Commission 2011a)、运输路线图(European Commission 2011c1)和2050年能源路线图(European Commission 2011d)为评估2020年后新"气候和能源一揽子计划"的政策选择提供了坚实的框架。对路线图进行了详细评估,特别是对其优缺点进行了分析,并提供了解决方案。

在第10章中,REN21全球政策网络执行秘书克莉丝汀·琳斯(Christine Lins)从全球视角对欧洲的发展提供了更广阔的远景。她展示了可再生能源发展如何成为全球追求的目标,以及如何为可持续发展和减缓气候变化带来重大利益。她认为,联合国秘书长提出的"人人享有可持续能源(SE4ALL)"的倡议旨在到2030年将可再生能源的全球份额翻一番,这与本书第2章所述的欧盟设定指示性目标的早期进程相当。关于新的、具有约束力的欧盟2030年目标和"人人享有可持续能源"的辩论可能是相互支持的,因为两者都在设定一个中期里程碑,这对于长期愿景来说很重要。

最后,第11章描述了目前正在进行的关于如何让欧盟最迟在2050年实现完全可持续的能源系统的讨论,分析了欧盟委员会最近的通讯报告和立法提案,如可再生能源战略(European Commission 2012b)、欧盟排放交易系统折量拍卖提案（European Commission 2012i）、间接土地利用变化（ILUC）修正提案（European Commission 2012f）和国家援助现代化进程（如：European Commission 2012a，European Commission 2013），设想关于可再生能源支持计划改革和合作机制的指导文件、关于创建 2020 年后气候和能源框架的绿皮书（European Commission 2013f）和特别是由可再生能源行业（EREC 2013b）、一些环保非政府组织和一些欧洲议会议员正在推动的关于需要一个新的、具有约束力的 2030 年可再生能源目标的辩论。相关辩论将提交给欧洲理事会和欧洲议会。本章为本书最后部分的规划展望做了准备，它提供了一个观点，即需要做些什么来让欧洲走上正轨，建立一个完全可持续的、仅由可再生能源提供燃料的能源系统，并提出了需要做出哪些政策决定才能最迟在 2050 年之前实现 100% 可再生能源的建议。

第 9 章 2050 年情景——假设、数字等

雷纳·欣里希斯-拉尔韦斯

9.1 引言：情景概述

在公开辩论中,能源情景像其他情景一样,有时会被误认为是对必然发生的情况的预测。决策者经常使用它们来描述和解释(并促进)应该发生的事情。它们被用于理解过去和未来事件的逻辑和变量,以及如何影响发展。情景提供了有关如何通过改变参数促进预期发展的信息。开发场景是为了理解底层流程,并对它们进行改进,以更好地评估将开发转向一个或另一个方向的潜在杠杆。此外,情景通常包括关于发展对其他领域的影响和来自其他领域的变量,例如一定的能源份额对经济增长、就业、温室气体排放、供应安全或可再生能源增长对国民生产总值增长的敏感性的影响,反之亦然。

情景有时会向公众展示,但没有强调,甚至没有提及基本假设,也没有说明哪些数字是输入的,哪些是情景计算的结果。为了评估情景的质量和内容及其对知情决策的潜在价值,有必要了解这些因素,了解潜在的研究(或政策)问题以及关于某些来源和应用的技术和经济潜力的假设。关于技术学习曲线、地区分布、资源和技术的可用性、基础设施的质量和容量以及许多其他方面的假设和推断可以显著影响看似纯粹的数学迭代的输出。重要的是要知道情景中考

虑了什么样的差异,以及哪些要素被忽略和/或在水平化的基础上被考虑。

如果投入和产出因素以及潜在的利益和目标是透明的,情景计算对作出明智的决定是有用的。情景可以帮助概述如何实现某些目标以及对具体因素可能产生的影响。特别是,如果使用情景来定义潜在决策的物质或政治成本,那么定义参考案例至关重要,这是对情景真实价值的重大挑战。例如,一些情景提供高达千亿欧元用于可再生能源开发和部署的支出。如果在使用这些数字时没有计算可再生能源的效益,例如避免燃料进口、避免碳排放、减少健康成本、创造就业机会,或者至少是用新的传统发电厂取代过时的现有化石能源和核能生产所需的投资,那么这些数字很可能会导致对可再生能源投资的严重怀疑。然而,如果将这些方面和其他影响包括在内,宏观经济效益几乎总是显而易见的,微观经济和个人利益很可能在不久的将来是可以预见的,或者它们已经很明显。

全球能源情景多种多样,联合国政府间气候变化专门委员会(IPCC)2012年对其中 164 种进行了描述和分析。在这些计算不同能源技术的全球发展和温室气体排放的情景中,即使在参考情景中,可再生能源也在以截然不同的水平扩张。所有情景,特别是那些旨在大幅减少温室气体的情景,都会导致可再生能源在 2050 年之前的广泛而可观的增长,这是最常见的长期前景时间表。情景通常表示可再生能源在世界各地的广泛分布,尽管在不同国家和地区的分布差异很大。这些情景还具有广泛的技术多样化,在主导技术以及部署的可再生能源的总体容量和份额方面有不同的结果。关于不同行业可再生能源的预期渗透率,全球情景差异很大,就全球总体能源消耗而言,范围从 2030 年的23% 到 2050 年在基线情景(如 IEA-WEO 2009),到 2030 年的 48% 和 2050 年雄心勃勃的温室气体减排情景的 90% 以上。

就本书而言,全球情景应仅作为背景,以强调全球正在开发和讨论的情景范围广泛,欧洲情景开发人员承认并进一步完善了方法和基本假设。

将对几种情景进行详细描述和分析,用来(甚至被开发出来)干预关于欧盟

"气候与能源一揽子计划"和 2020 年目标的辩论,或在 2020 年之后制定下一步行动,尤其是 2050 年的愿景以及最近为到 2030 年欧洲可持续气候和能源政策新里程碑的辩论提供投入。

本章描述并评估满足以下类别之一的情景,了解这些情景是否适合其中一个类别有助于评估优缺点:

- 为支持 2020 年目标的决策而制定的情景围绕着一个指导性问题进行设计,即如何(而不是是否)实现目标,尤其是 20% 可再生能源目标和温室气体减排目标,以及 27 个成员国之间如何实现减排共担。

- 展望 2050 年的情景通常是根据基本假设计算和/或与 1990 年水平相比,必须实现温室气体减排"80% ~95%"的目标(某些参考情景除外)。

- 一些情景的设定是为了展示如何在 2050 年前实现 100% 的可再生能源,以及这将带来哪些好处。

9.2 2020 年情景：准备和评估 2020 年目标

在制订 2008 年"气候和能源一揽子计划"时,这些目标不是有远见的政治家们凭空捏造出来的,而且是通过科学分析事先讨论和阐述的,包括评估不同可再生能源在不同欧盟成员国的不同应用的技术和经济潜力的情景。这同样适用于各种途径的成本及其潜在效益,如温室气体减排、创造就业机会和减少进口依赖。在欧盟支持的"未来能源"项目的框架内开展的讨论和迭代对发展产生了重大影响,特别是对接受 2020 年 20% 目标产生了重要影响。它们为评估和评价基于技术和成本假设 20% 目标的可行性提供了主要基础。这些迭代还用于在成员国之间划分联合目标,以及资源分配和经济潜力等客观标准,这被标记为"减排共担",因此成为《2009 年可再生能源指令》的一部分,《2008 年未来能源》和《2009 年未来能源》中描述了各自的情景。

本章的目的是超越现有的政策框架和 2020 年的目标,因此,《2008 年未来能源》中描述的结果和《2009 年未来能源》中更深入的内容应为最终导致欧盟商定的政策框架和指标的审议提供大致指导(本书第三章)。这将证明,由于当时的经验有限,一些假设后来被证明明显低估了传统能源的成本增长以及成本降低,为一些更具创新性的可再生能源带来更高的潜力。

表 9.1　化石能源价格假设(2005 年的每桶油当量价格<美元>)

	2005 *	2010 **	2010 ***	2015 **	2015 ***	2020 **	2020 ***
石油	54	44.59	54.5	44.95	57.9	8.08	61.1
天然气	30.31	33.86	41.5	34.2	43.4	36.99	46
煤炭	13.32	12.53	13.7	13.38	14.3	14.1	14.7

* 参考《2008 年未来能源》第 8 页;** 参考《2008 年未来能源》(PRIMES);*** 参考《2009 年未来能源》(PRIMES)。

　　作者强调了《2008 年未来能源》的目标:"该研究为实现欧洲可再生能源承诺提供了一个平衡的方案。它评估了欧盟 27 个国家(EU27)内 2020 年 20% 可再生能源目标对终端能源需求的影响"(page 1)。根据欧盟委员会在 2007 年 1月发布的可再生能源路线图中制定的最新"绿色 X 平衡情景"①(European Commission 2007),该计算旨在遵守最近的政策决定,因此对决策过程有用。在可能的情况下,数据不是新生成的,而是根据路线图中使用的相同方法进行更新的。因此,这些情景与路线图具有可比性,这使得它们易于应用于政策决策。该研究旨在"确定电力、供暖和运输部门 20% 可再生能源目标的技术组合符合成本效益和未来前景等标准"(page 2)。此外,应计算实现 20% 目标的成本以及避免使用化石燃料的好处。计算减少的二氧化碳排放量以及特定国家/地区的可再生能源部署。

　　制定该情景是为了评估有利于 2020 年 20% 目标实现的政策决定的影响,

---

① 绿色 X 模型是在欧盟资助项目的框架内开发的。

该目标被认为对欧盟,尤其是对一些成员国来说非常远大。因此,建模的前提是"所有成员国立即(即从 2008 年起)对可再生能源实施高效和有效的支持政策,在技术层面设置激励措施,同时采取强有力的能效措施,降低能源需求的总体增长"(page 4)。为了不低估成本,"国家技术水平上出现的负附加成本不计算在内"(page 4)。最后提出的主要情景评估了广泛的技术选项和政策背景。为了与委员会的其他计算相一致,从 PRIMES 模型中提取了一些投入数据:部门能源需求、一次能源价格、部门的传统投资组合和效率以及二氧化碳浓度。这些数据与研究中特别定义的数据相匹配:20% 目标、参考电价、可再生能源成本、可再生能源潜力、生物质能进口限制、技术传播和学习率(page 5)。

化石燃料和参考能源价格取自 2006 年的 PRIMES 模型的情景。它们远低于 2008 年的实际能源价格,而且从今天的角度来看,对 2010 年、2015 年和 2020年的预测(见表 9.1)低得令人难以置信。后来对《2009 年未来能源》进行了修改,进一步发展了这项研究。

《2009 年未来能源》还包括一个"高价案例",2010 年油价上涨至 76.4 美元,2015 年上涨至 88.1 美元,2020 年上涨至 100 美元。显然,化石燃料价格的提高是计算可再生能源配置率和增量成本的敏感因素。作为化石燃料价格的一部分,碳成本是另一个相关因素。在现实中,二氧化碳价格浮动在 7 至 30 欧元/吨之间,但在《2008 年未来能源》中,二氧化碳价格设定为 20 欧元/吨。根据 PRIMES 模型的情景假设,在《2009 年未来能源》中 2005 年和 2010 年的价格为 20 欧元,2015 年增至 26.3 欧元,2020 年增至 34.5 欧元。鉴于目前价格提升低于 5 欧元/吨,甚至接近于零,由于市场上有大量的可用证书,更高碳价格可能被认为是一个非常乐观的假设,但为了重振排放交易系统,这一假设仍需要实现。

现实目标设定的另一个重要方面是可再生能源在欧盟和每个成员国的潜力。因此,《2008 年未来能源》评估了"可实现的中期潜力"(page 10),这是"假设所有现有障碍都可以克服,所有驱动力都是积极的"。特别关注生物质能的可用性,这在三个部门中都发挥着重要作用。到 2020 年,可再生能源发电量最大的成员国(page 35-36)有法国(173.8 TWh/a)、德国(195 TWh/a)、西班牙(136.4 TWh/a)和英国(134.5 TWh/a),意大利(118.2 TWh/a)和瑞典(102.6 TWh/a)紧随其后。据估计,奥地利、芬兰、波兰、罗马尼亚、荷兰和葡萄牙的发电潜力也将超过 30 TWh/a。水力发电预计贡献 384 TWh,其次是陆上风电(256.5 TWh)、固体生物质(217 TWh)和海上风电(195 TWh),光伏发电估计为 26 TWh。

在供暖与制冷部门预计发电量最大的国家是德国(195 TWh)、法国(174 TWh、西班牙(136 TWh)和英国(135 TWh),其次是意大利(118 TWh)和瑞典(102 TWh)。芬兰和意大利的发电量预计也将超过 80 TWh。预计离网和并网的固体生物质将贡献 950 TWh 以上,剩下 220 TWh 来自其他能源,其中太阳能(90 TWh)贡献最大。

对于运输部门,预计 2020 年汽油和柴油需求份额为 9.9%,非常接近可再生能源指令制定的运输部门可再生能源 10% 的目标。

预计 2020 年的终端能源消耗将接近 20% 的总目标和 10% 的生物燃料目标,这是欧盟委员会提出的指令中的一部分。表 9.2 显示了《2008 年未来能源》预计的份额高于拟议目标的情况,以及在这种情况下无法实现目标的情况。这些分歧是后来就目标达成一致的主要因素,较高的经济潜力(就像大多数西欧成员国)被认为是允许设定高于情景结果的结目标的原因,而较低的经济潜力(就像大多数东欧成员国)认为是设定低于情景目标的原因①,这是该指令合作机制的起点。

---

① 该方法无法解释为什么瑞典和芬兰或者丹麦和奥地利的目标相对较低。最终,正如本书第 3 章所述,所有目标都是政府和议会之间谈判的结果。

表9.2　2020年拟议目标和2020年情景结果[*]

国家	拟议目标(%)	情景结果(%)	情景/目标(%)
奥地利	34	35.8	+1.8
比利时	13	9.3	−3.7
丹麦	30	34.4	+4.4
芬兰	38	46.3	+8.3
法国	23	23.8	+0.3
德国	18	16.7	−1.3
希腊	18	19.4	+1.4
爱尔兰	16	15.6	−0.4
意大利	17	14.2	−2.8
卢森堡	11	7.4	−3.6
荷兰	14	10.5	−3.5
葡萄牙	31	33.3	+2.3
西班牙	20	21.1	+1.1
瑞典	49	58.8	+9.8
英国	15	13.9	−1.1
塞浦路斯	13	12.7	−0.3
捷克	13	13.9	+0.9
爱沙尼亚	25	27.7	+2.7
匈牙利	13	13.6	+0.6
拉脱维亚	42	38.3	−3.7
立陶宛	23	25.1	+2.1
马耳他	10	11.1	+1.1
波兰	15	17	+2.0
斯洛伐克	14	15.7	+2.7
斯洛文尼亚	25	29.5	+4.5
保加利亚	16	18.8	+2.8
罗马尼亚	24	25	+1.0

[*] 目标和情景数字来源于《2008年未来能源》第35—36页。

　　《2008 年未来能源》（以及《2009 年未来能源》）中提出的情景还提供了实现拟议目标的成本估算。这是根据所谓的成本区间,而不是每项技术的平均成本进行详细计算的。基于这种方法,本研究计算并提出了所有三个部门可再生能源技术和能源的边际成本范围。因此,提出了每种技术的一系列成本(page 14)。在供暖与制冷部门,在某些条件下,所有技术和来源都被认为与市场平均价格相比具有成本竞争优势,但在这些条件不适用的情况下,成本就更高。没有一种生物燃料被认为与柴油或汽油平均价格相比具有成本竞争优势。在电力部门,在某些情况下,一些技术已经接近或低于平均市场价格(陆上风电、水力、生物废弃物、沼气和生物质共燃)。另外,在其他条件下,它们的成本都要高得多,据估计,海上风电以及潮汐和波浪的成本要高得多。光伏发电的成本在 1 430 至 1 640 欧元/MWh 之间,远远超过了下一个昂贵技术(太阳能热),从今天的角度来看,这一评估显示了几年前光伏发电的发展过程是如何被低估了。

　　根据这些成本范围,情景迭代会导致每个国家和整个欧盟的特定技术崩溃。同样,这提供了一个有趣的观点,与今天的现实相比,2008 年某些技术的预期发展和成本下降被高估了多少,而另一些技术又明显被低估了多少(Futures-e 2008,p. 21)。该情景计算了过去和近期(2006—2010 年)以及 2010—2015 年和 2015—2020 年两个五年期的年平增长率(AAGR)。这些数字是在对国家和/或协调支持机制的一系列不同假设下进一步发展和处理的。与 2011 年相比,《2009 年未来能源》在以下数字方面逐渐有一些偏差。然而,假设海上风电增长速度较快,陆上风电增长率较低,与光伏发电相比,太阳能热发电的优势仍然存在,海上风电的基本趋势甚至比《2008 年未来能源》更为乐观。

　　在电力部门,预计两项大规模和集中式技术在 2005 至 2020 年期间的增长率最高。太阳能热电年平均增长率为 33.2% 和海上风能发电年平增长率为 32.4%,紧随其后的是潮汐和波浪发电年平增长率为 26.8%,光伏发电年平均增长率为 19.2%。在低端,有水力发电(大型水电年均增长率为 0.9%,小型水电年平均增长率为 2.2%)和地热发电。与今天的现实相比,最引人注目的偏差是海上风电增长的预期，2006 至 2010 年期间为 43%，2010 至 2015 年为 37.7%，2020 年为 19.5%，而 2015 至 2020 年期间陆上风电增长率预计仅为 2.9%，低于 2006 至 2010 年的 14.4%。该情景预计，到 2020 年，水电（大型和小型）提供的可再生电力仍将占最大份额（31%，但低于 2010 年的 51%），紧随其后的是陆上风力发电，占 21%（与 2010 年相同），固体生物质发电占 18%，高于 2010 年的 17%），海上风力发电占 16%（高于 2010 年的 2%）。像太阳能热电、潮汐和波浪一样，光伏发电仍占 2020 年可再生能源的 1%，而 2010 年这一数字几乎为零。从今天的角度来看，海上风电的增长率和部署似乎将大大落后于预期，其成本下降比预期慢得多。另外，陆上风电保持稳定增长，而太阳能热电发展缓慢，光伏发电量大幅增加，仍有望进一步降低成本。

对于供暖与制冷部门，预期的变化并不像电力部门那么大，与实际发展的偏差不如电力部门那么明显。预计各种形式的生物质仍将是可再生热能的主要来源，非电网固体生物质在 2020 年占 64%（低于 2010 年的 74%），其次是用于区域供暖（并网）的固体生物质在 2020 年为 17%（高于 2010 年的 14%）。预计太阳能供暖和太阳能热泵在整个 15 年期间将以高增长率（太阳能为 17.5%，热泵为 9.7%）运行，但它们的份额仍然很少，2020 年太阳能仅占 8%（2010 年为 2%），热泵为 3%（2010 年为 1%）。

在运输部门，该情景仅考虑生物燃料，不考虑电动汽车和运输中其他创新形式的可再生能源。考虑到今天的现实，这种方法似乎有点保守，但另一方面，电动汽车离取得突破还有很长的路要走。然而，在生物燃料部门，这与今天的现实有很大的偏差。预计到 2020 年，"先进生物燃料"将以年均 34.6% 的速度增长，从而在 2020 年提供生物燃料 10% 份额中的 55%（2010 年为 1% 份额中的 11%）。预计运输部门将进口 34%（2010 年）和 29%（2020）的生物燃料。从今天的角度来看，先进（或第二代）生物燃料的发展显然落后于这些期望。与此同时，石油公司和环保非政府组织攻击传统（"第一代"）生物燃料不可持续，这导致公众接受度降低，从而减少了支持。

　　该情景还计算了 2006 至 2020 年期间新增可再生能源装机容量减少的温室气体排放量（page 28f.），预计 2010 年减排 2.09 亿吨，2020 年减排 7.56 亿吨，相当于 1990 年欧盟温室气体总排放量的 14%。加上现有的可再生能源设施，温室气体减排量将达到 14.03 亿吨，相当于欧盟 1990 年排放量的 25%。

　　可再生能源的另一个积极影响是减少化石燃料进口。该研究估计，从 2006 年到 2020 年，累计减少 2 870 亿欧元（page 28），从 2006 年的 16 亿欧元（等于欧盟 GDP 的 0.02%）到 390 亿欧元（等于欧盟 GDP 的 0.28%），5 380 亿欧元的投资值均匀分布在这一时期（page 29），其中最大一部分（63%）预计将用于可再生能源电力，而 21% 预计用于供暖与制冷，11% 用于热电联产，5% 用于可再生能源交通。相比之下，实现 2020 年 20% 目标的额外发电成本预计为 109 亿欧元（page 31），由于这些计算所基于的传统能源成本假设非常低，因此实际情况下这一成本应该要低得多。此外，预计电价不会大幅上涨，因为"增加的可再生能源发电所获得的批发电价的降低，将收回相当一部分额外的发电成本和电网扩展和系统运行的成本"（page 32）。

　　《2009 年未来能源》提供了更多细节和一些修订，基本上确认了《2008 年未来能源》的结果。然而，在一个重要方面，这项研究超越了 2008 年研究的方法。采用欧洲政策雄心程度和支持机制协调程度的不同情景来计算潜在发展。除了"一切如常"方案（假设持续的国家可再生能源支持），假设支持系统协调一致，还研究了三种情景（技术中立配额系统、技术特定配额系统和技术特定的上网电价补贴系统），以及一个名为"直到 2011 年的强化国家可再生能源支持"的选项（pages 53ff）。针对可再生能源部署、成本开发、技术传播和目标达成效率对所有场景进行评估。主要的差异体现在海上风能开发和光伏发电，这两个项目在强化国家支持情景下都增长得更加强劲。作为各种迭代的结果，"直到 2011 年的强化国家可再生能源支持"是科学家们的首选，从而带来了最稳定的增长和相对较低的成本。

　　这一评估后来得到了改进，并在一个新的欧盟支持项目"2020 年之后——

支持系统的未来"①中得到了进一步发展,包括关于上网电价和配额系统的更具体选项,该项目部分由一些研究《2008 年未来能源》和《2009 年未来能源》的科学家协调。新项目旨在为正在进行的关于所谓必要的协调与优化或淘汰欧洲可再生能源支持机制的讨论提供重要投入。

9.3　2030：评估和质疑 2020 年框架

欧洲议会和理事会就《可再生能源指令》达成的协议似乎解决了是否应在电力部门引入一个可协调的欧洲可再生能源支持机制的问题。对于 2014 年的审查预测,该指令预计国家支持计划的运作和 2020 年目标不得受到欧盟委员会旨在改进实施的潜在提案的质疑。然而,该协议并没有阻止科学家和利益攸关方之间的讨论。甚至在指令完全转换为国家法律和第一次经验可供评估之前,科隆大学能源经济研究所(EWI)发表了一份报告,声称提供了科学证据表明协调配额制度(HQS)将比现有的政策组合更有效、更有针对性地实现 2020 年的目标(EWI 2010)。这份报告受到一些人的欢迎,并被他们用于政治辩论。这些人长期以来一致主张,基于对市场运作的具体理解,统一对可再生能源的支持,这最终将带来最低成本的结果。其中一些人坦率地补充说,只有配额制度才能有效地控制和限制增长率。那些正努力通过微调和进一步发展政策框架来加快可再生能源部署和降低成本的人批评这项研究存在不切实际的假设,从而误导了结果(例子请参见《2010 年未来能源》)。

9.3.1　为协调增益伪造证据

EWI(2010)声称对欧盟 27 国,包括挪威和瑞士(非欧盟成员,但参与欧洲电力市场)进行分析,"不同的支持计划导致的区域可再生能源电力部署,以及

---

① 项目网站提供了项目中期成果和进展的进一步概述。

可再生能源电力份额不断增长的情况下可再生能源和传统电力市场之间的相互作用,直到 2020 年,并进一步展望到 2030 年"。作者创建了一个"一切如常"方案和一个相关的"欧洲可再生电力整合线性优化模型(LORELEI)"(page 10)。他们打算对可再生能源支持的不同方法建模(部分使用辅助方案):

- 基于价格与基于数量
- 技术专用性与技术中立
- 国家协调支持与欧盟范围的协调支持

为了考虑"有一定带宽的设计选项",该研究详细分析了三种情景(page 10-11):

- 一个协调配额制度(HQS)
- 一个"一切如常"(BAU)方案,在实际设计时对现有方案进行建模
- 一个"集群方案",将当今使用配额系统的成员国的联合配额系统结合在一起,而在采用"一切如常"方案的成员国中保留其他机制

根据这些假设和设置以及相关计算,预期结果作为"结论"呈现:"由于基于数量的设置,HQS 是实现欧洲可再生能源电力目标的唯一方案,而且它以最小的可再生能源发电成本做到了这一点,因此这个配额方案是我们讨论的中心。"(page 11)。这个"结论"接受一个设置(给定的配额)作为结果。而且,它至少忽略了现有支持计划的持续发展和调整(包括合作机制的潜在使用),以及现实中极不可能出现的"集群方案"。

研究中还有其他因素也体现了这种有偏见的方法。该研究反复提及"间歇性"风能和太阳能,没有考虑到多数科学文献同时转向了更合适的术语"可变"可再生能源,因为风能和太阳能的可利用性可以越来越好地被预测,从而成为调度规划的一部分。因此,它既不是"间歇性"[①],也不像不可预测的故障或停电那样的"间歇性"。基于对风能和太阳能高度不可靠的误解,作者预测"为了

———————————————

① 这是在英语世界中进行其他研究使用的词。

满足所需的供电安全,对传统发电容量的需求几乎不会减少。总而言之,总装机(可再生能源和传统)发电容量显著增加,以实现可再生能源发电目标和满足系统充分性标准"(page 14)。

这项研究发现,作为 HQS 方案的结果,其他地方早就知道了这一点,这也是应用特定技术支持机制的主要原因。他们发现"仍然昂贵的技术,如光伏或地热发电,很难在技术中立的支持下部署"(page 12),支撑这一点的基础是陆上风电作为主导技术(42%),其次是通过建模不在"仍然昂贵的技术"之列的海上风电(21%)和生物质(24%)。在"不太成熟的技术"中,聚光太阳能(6%)的份额最高;光伏仅为边际值,同样基于这些技术的成本变化过程假设,这在现实中没被观察到。根据这些计算结果,在 HQS 方案中,"主要是风能潜力大的国家部署的可再生能源发电高于其国家目标","由于可再生能源发电目标相对较低,总共有 12 个东欧国家是可交易绿色证书(TGC)的净出口国"。正如第四章所示,现实往往刚好相反。在设计良好的技术支持框架到位的情况下,超过国家目标的可能性似乎要大得多。

这并不妨碍作者进一步详述他们的方法。"……协调增益被定义为可再生能源发电的成本节约……仅通过从国家支持转向协调支持",但他们必须承认,这些增益"可能会被额外成本抵消,例如,由于协调支持导致间歇性的可再生能源电力更集中于某些地区,带来电网增强的额外成本。本研究未考虑传统电力系统的电网成本和额外成本,但需要评估以找到一个全面有效的解决方案"(page 13)。事实上,忽视这些额外成本是这项研究的一个主要弱点,经过适当的评估,这可能很容易将结果从增益转变为重大损失。

随着风能(和太阳能)份额的增加,"传统装机容量的利用率降低",预计"将向峰值负荷容量的更高份额转移"(page 12-13)。

该研究的主要信息最终是通过比较 BAU 方案与前面描述的其他(更多)协调方案来提供的。毫不奇怪,作者发现"HQS 包含潜在的效率增益"(page 15)。为了展示他们从 BAU 方案转变到 2007 年可再生能源发电总成本节约 1 740 亿欧元"，该成本节约来源于"从国家支持到欧盟协调支持"和来源于"从主要特定技术到欧洲可再生能源电力技术中立支持"，他们甚至创新提出了一个"HQS制度方案"，以使假设具有可比性，但遗憾的是，这并不现实（page 15-16）。随后，他们发现，即使是集群方案，2007 年也能节省 350 亿欧元的成本（page 16）。最后，不言而喻的是，为了不忘记基本的科学标准，他们在方法上有所保留，他们总结了研究需要证明的东西："由于工厂地点之间的竞争，一种更加协调一致的方法将能够在可再生能源发电方面节约大量成本。此外，引入技术之间的竞争也将大大节约成本"（page 16）。

9.3.2　存在问题的协调增益

由于 EWI（2010）的开发的目的显然是为一场辩论提供新的投入，而这场辩论在《可再生能源指令》达成一致时就已经政治解决了，他们的研究不可能没有争议。古斯塔夫·雷什（Gustav Resch）和马里奥·拉格维茨（Mario Ragwitz）是欧盟委员会情景发展和支持方案评估几项研究的作者，提供了一份在关于未来支持计划的政策辩论中得到广泛同意的答案。在可再生能源新形态项目的框架内，他们发表了一篇题为"欧洲，何去何从？"（REShaping 2010）的论文，作为对 EWI（2010）的直接回复，总结了他们的研究结果，显示"从国家可再生能源支持方案转到一个欧盟范围内的协调证书交易所带来的效率收益，正如 EWI 测算那样，似乎在很大程度上被高估了"（page 1）。本评估提供了五个理由：

第一，"EWI 研究没有定义符合当前现实的参考案例"（page 1），因为它完全忽视了《可再生能源指令》，尤其是合作机制。

第二，EWI（2010）"高估了整个欧洲最佳资源的可开发潜力"，因为他们没有考虑电网成本和非经济限制性壁垒。可再生能源新形态项目（2010 年）指出，假设爱尔兰将可再生能源电力份额从 2007 年的 9% 增加到 2020 年的 92%，或者爱沙尼亚将可再生能源电力份额从 1% 增加到 79%，这远远超出了人们的想象。可再生能源新形态项目(2010 年)预估爱尔兰和爱沙尼亚到 2020 年可再生能源电力份额可能约为 30% 和 20%。

第三，他们批评了技术学习变化过程的"外因"模型，该模型导致没有充分考虑到学习需要资金。结果是"协调配额方案中的总体投资和发电成本以及协调配额所需的支持都计算得太低"(page 1-2)。

第四，与可再生能源新形态项目(2010)计算的 70 亿至 280 亿欧元相比，EWI"由于转向协调配额制度而计算出的发电成本节约似乎被高估了"(page 2)。

第五，也是最重要的一点，能源经济研究"只反映了投资和发电成本，忽视了消费者的决定性政策成本"(page 2)。古斯塔夫·雷什和马里奥·拉格维茨强调，"简化协调导致的累积'效率损失'介于 550 亿欧元到 900 亿欧元之间，具体取决于所依赖的研究(EWI or future-e)"(page 2)。

基于 EWI(2010)的缺点，提出了这些建议："可再生能源目标可以通过改进(加强)的国家支持系统或通过欧盟范围协调一致的支持系统来实现，只要提供的支持是针对特定技术的"，而且更明确"可再生目标不能通过协调的、技术中立的支持系统来实现，因为这样的系统不能立即部署，开发和降低技术成本，而这些技术目前仍较为昂贵，但在中长期需要它们的贡献"(page 5)。而且，据他们计算，在技术中立的方案中，实现 2020 年目标的(支持)成本远高于技术特定的方法。

9.4　2050：低碳与可再生能源发展

2009 年，欧洲电力工业联盟(Eurelectric)制定并提出了电力选择方案，该联盟是欧洲电力公司的游说组织，所有欧盟成员国的成员都在董事会中有代表。多年来，他们一直在布鲁塞尔积极宣传一种包括煤炭和核能在内的能源组合的愿景，并将能源和技术的选择权留给市场，而事实上，鉴于欧盟、成员国和其他地方能源市场的不完善状态，结果是将其留给了欧洲电力公司。近年来，根据布鲁塞尔政策沟通语言对其进行了微调。欧洲电力工业联盟现在的目标是"为电力部门的发展和竞争力做出贡献，为该部门在公共事务中提供有效代表，并促进低碳电力组合在社会进步中的作用"。这是由"到 2050 年在欧洲提供碳中和电力""通过一体化市场确保具有成本效益的可靠供应"和"发展能效和需求端的电气化以减缓气候变化"等子目标所支持的。该语言现在符合可持续性目标，然而能源来源仍然是一样的，但现在它们都被贴上了"低碳"能源的标签。

这项研究建立在继续使用化石和核能这一逻辑基础上。新的领域包括可再生能源，首先是对宏远的温室气体减排目标的庄严承诺，包括"到 2050 年实现碳中和"的承诺，以及"到 2050 年实现碳中和电力供应的成本效益和安全途径的愿景"，他们承诺"从 2025 年起大幅减少碳排放"（欧洲电力公司当时的总裁拉尔斯·约瑟夫松 Lars Josefsson 的序言），这与联合国政府间气候变化专门委员会（IPCC）提供的科学证据不符。相关的 CCS 必须更早开始，以保持有机会实现将全球变暖限制在 2 ℃的目标。然而，与科学家的频繁评估相一致的是CCS——如果有的话——在 2025 年前后不具有经济可行性。该情景预计碳捕获与封存将于 2025 年（并在 2035 年的敏感性分析中）实现，新的核电将在大约相同的时间段实现（假设到那时有关核安全的公开辩论将停止）。为了理解和正确评估该研究，了解在经营综合报告（page 5）的开头公开陈述的纲目性信息是有用的。"到 2050 年，欧洲实现碳中和电力：

- 通过低碳技术，如可再生能源、CCS 技术与核电；
- 通过智能高效的发电、输电和用电；
- 以智能用电为驱动力的安全、低碳的能源未来；
- 通过推动我们的经济和社会普遍提高能效，提高道路电动车辆的促销；
- 长期总能源成本低于基准线情景"。

为了建模，该研究使用了欧盟委员会，也使用了的 PRIMES 能源模型，该模型根据欧洲电力公司合作组织德国电力技术协会（VGB power Tech）提供的最新宏观经济和电力部门数据和假设进行了升级（page 6）。与参考情景相比，该研究"旨在基于一体化能源市场实现最优的发电组合。PRIMES 模型计算市场最优值，同时考虑行业制定的技术假设"（page 6）。详细列出的假设读起来像是当前政策辩论和欧洲电力工业联盟未来几年政策目标的通俗语言的精心组合。情景假设：

- 气候行动成为当务之急，欧盟制定并实现了通过国内行动将整个经济的二氧化碳排放量与 1990 年水平相比减少 75% 的目标。

- 随着插电式电动汽车和混合动力汽车的发展，电力成为主要的运输燃料。

- 所有发电选项仍然可用，包括目前生产核能国家的核电，但设想的国家淘汰政策仍然存在。

- 设定了 2020 年后没有约束力的可再生能源目标；可再生能源支持机制在 2020 年之前保持完全到位，然后在 2020—2030 年间逐步淘汰。在整个预测期内，能效通过需求方的具体政策和标准推动，这将导致需求增长放缓。

- 二氧化碳价格（"碳价值"）统一适用于所有经济部门，而不仅仅是碳排放交易系统内的经济部门，以便所有主要排放部门都为他们的排放付费。

- 2020 年后，国际碳市场确定每吨二氧化碳的价格；2030 年后，二氧化碳价格是部署低碳技术的唯一驱动力。

- 碳捕获与封存技术自 2025 年起开始商用"（page 6）。

2020 年后没有具有约束力的可再生能源目标和逐步淘汰支持系统是欧洲电力工业联盟 2020 年后时代的政策活动的核心目标，不是本研究做出的假设。基于这些因素，该研究提供了如下一些结果，如与基准线情景相比，主要能源消耗下降（-20%）会导致终端能源消耗下降（-30%）。这项研究还提供了进口依赖降低（-40%），2050 年可再生能源"大幅"（page 8）增加到 40%（风能占可再生能源的 56%，太阳能占 13%）。2025 年后，采用 CCS 技术的新的核电站和新的化石燃料发电站将投入使用。研究表明，总电容量的增加主要归因于可再生能源。预计欧洲电力部门的碳强度将降低 66%（page 8）。尽管到 2050 年能源投资约为 2 万亿欧元，但能源成本占 GDP 的比例预计将从 2010 年的 10.5% 到 2025 年的 13%，下降到 2050 年 的 10% 以下。对关键结果进行了总结（page 11），强调"电力部门将在 2025 年至 2040 年期间大幅减少二氧化碳排放"和"所有发电选项……都同时需要"。为了实现这些目标，这又回到了政治层面，"需要立即采取强有力的政治行动"，清单上的第一条是"技术选择→能够使用所有低碳技术……"。

从总结中可以清楚地看出，该情景的主要目标是支持欧洲电力工业联盟的游说活动，以继续使用"所有发电选项"，通过包括假设，完整的研究更清楚地表明了这一点，如果欧洲电力工业联盟成员连 2025 年后的承诺都未能兑现，这些假设可能会成为后门。其中之一是"欧盟与经合组织（OECD）其他成员国之间碳政策的协调……将于 2015 年前完成。"此后，OECD 内部将实行共同目标，从而实行共同有效的碳价格"。考虑到气候谈判的现实和 EU-ETS 的可悲地位，这是一个极其乐观的假设。

对可再生能源而言，继续采用强硬的措辞（"大幅增加"），但雄心不足、目标约束力较小。"到 2030 年，包括生物质能在内的可再生能源发电的份额将比 2005 年翻一番，到 2050 年将保持 40% 的份额"（page 23）。这被认为是雄心勃勃的，就像下面一句话所言："从长期来看，间歇性可再生能源将贡献约 15% 的电力"。间歇性指的是包括风能和太阳能——该词暗指高度不可预测性，因此对供应安全构成风险。大多数其他研究已经停止使用这一误导性术语，取而代之的是能更好地描述风能和太阳能质量的"可变"：它并不总是可用但可预测，可以通过适当的技术和市场设计来平衡[①]。相反，对于广泛讨论的化石资源和

[①]　有关整合可变可再生能源的更多详细信息，请参见国际能源机构（2011）和其他一些关于该主题的最新研究。基于（可变）可再生能源逻辑构建能源系统的挑战的解决方案被认为是可再生能源全球现状报告（GSR）（2013）中关于"系统转换"特征。

核资源,问题和障碍被忽视或消除了。鉴于越来越多的科学证据表明,"石油峰值"①已经达到或在不久的将来达到,这将导致资源匮乏和价格上涨。研究认为,2020 年出现"石油峰值"的概率不到 20%,2030 年约为 50%,这是基于"非传统"和迄今为止"未发现"石油储量的假设,这些储量将提供 2050 年全球石油产量的 50% 以上(page 30)。对煤炭和天然气也进行了类似的思考。当涉及成本时,化石能源和核能源的缺点,特别是在一个所有外部成本都包括在价格里的公平竞争环境下,被发电成本均衡的假设淡化了(page 40-42)。核电被认为是安全的,尽管预计会增加一些成本,但所有外部因素都被考虑了(page 42):"现行立法规定的核停用成本已计入总资本成本。经证实,与到 2050 年进一步核发展相关的核废物处理是可控的;核燃料处理和废物管理所消耗的能源计入了能源平衡中"。尽管如此,到 2050 年,均衡化成本将会奇迹般地保持在 2005 年的每兆瓦时净约 45 欧元的水平,而最便宜的可再生技术(陆上风电)为 2005 年的每兆瓦时净约 66 欧元,所有其他可再生能源的成本约为或略低于 2005 年的每兆瓦时净约 100 欧元,甚至超过 2005 年的每兆瓦时净约 200 欧元(光热和光伏)。相比之下,不管碳价是定在 2008 年的 0 欧元、30 欧元或 100 欧元,煤炭和天然气仍然便宜得多,在 2050 年煤炭碳捕获与封存是最便宜的选择,每兆瓦时为 69 欧元,碳价格为 100 欧元/吨,比除陆上风力发电以外的任何可再生能源技术便宜,风力发电被认为与煤炭碳捕获与封存技术处于相同成本水平。

因此,欧洲电力公司总裁约瑟夫森(Josefsson)在欧洲议会研究启动活动(Eurelectric 2009a)上的演讲中,有一张预测 2050 年电力结构的幻灯片,这并不奇怪:可再生能源 38%——核电 27%——CCS 30%——其他化石燃料 5%。这显然强调了欧洲电力工业联盟的政策目标,即到 2030 年没有新的有约束力的可再生能源目标,并试图用脱碳目标或温室气体减排目标取代它。这样的方法将与继续使用核能和继续相信碳捕获与封存将在不久的将来出现相一致。这

---

① "石油峰值是指达到最大石油开采率的时间点,之后产量预计将进入最终下降"(Wikipedia,查阅时间:2013 年 3 月 10 日)。

对于可再生能源的发展来说将是毁灭性的。

9.5　2050：实现温室气体减排 80% 以上

　　根据"2050 年路线图——繁荣的低碳欧洲实用指南"（ECF 2010），欧洲气候基金会①提出了一项三卷研究，旨在"根据行业参与者和学术界提供的最佳可用事实，并由公认的专家团队严格应用既定行业标准，从广泛的欧洲角度概述实现 80% 减排目标的可行方法，从而开辟新天地"（ECF 2010，Volume 1，page 3）。第 1 卷②提供"技术和经济分析"，第 2 卷③为"政策报告"，第 3 卷④为"图形叙述"。其目的是"在整个欧洲发起一场有关能源市场未来的关键政策辩论"（Volume 2，page 6）。一个突出的结果是到 2050 年温室气体减排 80% 的技术和经济可行性，而不依赖于通过各种情景实现的国际碳抵消，所有这些都不会比"一切如常"案例的成本高很多。

　　路线图采用回溯方法（从设定目标中导出路径，即 2050 年温室气体减排（GHG）至少 80%），强调了所要求的脱碳可行性，同时保持"供应可靠性、能源安全、经济增长和繁荣"（Volume 1，page 6）。最初分析的一个重要发现是，"如果电力部门没有 95% 至 100% 的脱碳，几乎不可能实现整个经济中 80% 的 GHG"（Volume 1，page 6）。该路线图是 2010 年和 2011 年发表的多项研究报告中的首批之一，这些研究报告探讨了实现温室气体减排和/或可再生能源高份额的途径。其他一些重要出版物将在本章后面介绍。

　　在没有进一步解释原因的情况下，路线图中提出了"三种不同的电力部门

---

① 欧洲气候基金会（ECF）成立于 2008 年，旨在推动大幅减少欧洲温室气体排放的气候和能源政策进程。
② 麦肯锡咨询公司、荷兰电力行业测试机构 KEMA、伦敦帝国理工学院能源未来实验室、牛津经济研究院和欧洲气候基金会对其进行详细阐述。
③ 由 E3G、荷兰能源研究中心和欧洲气候基金会详细阐述。
④ 由大都会建筑办公室和欧洲气候基金会制作。

脱碳途径"，并将其与BAU方案进行了比较（详情见表9.3），后者在可再生能源、核能和CCS（40%、60%或80%的可再生能源与30%、20%或10%的核能和CCS相结合）的各自份额有所不同。此外，100%电力来自可再生能源情景的"评估主要是基于保持可接受的服务可靠性水平的维度上"。这项研究使用的"通过设计多种技术组合······避免过度依赖少数'灵丹妙药'技术"的方法不能解释为什么100%可再生能源的情景还没有得到充分的研究，可再生能源本身已经是多种技术和资源的组合。该报告也没有解释为什么100%可再生能源情景必须包括从北非进口15%聚光型太阳能发电（CSP）的能源。

表9.3 所分析情景中的假设技术组合（以%为单位）

	煤*	天然气**	核	陆+海风能	光伏	太阳能	生物质能	地热	大型水电
100%可再生能源	0	0	0	15+15	19	5+15***	12	2+5****	12
80%可再生能源 10%碳捕获与封存 10%核能	5	5	10	15+15	12	5	8	2	12
60%可再生能源 20%碳捕获与封存 20%核能	10	10	20	11+10	12	5	8	2	12
40%可再生能源 30%碳捕获与封存 30%核能	10	10	20	11+10	12	5	8	2	12
基准线	21	28	17	9+2	1	1	8	1	12

续表

	煤*	天然气**	核	陆+海风能	光伏	太阳能	生物质能	地热	大型水电
34% 可再生能源									
49% 煤/天然气									
17% 核能									

数据来自图 12（ECF 2010，Volume 1，page 50 and page 77）。

　* 仅在脱碳情景中使用 CCS 或 CCS 改造，基准线中没有 CCS。

　** 仅在脱碳情景中使用 CCS，基准线中没有 CCS。

　*** 从北非进口。

　**** 增强型地热。

　　研究发现，雄心勃勃的能效措施对于促进脱碳过程非常重要。过渡开始得越早，成本就越低。重大决策实施推迟十年将使必要的年度投资从 2025 年的 650 亿欧元增加到 2035 年的 900 多亿欧元。越早开始这个过程，必要的供应链规模扩大就会越容易。

　　这项研究设定了安全边界，不包括目前尚不成熟或至少处于后期开发状态的技术。因此，新的突破性技术将提高情景的可行性并降低成本。无论如何，欧洲各地的新输电线都是必要的，以充分挖掘计算出的潜力，以及"积极的能效措施"（Volume 1，page 10）所必需的。路线图认为，脱碳路径的资金需求不断增加，但由于化石燃料需求的减少和效率的提高，单位 GDP 的能源成本降低了。到 2050 年，每年降低的成本将达到 3 500 亿欧元，或每年每个家庭的成本降低 1 500 欧元（Volume 1，page 11）。与基准线相比，通过实施脱碳情景预计到 2020 年将创造 30 万至 50 万个新就业岗位的积极影响，而在所有情景下（无论是基准线情景还是脱碳情景），25 万个就业岗位可能面临风险。

　　脱碳情景的实施被视为一项重大挑战，因为到 2050 年，太阳能电池板需要约 5 000 平方公里（其中一半在屋顶上），容量达 7～10 MW 的 10 万台风力涡轮机（其中一半在海上）必须新建或更换旧涡轮机，这意味着每年需要 2 000 到 4 000 台涡轮机（Volume 1，page 14）。此外，更高程度的互联将需要新的输电能力和数千公里的新电力线。欧盟成员国之间的所有互联都需要加强，其中一些在很大程度上是如此。例如，该研究认为，法国和伊比利亚半岛之间所需的输电能力从目前的 1 GW 提高到 15 GW 至 40GW，其中 80% 的可再生能源是最高端的选择。

路线图提出的另一个关键点是，假设在不同情景下需要安装备用发电厂，在 40%、60% 和 80% 的可再生能源情景下，所有发电厂运行的容量系数都非常低，低于 5%，而在 100% 的情况下，则低于 8%。在没有令人信服的证据的情况下，该研究假设整个发电容量的 10%～15% 将需要作为备用容量，而在 80% 可再生能源的情况下，这又是高端的情景。因此，与参考案例中的 120 GW 相比，高达 270 GW 的备用发电容量被认为是必需的（表9.4）。基于这些假设，100% 的情景比其他情景的成本要昂贵得多——能量的均衡化成本比 80% 迭代高 10%。

表9.4　假设必要的备用容量（2050 年装机容量，单位：GW）

	化石燃料	太阳能光伏	陆上风能	海上风能	其他	备用
80% RES 10% CCS 10% 核能	80	815	245	190	420	270
60% RES 20% CCS 20% 核能	155	555	165	130	455	240
40% RES 30% CCS 30% 核能	240	195	140	25	490	190
基准线：	410	35	140	25	380	120

续表

	化石燃料	太阳能光伏	陆上风能	海上风能	其他	备用
34% RES						
49%煤/天然气						
17% 核能						

数据来自图 13（ECF 2010，Volume 1，page 51）。

根据最近的讨论，如果将电网基础设施、存储容量、灵活性选项、需求响应以及集中式和分散式技术的智能组合结合起来，那么以非常高的负载系数运行的大量备用容量不一定是必需的，也可能不是最明智的解决方案。如果电力部门与供暖与制冷部门互联，以及电动汽车与作为存储和平衡选项的插电式电动汽车互联，则更是如此。

该研究认为，"要让欧盟 27 国在 2050 年实现 80% 的温室气体减排（GHG），必须在 2020 年实现20% ~30% 的减排"（Volume 1，page 89），这是一个明智的说法，避免了目前正在进行的关于欧盟是否应该在 2020 年提高到减排 30% 目标的辩论。除了证明这些情景在技术和经济上的可行性外，路线图还提供了一些在近期需要采取的必要步骤的建议。报告强调了未来 5 到 10 年的 5 个优先事项。能效必须发挥重要作用；需要开发和部署"低碳技术"；需要实施电网与市场整合；交通运输和建筑部门的燃料转换将加快脱碳进程；需要开发市场以提供必要的投资。

最后，该研究评估了可能会阻碍脱碳情景实施的一些"交付风险"。关于 40% 的可再生能源（加上 30% 的核能和 30% 的碳捕获与封存）情景，技术风险和社会对核能和 CCS 的接受程度以及燃料资源枯竭"可能会长期（2050 年以后）限制这一路径，并可能在短期内导致能源价格飙升"（Volume 1，page 89）。这些风险当然可以通过选择 80%（或更高）的可再生能源途径来避免，在这一途径中，降低主要交付风险（技术开发和变化过程曲线、构建供应链、"解决间歇性问题"和"克服当地对大规模装机的反对意见"）可能比碳捕获与封存和核能要容易得多。所有途径的共同风险在于效率发展不足和缺乏政策支持。

第 2 卷提供了应对挑战和促进转型的政策建议。"它强调了欧盟需要在哪些方面采取行动，以及在哪些方面最适合在成员国或地区推进。这些提案的目的是'启动'政策制定者、监管者、投资者和其他利益攸关方之间的对话，如果我们要实现稳健和及时的变革，这样的对话是必要的"（Volume 2，page 7）。它们指的是应采取的具体立法行动，如修订《能源服务指令》和《生态设计指令》、补充和审查《排放交易系统指令》以及更多（Volume 2，pages 9-11）。

简而言之，该报告要求在欧盟层面制定具有约束力的能效目标，更新排放交易机制，制定 2020 年至 2050 年的"新的气候与资源框架"，并分配预算以确保欧洲能源监管合作局（ACER）和欧洲电力运输系统运营商联盟（ENTSO-E）的授权得到资金支持和扩大。要求成员国制定并"采取积极的目标和战略，部署能效措施，使当前整体能效改善速度增加一倍至三倍"（Volume 2，page 8）。此外，他们应考虑 2020 年以后的新可再生能源目标，实施市场调整，与邻国开展区域合作，审查监管者的授权，制定时间表并确保资金投入。

9.6　行业观点：2050 年 100% 可再生能源

与 ECF（2010）不同，欧洲可再生能源部门（以及一些环保 NGOs）决定重点关注可再生能源的潜力以及它们可以为增长、创新、就业和环境带来的好处，包括气候保护。这种方法是欧洲可再生能源理事会（EREC）和成员协会于 2010 年 4 月提出"重新思考 2050——一个欧盟 100% 可再生能源愿景"（EREC 2010a）的主要推动力。

在这项研究的前言中，长期担任 EREC 主席的阿托罗斯·泽尔沃斯（Arthouros Zervos）列出了需要应对的挑战。他总结道："对 2050 年的可再生能源思考勾勒出了一条迈向 2050 年 100% 可再生能源供应系统的路径，并清楚地表明,这不是一个技术问题,而是一个今天做出正确选择以塑造明天的问题"。该研究描述了经由 2020 年和 2030 年到 2050 年可再生能源的潜力和可能的增长途径。它包括两种不同的能源消耗发展情景,其中一种情景假设"在积极的效率和节能方法的基础上,2050 年可能发生的情况"(page 21)。与目前的水平相比,将带来 38% 的能源节约。

对于电力部门,该研究提供了截至 2020 年可再生能源装机容量的年均增长率为 14%,至 2030 年为 8.5%,这一趋势预计将持续到 2050 年。就单项技术而言,预计到 2020 年,风能将成为增长最强劲的技术,到 2030 年将被光伏取代。根据能源消耗假设和表 9.5 所示的装机容量,可再生能源在电力消耗中的份额在 2020 年将增加到 39.2% ~ 39.8%,2030 年增加 65% ~ 67%,2050 年增加到 100% ~ 143%(page 25)。

表 9.5　可再生能源电力:装机容量[GW]

	2007	200	2030	2050
风	56	180	288.5	462
水力发电*	102	120	148	194
光伏	4.9	150	397	962
生物质能	20.5	50	58	100
地热	1.4	4	21.7	77
聚光太阳能发电	0.011	15	43.4	96
海洋	—	2.5	8.6	65
RES 电力总容量(GW)	185	521.5	965.2	1,956

资料来源:EREC 2010a,page 23。

* 不包括抽水蓄能。

这些计算包括由于热泵使用量的增加和电动汽车的影响,2030 年后电力需求将急剧增长,预计届时电动汽车将有较大的增长率。

目前占欧盟终端能源需求 49% 的供暖与制冷部门仍将以生物质能利用为

主,但太阳能和地热供暖预计在 2020 年后将大幅增长。到 2050 年,生物质能的份额可能会下降到 50% 以下。表 9.6 显示了可再生能源对供暖与制冷消耗的贡献。基于产出和不同的能源消耗情景,可再生能源在供暖与制冷部门中的份额将在 2020 年达到 28% ~ 29%,2030 年达到 52% ~ 57%,2050 年达到 100% ~ 143%(page 28)。

表 9.6　可再生能源供暖与制冷消耗量[Mtoe]

	2007	2020	2030	2050
生物质能	61.2	120	175	214.5
太阳热能	0.88	12	48	122
地热能	0.9	7	24	136.1

资料来源:EREC 2010a,page 27。

对于运输部门来说,目前 98% 依赖石油的问题必须通过效率提高、扩大生物燃料和生物甲烷以及新技术(如氢气、混合动力汽车,尤其是电动汽车)来克服。该研究预测,生物燃料消费量将从 2007 年的 7.88 Mtoe 增加到 2020 年的 34 Mtoe,2030 年的 44.5 Mtoe 和 2050 年的 102 Mtoe,这将导致 2020 年生物燃料在运输部门的份额达到 8.7% ~ 9%,2030 年达到 11.4% ~ 12%,2050 年达到 68.6% ~ 98%(page 30)。到 2050 年,可再生电力将贡献超过一半的运输燃料需求。

根据三个部门的假设和计算以及不同的效率情景,到 2050 年,可再生能源在欧洲终端能源消费总量中的份额可能会增加到 100%(详情和变化见表 9.7)。

表 9.7　可再生能源对终端能源消耗的贡献比例

	2020	2030	2050
可再生能源总份额[%]	24.5 ~ 25.5	42.4 ~ 44.4	96 ~ 137

资料来源:EREC 2010a,page 32。

在评估了不同来源的潜力后,该研究计算了供应安全、经济和环境的相关效益。基于 2010 年每桶油 82 美元、2020 年 100 美元、2030 年 120 美元、2040 年 150 美元和 2050 年 200 美元的油价假设,计算出潜在的成本节约。因此,到 2020 年,化石燃料成本可节约 1 580 亿欧元,2030 年 3 250 亿欧元,2050 年 10 900 亿欧元(page 36-37)。

可再生能源与传统能源之间不平衡的另一个因素是外部成本的内部化。传统上,能源客户通过税收、保险、社会缴费等方式,间接为能源对生命、健康和安全的影响买单。考虑到外部成本,该研究计算出,到 2020 年的时候可再生能源的平均组合将开始比化石能源和核能的组合便宜。最迟到 2040 年,即使没有将所有外部成本内部化,也会出现这种情况(page 38)。

该研究计算了到 2050 年不同技术的资本成本发展和由此产生的投资。因此,到 2020 年,可再生能源的总累计投资将达到 9 630 亿欧元,其中约 70% 用于电力部门,27% 用于供暖与制冷部门。到 2030 年,可再生能源的总累计投资为 16 200 亿欧元,其中 55% 用于电力,42% 用于供暖与制冷。2050 年将达到 28 000 亿欧元,51% 用于电力,46% 用于供暖与制冷(page 40)。

在社会效益方面,就业效应尤为突出,这表明欧洲可再生能源部门可创造的就业岗位从 2009 年的 55 万个增加到 2020 年的 270 万个,2030 年的 440 万个和 2050 年的约 610 万个(page 43)。

根据 EREC 的计算,可再生能源的部署将导致温室气体减排低于 1990 年水平的 95%,从而完全符合在本世纪末之前将全球气温上升限制在 2 ℃ 以内的目标。基于 41 欧元/吨的二氧化碳价格,2020 年的总收益可能为 4 920 亿欧元,到 2050 年将增至 38 000 亿欧元,那时的二氧化碳价格为 100 欧元/吨(page 42),计算结果强调需要通过适当的工具创造显著和稳定的碳价格。目前关于拯救 EU-ETS 以实现这一目标的辩论非常重要,但不能想当然地认为会产生积极的结果。

正如前言中所述,该情景不应被视为对不可避免的未来发展的预测,但它旨在提供一条可持续的道路，前提是在适当的时候做出有利的政策决策。在最后一章中，本研究总结了实现目标和收获效益的最重要的政策建议。

首先，欧盟及成员国需要作出坚定承诺。2020 年框架，特别是《可再生能源指令》，是一个很好的开端，但还有很多工作要做。

为实现到 2050 年以可再生能源为基础的可持续能源供应的目标，欧盟及成员国有必要作出以下宏远的、毫不含糊的政策决定：

- 一个宏大的欧洲能源需求框架；
- 在所有成员国有效全面实施可再生能源指令；
- 2030 年具有约束力的可再生能源目标；
- 能源市场的全面自由化；
- 淘汰对化石能源和核能的所有补贴，并在欧盟范围内引入碳税。

此外，欧盟及成员国需要商定和实施基础设施发展和使消费者能够发挥作用的扶持措施。

9.7 2050：能源演变/革命概述

另一个旨在阐述如何在欧洲实现 100% 可再生能源情景的例子是"2010 年能源演变/革命"，源于绿色和平国际组织在 2007 年推出面向世界各地的全球情景（Energy［R］evolution 2007）。从那时起，该情景得到了进一步的完善和发展。2010 年绿色和平国际组织与欧洲可再生能源理事会合作提出了欧洲的情景，通过更深入的计算和假设来支持欧洲可再生能源部门和大多数环保非政府组织的政策目标。

这一情景已融入全球政策辩论，"能源演变/革命"已成为政策制定的一个受人尊敬的贡献，尽管——或许只是因为——它是联合国政府间气候变化专门委员会（IPCC）2010 年分析的所有全球情景中最雄心勃勃的（就温室气体减排和可再生能源部署而言）一个。它概述了两条路径，一条是基本情景，另一条是高级情景,这两种情景都主要使用现有和经过验证的技术以及各种可再生能源的广泛组合。人口发展和 GDP 等一般参数基于《2009 年世界经济展望》的参考情景,由德国航空航天中心(DLR)推断出的 2030 年至 2050 年的情景。该研究基于五项"关键原则"(page 11):

1. 尊重自然极限——到 2050 年在欧洲范围内和到本世纪末在全球范围内逐步淘汰化石燃料……;

2. 公平与公正……;

3. 实施清洁、可再生的解决方案,分散能源系统……;

4. 将增长与化石燃料使用脱钩……;

5. 逐步淘汰污染的、不可持续的能源……。

基本情景是到 2050 年将欧盟的二氧化碳排放量减少 80%,同时再到 2030 年淘汰核能。高级情景将实现 95% 的减排目标,并"显著提升能源安全,提升绿色技术的领先地位"(page 7)。这种情景将燃煤发电厂的寿命缩短到 20 年,意味着高效燃烧汽车和电动汽车使用速度更快,以及更多的热电联产和工艺加热电气化。

作者主张"启动能源演变/革命的五项政策任务"(page 9):

1. 制定 2050 年真正可持续能源经济的愿景,指导欧洲气候和能源政策……;

2. 制定并实施减排、节能和可再生能源的宏远目标……;

3. 消除壁垒……;

4. 实施有效政策,推广清洁经济……;

5. 重新引导公共财政……。

到 2050 年,与基本情景约为 2 万亿欧元相比,高级情景将需要在欧盟投资 3.8 万亿欧元。另外,在基本情景中燃油节约成本总计为 2.1 万亿欧元,在高级情景中为 2.6 万亿欧元。从 2040 年开始,燃料成本节约将完全覆盖包括热电联产和备用容量在内的所有投资成本(page 8)。到 2030 年,高级情景将创造

120 万个就业岗位,而参考情景为 42 万个。

作者强调,必须在适当的时候作出决定。"在未来十年内,电力部门将不得不做出决定"(page 12),是投资于可再生能源,还是投资于化石能源和核能。为了实现可再生能源路径,需要一个过渡阶段来实施必要的、更分散的基础设施,包括天然气热电联产作为过渡性技术。必须建立虚拟发电厂,设置存储选项。

与欧洲可再生能源理事会(2010a)一样,作者强调欧盟及其成员国需要作出政治承诺,全面、雄心勃勃地实施现有 2020 年目标,制定适当的政策,进一步提高目标,愿意以身作则。

根据计算结果,到 2050 年,可再生能源在欧盟的份额将大幅提高。与基本情景中的 61.8% 和参考情景中的 23.8% 相比,在高级情景中,可再生能源贡献了终端能源消耗的 91.7%。

作为一个总体结果,它展示了如何实现几乎完全的可再生能源供应,而运输部门的障碍要远远高于供暖和制冷以及电力生产。结果是在所有三种情景中,预计电力部门可再生能源的份额最高,运输部门的份额最低,这一趋势在所有分析的情景中都可以观察到。2050 年可再生能源的计算份额见表 9.8。

表 9.8   2050 年可再生能源份额[*]

	参考[%]	基本[%]	进阶[%]
终端能源需求	23.8	61.8	91.7
发电量	40.6	88.5	97.3
供暖	22.7	55.9	92.2
可再生能源共享运输	9.5	48.1	85.9

[*] 资料来源:[R]evolution 2010,page 62-64

9.8   欧盟委员会 2050 年路线图：可再生能源份额极高

2011 年,欧盟委员会提交了三份与能源相关的战略文件,每一份都被称为路线图。3 月 8 日发布的第一份"低碳路线图",即《2050 年迈向有竞争力的低碳经济的路线图》(European Commission 2011a),概述了 2050 年温室气体减排 80%～95% 的挑战和机遇,特别强调了将 2020 年温室气体减排目标从 20% 提高到 25% 或 30% 的好处。紧随其后在 3 月 28 日发布了"运输路线图",即《单一欧洲运输区路线图——迈向有竞争力和资源高效的运输系统》(European Commission 2011d),概述了到 2050 年将运输部门温室气体减排 60% 的方法。最终,在 12 月 15 日发布的"2050 年能源路线图"(European Commission 2011f)总结了一系列路线图,评估了不同的"脱碳情景",以实现"低碳路线图"确定的减排目标。

这三张路线图旨在而且实际上公开讨论了如何实现雄心勃勃的脱碳水平,这是保持将全球变暖限制在 2 ℃以下的必要条件。除了提供成本和技术路径外,他们还就弥合从商定的 2020 年目标到暂时的、不具约束力的 2050 年愿景之间的差距的新里程碑展开了讨论,从而至少作为一系列需求分析、评估并决定的问题考虑了 NGOs 对气候变化的战略要求,以及可再生能源部门关于中期稳定考虑了可靠框架条件的战略要求。

2011 年 5 月,欧洲可再生能源理事会发起了一场运动,旨在制定 2030 年新的具有约束力的 45% 可再生能源目标,2013 年 4 月新发布的报告支持这一目标(EREC 2013b)。预计这场运动将至少持续到 2014 年或 2015 年的 2030 年框架。本书第十一章分析了这一新发布的报告和关于 2020 年后框架的其他讨论。

9.8.1　2050 年低碳路线图

在基于与 2020 年目标相关的"2020 年欧洲战略旗舰倡议"和"智能、可持续和包容性增长的欧洲 2020 战略"(EREC 2013b)的基础上,路线图发现"欧盟目前正在实现其中两个目标,但除非做出进一步努力,否则将无法实现其能效目标"(page 3)。因此,路线图概述了里程碑,"这将表明欧盟是否正在实现其目标、政策挑战、不同行业的投资需求和机会,同时铭记欧盟80％～95％的减排目标在很大程度上需要在内部实现"(page 3)。

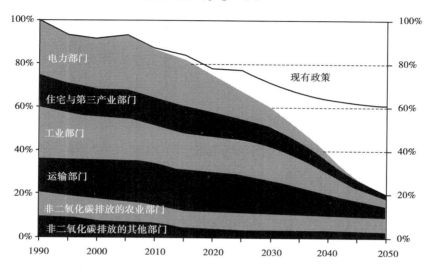

图9.1 欧盟温室气体排放量在国内减少80％(相当于1990年的排放量的100％)

该路线图计算了迈向2050年的里程碑,发现欧盟在2050年之前实现国内温室气体减排80％,同时又不抵消部分国际碳市场,最具成本效益的方式是瞄准2030年减排40％,2040年60％和2050年80％。如图9.1(European Commission 2011a)所示,这将导致2020年必须减排25％,这也突显出当前的政策将无法达到80％的减排目标。如果欧盟能够实现包括能效目标在内的所有三个2020年目标,到2020年减排25％的目标是可以实现的,然而,如果不采取额外措施,能效目标是不可能实现的。分析还表明,由于碳密集型投资的锁定以及由此带来的碳价格上涨,不太雄心勃勃的路径将导致"整个时期的总体成本显著升高"(page 5)。

路线图重申了到2050年电力部门几乎完全脱碳的关键作用,将低碳技术在电力结构中的份额从当前的45％左右提高到2020年的60％左右,包括通过实现可再生能源目标,到2030年达75％到80％,到2050年接近100％(page 6),考虑到完全脱碳的需要,这似乎是合理的,但这引发了人们对为不良发展打开后门的担忧。即使是为了证明脱碳的合理性,也不能简单地把可再生能源和核能(以及后来的碳捕获与封存)加到"低碳技术"中去。从战略角度来看,核电厂和燃煤发电厂不仅在政治上不可接受和对环境有害,而且由于缺乏灵活性,它们还推迟了向脱碳过渡,导致电网拥堵和/或新输电线成本增加,如果没有不灵活的发电厂阻塞电网容量,就不需要(或需要以不同的方式设计)新的输电线。然而,低碳描述是欧盟关于温室气体减排通讯报告中的一个恒定要素。以低碳为借口,为核能提供某种支持的倡议在过去和现在都一再被提出。

从积极方面看,分析"低碳路线图"发现,EU-ETS 对于推动电力部门的脱碳至关重要。强调需要一个长期的、可预测和足够高的碳价格,这可能需要改革工具和能源税收等其他工具。强调了需求侧效率的关键作用,尤其是"可再生能源的大量使用"(page 7)。

对于运输部门而言,路线图预计至少到 2025 年,提高燃油效率将发挥关键作用。与此同时,需要鼓励使用可持续生物燃料和其他技术,如插电式混合动力车和电动汽车。该路线图提倡发展第二代和第三代生物燃料,以便它们在2030 年以后能够发挥重要作用。

对于建筑环境而言,建筑的能源性能需要大幅提高,"到 2050 年,这一领域的排放量可能减少约 90%"(page 8)。为了实现这一目标,就像在运输部门一样,需要创新融资模式,将电力作为一种来源将非常重要。

对于工业部门,通过先进的设备和高效的工艺预计将实现温室气体减排83% ~87%。碳捕获与封存将在 2035 年后大规模实施,这被视为"捕获工业过程中的碳排放"的不可或缺的手段(page 9)。

对于农业部门来说,到 2050 年,主要通过改进实践将非二氧化碳排放量减少42% ~49%。当然,直接和间接的土地利用变化问题需要解决。

路线图计算出每年节省的燃料成本介于 1 750 亿欧元与 3 200 亿欧元之间,这些数字看起来不错,但并没有显示出真正的节省可能有多高,只要它们包括昂贵的核能和碳捕获与封存以及越来越便宜的可再生能源技术。预计到 2020

年,新增就业岗位将达到 150 万个,与 EREC(2010)预计的 270 万个相比,这一数字并不令人印象深刻,可能会被视为核能和碳捕获与封存领域的实际就业岗位数量是多么少的一个印象。

9.8.2　2050 年交通路线图

标题为《单一欧洲运输区域路线图——迈向一个具有竞争力和资源高效的运输系统》(European Commission 2011d)的白皮书包含了围绕运输部门所有问题的愿景,包括乘客和货物、道路、海运和空运、运输安全和乘客权利、网络和公平竞争环境、城市运输以及温室气体减排和能源使用。

为了实现 60% 的温室气体减排目标,白皮书列出了 10 个重点目标(page 9-10),其中包括转向非传统汽车燃料、无碳城市物流、更清洁航空燃料、公路运输的模式转变、运输管理和更好的导航,以及严格运用"用户付费"或"污染者付费"原则。

9.8.3　2050 年能源路线图

最具争议的讨论和引用最多的路线图似乎是"2050 年能源路线图"(European Commission 2011f),该路线图旨在展示如何实现"低碳路线图"减排目标的路径,"同时确保能源供应安全和竞争力"(page 2)。该研究发现,为 2020 年制定的现有政策将在之后继续取得成效,到 2050 年,温室气体减排将达到 40% 左右,但这远远不足以满足温室气体减排的需求。

作者看到了应对这些挑战的机会,因为"在这十年中,一个新的投资周期正在发生,因为 30—40 年前建造的基础设施需要被更换"。另一方面,"在 2020 年议程之后应该做些什么没有足够的指引"。因此,路线图探索了不同的路线,除了参照情景之外,所有的其他路径都满足到 2050 年至少实现 80% 的脱碳目标,另外由于建模原因,所有的路径都要达到类似的减排率。与"低碳路线图"

一样,所有"低碳技术"都是潜在的解决方案,包括页岩气等非传统资源,以及备受争议的核能和碳捕获与封存。目标描述为"制定一个长期的欧洲技术中立框架"(page 3),包括通过"更欧洲化的方法"评估潜在的成本节约。

"2050 年能源路线图"分析了七种情景,其中两种是参考案例,五种旨在实现所需的脱碳。表 9.9 中提供了对情景简要概述,更多详细信息见路线图附带的影响评估(European Commission 2011h)。

表 9.9 2050 年能源路线图:情景概述 *

目前趋势情景	
参考情景	当前趋势和长期预测,2010 年 3 月前通过的政策包括 2020 年目标和 EU-ETS。
目前政策举措(CPI)	更新了所采取的措施,包括 2020 年能源战略和福岛核事故,"能效计划"和"能源税收指令"的拟议行动。
脱碳情景	
高能效	2050 年能源需求下降 41%,建筑物和设备执行严格的最低要求,建筑物翻新率高。
供应技术多样化	无首选技术,没有支持系统,通过碳定价实施脱碳驱动,公众接受核能和 CCS。
高可再生能源	对可再生能源的大力支持,2050 年可再生能源的比例为终端能源消耗总量的 75%,用电量的 97%
延迟 CCS	类似于多样化供应情景,但假设 CCS 延迟,导致核能份额增加
低核能	类似于多样化供应情景,但由于缺乏公众接受,假设没有新的核能,相反,CCS 的渗透率更高,占比为 2050 年发电量的 32%)

* 资料来源:European Commission 2011f.

情景的选择没有充分的理由或解释,只是部分明显。对于当前的两个趋势迭代,基本设置似乎是可以接受的,就像高效案例和多元化供应案例一样,尽管后者在 CCS 和新核能部署方面更接近于一厢情愿而非现实。较高可再生能源的想法本身就很有说服力,但没有给出完全忽略 100% 可再生能源情景的理由,这是对 2010 年发布的各种情景的合理反应,本章前面已经描述过。欧盟委员会没有评估结合能效和可再生能源两大支柱的高目标的情景，例如通过评估高可再生能源和高效率的案例，这既不明显，也不符合欧盟近年来的政策发展。

与"低核"和"延迟CCS"情景的任意设置相比，这些遗漏更令人震惊。路线图既没有提供没有核能的任何情景（至少假设在2050年之前逐步淘汰），也没有提供没有CCS商业利用的情景，更没有提供没有这两种选择的情景。相反，这两种情况奇怪地被联系在一起，因为假设核能或CCS将被广泛利用和公众接受，甚至没有考虑用更多的可再生能源和/或更高的效率取代核能和/或CCS。至少应该提到的是，所有情景都非常关注电力部门，只略微涉及供暖、制冷和运输。

鉴于这些弱点和其他不一致之处，例如，关于可再生能源的成本下降被低估，CCS的成本或者完全归因于可再生能源的电网成本被高估，但路线图为即将到来的政策决策提供了一些有用的结果。

欧盟委员会的主要调查结果，包括欧盟清洁和可持续能源发展需要质疑的一些调查结果，总结为"能源系统转型的十大结构性变化"（page 5-8）。观察到或预测到下列发展：

- 脱碳是可能的，从长远来看，甚至比参考案例的成本更低。
- 较低的燃料成本将满足较高的资本支出，包括减少进口依赖。
- 电力在所有情景中都将发挥着更大作用。
- 电价上升将一直持续到2030年，然后下降（较高的可再生能源案例除外，它们将继续上涨，关于这个有缺陷的例外情况的评估见下文）。
- 家庭（和中小企业）的电力支出将增加，部分可以被效率增益所抵消。
- 节能至关重要。
- 可再生能源在所有情景中都将大幅增长。
- CCS将发挥关键作用。
- 核能作出了重要贡献。
- 分散和集中式系统之间的相互作用日益增强。

事实上,所有五种脱碳情景都预计 2050 年可再生能源的份额将非常高,在"多样化供应"中最低(54.6%),在"较高的可再生能源"中最高(75%)。然而,到 2030 年,即使是"较高的可再生能源"情景也只占终端能源消耗的 31.2%,这大大低于行业预测,这意味着 2020 年后增长率将大幅下降。在电力部门,即使是多元化供应中的最低路径,预计 2050 年可再生能源的比例也将接近 60%,2030 年这一比例将超过 51%,这是另一个奇怪的结果,因为这意味着 2030 年后可再生能源增长将急剧放缓。

包括参考案例在内的所有情景都显示了类似的成本发展,年均总能源系统成本非常接近,"低 CCS"显示了 2030 年后的最低成本,而效率案例显示了最高成本,甚至超过了"较高的可再生能源"。后者受到有偏见假设的影响,例如,与实际变化过程相比,光伏的成本过高,2050 年核能(50%)、煤和褐煤(20%)和天然气(24%)的容量系数低得出奇。这些容量系数实际上意味着,核电厂要么比目前具有更高的灵活性,要么尽管存在这些容量系数,但仍可以找到新电厂的投资者,煤炭和褐煤也是如此。到 2050 年,现有的设施将无法继续运行。同时,在情景假设下,煤炭投资肯定不会在相关程度上发生。由于低容量因素、电网扩建成本(在"较高可再生能源"情况下,电网扩建在 2030 年后急剧增加)以及储备容量计算和存储需求(在 2030 年后可再生能源情况下,储备容量计算和存储需求也会急剧增加),"较高可再生能源"情况是 2030 年后电价最高且不断上涨的情况。如果有更现实的假设,结果很可能恰恰相反。

路线图中还有另一个值得一提的显著成果。在"较高可再生能源"情景中,进口依赖性最低,这可以解释可再生能源是不需要进口而在国内就可以获得的资源,风能和太阳能的情况甚至是免费的。

9.9　路线图之后:力争 2050 年实现 100% 可再生能源

虽然欧洲议会和理事会正在讨论这三个路线图,然而在本书出版时肯定不会得出一致结论，但需要更精确地了解如何将现有目标和实施状况与起草迈向 2050 年的后续步骤相结合。关于效率措施和可再生能源部署之间的相互作用需要考虑替代方案。如何在不同的可再生能源技术和来源之间选择的标准需要进一步完善。

2013 年 2 月，世界自然基金会（WWF）欧洲分部为此目的发布了一份提案，题为"让欧盟走上 100% 可再生能源的轨道"（WWF 2013），并规定最迟应在 2050 年达到这一目标，因此作为研究假设设置和计算方法的起点。

在主要调查结果（page 3）中，提案强调了"缺乏政治野心"和"需要更加明确可再生能源和能效的政策框架"。如果有合适的框架，到 2030 年，欧盟的能源使用量将比常规预测减少 38%，可再生能源将占能源需求的 40% 以上，与 1990 年相比，与能源相关的温室气体排放量将减少 50%。因此，欧盟将在 2050 年实现 100% 可再生能源。

这项研究"展示了欧洲在未来二十年内必须取得的成就，以使完全可再生的全球能源系统的选择保持在可见范围内"（page 7）。它采取创新方法，将雄心勃勃的节能与按照不同能源和技术可持续性的顺序扩大可再生能源的规模相结合，从太阳能、风能和水开始，然后是地热，并仅在非常严格的条件下使用生物能。

根据 WWF 的建议，特别是将 2020 年温室气体减排目标提高到 30%，预计届时欧盟将创造多达 600 万个就业岗位，比 20% 的目标多 100 万个。这还将使化石燃料成本每年减少 5 000 多亿欧元。

该研究为不同部门实现 2030 年目标提供了详细建议。对于工业部门而言，这将包括通过更多的回收利用、雄心勃勃的翻新和严格的最佳可获得技术（BAT）的应用，使铝、水泥、钢铁和纸张生产的能源强度达到目前水平的 60% ~ 70%。对于其他部门，能源供应、工艺和电机驱动系统需要变得更加高效。对于建筑存量，预计每年改造率为 2.5%；隔热是必需的，就像 25% 的供暖需求需要从太阳能或热泵中获得一样。因此，到 2030 年，45% 的库存应该得到改造。

对于只需电力供电的新建筑,需要接近零的能源标准。最后,对于运输部门,与2000 年的水平相比,客运和货运的能源强度将分别降低到 60% 和 70% 。这可以通过更高效的发动机、高电气化率和使用可持续的生物质来实现。到 2030 年,能源需求将大幅减少。

　　计算出的 2030 年电力供应中可再生能源的份额为 65% 。对于假定的电网容量限制,这与可变资源(风能和太阳能)(page 15)的年平均值 45% 的上限相结合。资源的另一个限制因素是可持续生物质能的可用性,制定具有法律约束力的标准在欧盟(及其他地区)被认为是必要的。这些标准(page 20)包括充分核算碳排放量、宝贵土地的零使用、可持续的森林管理、尊重人权和可靠执行。在世界自然基金会情景逻辑中,不遵守这些标准将降低生物质能在终端能源消耗中的可能份额,因此可再生能源的份额将从完全可持续情况下的 41% 降至可获得的可持续生物质不足情况下中的 31% 。

　　作者声称,他们已经制定了在 2050 年实现 100% 目标的唯一方案(page 24),此处无须评论,因为让讨论和决策过程回到完全可持续能源供应的道路上似乎更为重要。还有一段路要走,还需要成功进行一些辩论。目前,这些辩论在完全基于可再生能源的能源系统的目标和坚持不懈地以争取“低碳能源”为标题的“核能复兴”之间摇摆不定。

第 10 章　从最佳实践中学习——欧洲立法和政策制定为全球可再生能源增长做出什么贡献

克莉丝汀·琳斯

10.1　全球可再生能源发展，我们处于什么位置？

　　2010 年,包括传统生物质能在内的可再生能源占全球终端能源消耗的 16.7%[①]。其中,现代可再生能源约占 8.2%,近年来这一比例有所上升,而传统生物质能的比例略有下降,约占 8.5%(见图 10.1)。2011 年,可再生能源在所有终端使用领域继续强劲增长:电力、供暖与制冷以及运输。

　　在电力部门,可再生能源几乎占了今年全球预计增加的 208 GW 电容量的一半。风能和太阳能光伏分别占新增可再生能源容量的近 40% 和 30%,其次是水电(近 25%)。截至 2011 年底,全球可再生能源总的电容量超过 1 360 GW,比 2010 年增长 8%;可再生能源占全球总发电量的 25% 以上(2011 年估计为 5 360 GW),提供了全球约 20.3% 的电力。

[①]　如未另行引用,本文本中的统计数据和图表摘自 21 世纪可再生能源政策网络《2012 年可再生能源全球现状报告》。

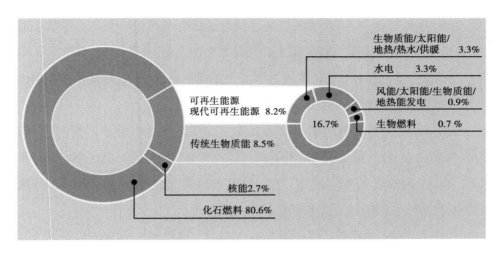

生物质能/太阳能/
地热/热水/供暖　3.3%

水电　3.3%

风能/太阳能/生物质能/
地热能发电　0.9%

生物燃料　0.7 %

可再生能源
现代可再生能源 8.2%

16.7%

传统生物质能 8.5%

核能2.7%

化石燃料 80.6%

图 10.1　2010 年可再生能源在全球终端能源消费中的份额

在欧盟,2011 年可再生能源占新增总发电量的 71% 以上,仅太阳能光伏就占新增发电量的近一半(46.7%)。德国继续在欧洲和全球处于领先地位,电力、供暖和运输部门仍然是许多可再生能源技术的顶级用户。2011 年,可再生能源占德国 2011 年终端能源消耗的 12.2%,占电力消耗的 20%(2006 年为 11.6%),占供暖需求的 10.4%(2006 年为 6.2%),占运输燃料的 5.6%(不包括空中运输)。

供暖与制冷部门为可再生能源的部署提供了巨大但尚未开发的潜力。来自生物质能、太阳能和地热能的热能已经占可再生能源的很大一部分,并且随着各国(尤其是欧盟国家)开始制定支持政策并跟踪可再生能源的热能份额,这些热能正在缓慢发展。供暖(和制冷)部门的趋势包括系统规模的增加、热电联产的使用范围的扩大、向地区网络提供可再生供暖与制冷以及将可再生热量用于工业用途。

可再生能源以气态和液态生物燃料的形式用于运输部门;2011 年,液体生物燃料提供了全球道路运输燃料的约 3%,在运输部门超过了其他可再生能源。电力为火车、地铁、少量但日益增多的客车和电动自行车提供动力,将电动运输车辆与可再生能源联系起来的举措虽然有限,但仍在不断增加。

2006 年底至 2011 年间,太阳能光伏发电是所有可再生能源技术中增长最快的,运营能力年均增长 58%,其次是聚光太阳能发电,在此期间,其年增长率几乎为 37%,风力发电年增长率为 26%。太阳能热系统、地热热泵和一些固体生物质燃料如木屑的需求也在迅速增长。

近年来,液体生物燃料的发展喜忧参半,2011 年生物柴油产量扩大,与 2010 年相比,乙醇产量稳定或略有下降。水力发电和地热能发电在全球以每年平均 2% ~3% 的速度增长。然而,在一些欧洲国家,这些技术和其他可再生能源技术的增长远远超过了全球平均水平。

可再生能源技术正在扩展到新市场,2011 年,约有 50 个国家安装了风能发电,太阳能光伏发电正在迅速向新的地区和国家扩展。东非大裂谷地区和其他地区对地热能发电的兴趣已经根深蒂固,超过 2 亿多家庭以及世界各地的许多公共和商业建筑都使用太阳能热水收集器。世界各国对地热供暖与制冷的兴趣正在上升,现代生物质能用于能源目的在全球所有地区都在扩大。

2011 年,在大多数技术领域,可再生能源行业的设备制造、销售和安装持续增长。由于规模经济和技术进步带来成本下降,同时由于政策支持的减少或不确定性,太阳能光伏和陆上风力发电的价格大幅下降。与此同时,一些可再生能源行业,特别是太阳能光伏制造业,已经面临价格下跌、政策支持减少、国际金融危机和国际贸易紧张局势的挑战。

10.2 稳定的政策框架：可再生能源部署的促进因素

在世界各地,可再生能源目标和支持政策仍然是推动可再生能源市场不断扩大的动力。显然,欧盟及其成员国在制定此类目标和政策框架方面发挥了主导作用,全世界许多国家都在效仿欧洲的成功范例。

2011 年和 2012 年初,支持可再生能源投资的官方可再生能源目标和政策数量继续增加,但采用率较前几年有所下降。截至 2012 年初,至少有 118 个国

家,其中一半以上为发展中国家,制定了可再生能源目标,高于 2010 年初的
109 个。

几个国家进行了重大的政策改革,导致支持减少。随着可再生能源技术的
成熟,一些变化旨在改进现有工具并取得更有针对性的成果,而其他变化则是
紧缩措施趋势的一部分。

可再生能源发电政策仍然是最常见的支持政策类型;截至 2012 年初,至少
有 109 个国家制定了某种类型的可再生能源政策,高于《2011 年全球能源研究
报告》中报告的 96 个国家。上网电价(FIT)和可再生能源发电配额制(RPS)是
该领域最常用的政策。截至 2012 年初,至少有 65 个国家和 27 个州实施了 FIT
政策。虽然颁布了一些新的 FIT 政策,但大多数相关的政策活动涉及对现有法
律的修订,有时还存在争议和法律纠纷。配额或 RPS 在 19 个国家和至少 54 个
其他司法管辖区使用,2011 年和 2012 年初有两个新国家颁布了此类政策。

FIT 设计有许多变化。根据上网电价政策提供的支持级别也有很大差异,
受技术成本、资源可用性和安装规模和类型(例如,地面 vs 屋顶安装的太阳能
光伏系统)的影响。上网电价往往集中在风电、地热和水电等更成熟技术的低
端(见图 10.2)。

历史上,由于每千瓦的资本成本相对较高,容量小于 30 千瓦的太阳能光伏
系统设定了最高的上网电价,但随着太阳能光伏制造成本和市场价格的下降,
差距正在缩小。此外,大型可再生能源系统通常需要较低的上网电价才具有成
本竞争力,因为它们受益于规模经济。一些国家根据当地资源潜力,在区域边
界内的价格也有所不同。有区别的支付被认为是上网电价系统正常运行的必
要条件。根据技术和市场发展,定期审查和重新设定价格,被视为随着时间推
移成功实施 FIT 政策的必要步骤。1991 年首次引入的德国 FIT 为许多国家树
立了典范。

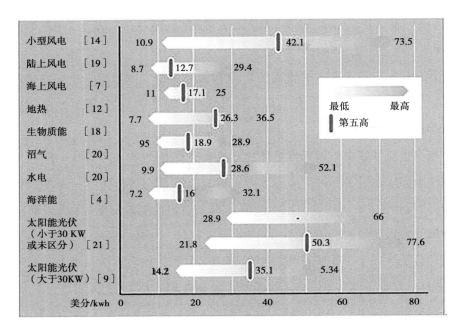

图 10.2　2011 年至 2012 年选定国家的一系列可再生能源技术的上网电价

注：每个条块描述了选定国家提供的至少 15 年期的电价范围。括号中显示了按数据来源分析的国家数量；垂直线表示提供的第五高电价。截至 2012 年 5 月，更新了小型风电、陆上风电、地热、沼气和小型及大型太阳能光伏的电价；截至 2011 年 9 月，更新了海上风电、生物质能和水电价格；海洋能价格没有给定年份。

根据 Mendonca（2007）的观点，"FIT 是一项可再生能源法，要求能源供应商以固定价格购买可再生资源发电，通常是在固定期限内购买，甚至是从家庭购买。这些法律保障确保了投资安全，并支持所有可行的可再生能源技术。"

FIT 政策可被视为最成功的可再生能源市场引入政策。最近，关于可再生能源技术一旦有效引入市场并实现起步，是否需要先进的 FIT 设计的争论日益激烈。

与其他行业相比，推动可再生能源供暖与制冷政策的继续实施不那么积极，但近年来其使用范围有所扩大。截至 2012 年初，至少有 19 个国家制定了具体的可再生能源供暖/制冷目标，至少有 17 个国家和州有义务/授权推广可再生能源供暖,许多地方政府还通过建筑规范和其他措施支持可再生能源供暖系统。

截至 2012 年初,在国家层面上至少有 46 个国家以及 26 个州和省制定了生物燃料混合和燃料共享规定,其中 3 个国家在 2011 年颁布了新的规定,至少有 6 个国家增加了现有规定。至少有 19 个国家存在运输燃料免税和生物燃料生产补贴。

全球成千上万个城市和地方政府也制定了积极的可再生能源和气候缓解政策、计划或目标。截至 2011 年底,世界上近三分之二的大城市已经通过了气候变化行动计划,其中一半以上计划增加可再生能源的使用。2011 年,许多鼓励城市在当地可再生能源部署方面开展合作的机构见证了成员和活动的增加,包括《欧盟市长公约》(拥有 4 200 多个成员城市)。"市长公约"是欧洲主流运动,涉及地方和地区当局,自愿承诺在其领土上提高能效和使用可再生能源。根据他们的承诺,"公约"签署国的目标是到 2020 年达到并超过欧盟二氧化碳减排 20% 的目标。决策者越来越意识到可再生能源的广泛好处,包括能源安全、减少进口依赖、温室气体减排、防止生物多样性丧失、改善健康、创造就业机会、农村发展和能源获取,从而使一些国家的可再生能源与其他经济部门的政策更加紧密地结合在一起。全球可再生能源行业有 500 多万个就业岗位,创造就业机会的潜力仍然是可再生能源政策的主要驱动力。2011 年,日本福岛核灾难以及联合国秘书长宣布到 2030 年将可再生能源在能组合构中的份额翻一番的目标,也刺激了一些国家的政策制定和实施。

欧洲的经验还表明,建立稳定的政策框架的国家是从可再生能源部门创造的就业机会中受益最多的国家(见表 10.1)。在欧洲可再生能源行业就业的 550 000 人中,约 387 000 个工作岗位在德国。

表 10.1　按行业分类的全球可再生能源就业估计数

技术	工作岗位(千个)								
	全球	中国	印度	巴西	美国	欧盟	德国	西班牙	其他
生物质能	750	266	58		152	273	51	14	2
生物燃料	1 500		889	47-160	151	23	2	194	
沼气	230	90	85			53	51	1.4	
地热	90				10	53	14	0.6	
水电(小型)	40		12		8	16	7	1.6	1
太阳能光伏	820	300	112		82	268	111	28	60
CSP	40				9		2	24	
太阳能供暖/制冷	900	800	41		9	50	12	10	1
风力发电	670	150	42	14	75	253	101	55	33
总计	5 000	1 606	350	889	392-505	1 117	372	137	291

10.3　提供政策稳定性的资金流动

2011 年,全球可再生能源新投资增长 17%,达到创纪录的 2 570 亿美元(见图 10.3)。这一数字是 2004 年的六倍多,几乎是 2007 年总投资的两倍,2007 年是最近全球金融危机爆发前的最后一年。这一增长发生在可再生能源设备成本迅速下降,发达国家经济增长和政策重点不确定的时候。包括大型水电在内,可再生能源发电能力的净投资比化石燃料发电能力的净投资高出约 400 亿美元。

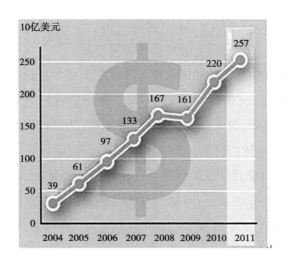

图 10.3　2011 年可再生能源投资全球趋势

（来源：UNEP／Bloomberg，Graph GSR 2012）

　　2011 年的亮点之一是太阳能的强劲表现，它超越了近年来最大的单一投资领域——风力发电。投资总额排名前五位的国家是中国，连续三年居世界首位，其次是美国、德国、意大利和印度。在全球大型可再生能源市场中，印度的投资扩张速度最快，增长率为 62%。

10.4　全球目标设定

　　联合国大会宣布 2012 年为人人享有可持续能源国际年。联合国秘书长潘基文（BanKi-moon）支持新的全球倡议——人人享有可持续能源，该倡议旨在发起全球行动，到 2030 年实现三个相互关联的目标：普及现代能源服务、提高能效和扩大可再生能源的使用。

　　一方面，联合国将需求侧和供给侧联系起来的做法的趋势值得关注。迄今为止，能效与可再生能源在政策领域几乎没有系统联系，但各国开始意识到发挥其潜在协同作用的重要性。效率和可再生能源可以被视为可持续能源未来的"两大支柱"，可再生能源可以减少每单位能源产生的污染物排放量，提高能效可以减少能源消耗。无论一次能源来源如何，提高能源服务的效率都是有利的，但能效与可再生能源之间有着特殊的协同作用。

另一方面，联合国秘书长的倡议在某种程度上可与欧盟在 1997 年《可再生能源白皮书》(European Commission 1997c)中提出的设定指示性目标的方法相媲美。然而，毋庸置疑，鉴于复杂的国际治理结构，从可再生能源的指示性目标到约束性目标的全球转变将更具挑战性。

然而，2030 年目标设定框架可能会在某种程度上激励欧洲机构，因为目前正在讨论 2030 年目标的设定，而欧洲可再生能源行业也强调了这一目标的必要性(EREC 2011)。

10.5　未来展望

可再生能源政策框架最初是在高收入国家引入的，现在正扩展到世界各地越来越多的国家。制定可再生能源政策是为了解决能源安全、气候变化、经济发展和创造就业机会等问题。除了 2020 年具有约束力的可再生能源目标外，欧洲各国目前正在就可再生能源在未来能源组合中的作用展开辩论。例如，在法国，新当选的总统弗朗索瓦·奥朗德(Francois Hollandeh)宣布到 2025 年将核能发电的比例从 75% 降至 50%。为了实现这一目标，在公共部门和私营部门利益攸关方之间发起了全国范围的辩论。有史以来第一次，公众就法国未来能源组合的构成展开了辩论；到目前为止，这完全是由政治精英决定的。

以德国为例，2011 年 3 月发生的福岛核事故促使德国更快地退出核能使用，目前计划于 2022 年退出。为此，政府决定通过所谓的"能源转型"对国家能源部门进行全面改革，重点关注能效和可再生能源以及大规模的能源基础设施投资。"能源转型"是德国最大的现代化和基础设施项目，将有助于能源安全、就业和价值创造。由于德国是世界主要经济体之一，能源转型项目已经具有全球影响力的领跑者角色。

　　包括国际能源署和其他机构在内的一些设想都预测,到 2050 年,全球可再生能源的份额将会很高。联合国政府间气候变化专门委员会的《可再生能源与减缓气候变化特别报告》(IPCC 2012)指出,如果有正确的扶持性公共政策支持,到本世纪中叶,世界近 80% 的能源供应可以通过可再生能源来满足。

　　在气候和能源政策方面,欧盟一直是国际可再生能源政策设计的领跑者,至少在 2020 年是这样。目前正在就 2030/2050 年之前的可再生能源政策框架进行讨论;他们的结果将显示欧盟是否能成功地保持其在国际可再生能源推广方面的优势地位。

第 11 章　迈向 2020 年后的综合框架

雷纳·欣里希斯-拉尔韦斯

11.1　展望 2030 年

场景已经设置好,欧盟 2020 年框架已经到位,但如果没有在适当时候达成进一步协议,该框架将于 2020 年到期。2012 年 12 月,在南非德班拟订了国际气候路线图的大致轮廓,这可能会也可能不会在 2015 年促成新的气候制度。即使 2015 年达成了新协议,也很可能不会有任何重大的额外激励措施来将供需转移到完全可持续的、基于可再生能源的能源系统上。欧盟(和其他主要经济体)必须就气候和能源政策的未来框架做出负责任的决定,这可以作为 2015 年谈判的激励措施,但不能想当然地认为一定会成功。欧盟自身努力实现以可再生能源为基础的能源供应,无疑将加强欧盟对全球温室气体减排的贡献。欧洲的可持续能源政策还将在清洁环境和经济增长、能源供应安全和所有人都能负担得起的能源、创造就业机会和竞争力方面带来重大好处。那些最有效、最成功地增加可再生能源份额的成员国将受益于其领跑者的作用。

本章分析了欧盟正在进行的关于 2020 年后气候和能源框架的讨论,其中可再生能源和能效以及节能应为关注的重点。这种战略的首要受益方将是全球气候保护,因为这将以一种高效和经济的方式实现温室气体减排。

本章分析了欧盟委员会的通讯报告《可再生能源：欧洲能源市场的主要参与者》（European Commission 2012b），包括附带的影响评估（European Commission 2012c，European Commission 2012d）和《欧盟委员会工作人员工作文件》（European Commission 2012e），以及在 2012 年 5 月由委员会的通讯部门并行启动的"国家援助现代化（SAM）"进程（European Commission 2012a）。此外，关于实现 2020 年目标和制定 2020 年后框架的潜在影响，本章将审查委员会提出的关于修订《可再生能源指令》和《燃料质量指令》（European Commission 2012f）的提案，包括与间接土地利用变化（ILUC）相关的附带文件（European Commission 2012g；European Commission 2012h）。

本章介绍了以传统能源部门为重点的讨论和发展，因为有关支持核能和 CCS 以及 EU-ETS 作为欧洲碳定价主要工具的未来的决定将对可持续的可再生能源政策的经济可行性和效率产生重大影响。因此，本章更仔细地研究了欧盟委员会的"折量拍卖"提案（European Commission 2012i），包括附带的影响评估（European Parliament 2012；European Parliament 2013），试图通过暂时留出多余配额来阻止碳价格的下降趋势。

最后，本章分析了工业和能源（ITRE）委员会发布的报告（European Parliament 2012；European Parliament 2013）中所述的欧洲议会关于 2020 年后框架的讨论，以及欧盟委员会的绿皮书《2030 年气候和能源政策框架》（European Commission 2013a）和《可再生能源进展报告》（European Commission 2013c）。将对这些文件进行分析和评估，以了解它们可能为欧盟在下一个十年实现雄心勃勃的综合气候和能源框架（包括 2030 年可再生能源和能效目标）提供的动力和存在的障碍。

11.2　可再生能源——能源市场的主要参与者

2011 年 12 月，欧盟委员会启动了"可再生能源战略公众咨询"（European

Commission 2011m)，旨在促进 2020 年后可再生能源政策框架的讨论。2020 年框架生效并开始实施几个月后，到目前为止尚未完成将其转化为国家法律的工作，一些成员国首次出现犹豫和不情愿的迹象。2011 年 5 月，EREC 发起了一场运动，要求在 2030 年实现 45% 的具有约束力的可再生能源目标（EREC 2011）："EREC 呼吁欧盟委员会、成员国和欧洲议会履行欧盟的长期气候承诺，提出并批准到 2030 年可再生能源至少占 45% 的具有法律约束力的欧盟目标。"其他利益相关方和 NGOs 已开始要求就 2020 年后的下一个里程碑（即 2030 年）准备协议。

公众咨询启动时，咨询文件（European Commission 2011m）处理了所有需要回答的重大问题，以便合理做出知情决定。委员会评估认为，尽管《可再生能源指令》要求 2020 年后的路线图只能在 2018 年制定，但应在适当的时候启动这一进程。该文件重点介绍了可再生能源迄今为止提供的多种好处，探讨了设定新目标和里程碑的各种方法。"因此，只有在包括 ETS 的运作在内的 2020 年后能效和气候缓解可能目标的背景下，才适宜考虑为 2020 年后的可再生能源制定独立目标"。此次咨询的重点是"2020 年后，欧盟和国家层面的政策干预需要在多大程度上运行和以何种形式进行"（page 2）并特别讨论了奖励计划、网络问题、区域和区域间合作、技术发展、可持续性等问题。另外，此次咨询还探讨了目标的作用，以及 2020 年后是否需要、在多大程度上需要以及是否应该在国家层面和/或欧洲层面需要财政支持。评估行政程序以及基础设施需求的数量和质量。特别关注市场整合，探索在 2020 年后"可再生能源将占市场很大份额"（page 6）时，如何"对市场信号做出反应"，以及如何"确保市场安排奖励灵活性"，这是未来能源系统所需要的。还有关于供暖与制冷、运输燃料和可持续性等问题，以及关于区域和区域间层面的问题。

咨询结果于 2012 年 2 月 24 日在布鲁塞尔向公众公布。一项主要成果是，绝大多数人要求制定 2030 年可再生能源的强制性目标，一些人要求制定 2030 年指示性目标；各国和欧盟的目标组合也得到了大力支持。咨询的结果是现有机制和条例需要加强和改进。

四个月后,欧盟委员会以战略文件《可再生能源:欧洲能源市场的主要参与者》的形式对磋商进行了评估(European Commission 2012b)。作为引言,强调了可再生能源带来的好处。"可再生能源使我们能够实现能源供应的多样化。这提升了我们的供应安全,创造了新的产业、就业、经济增长和出口的机会,同时也减少我们的温室气体排放,提高了欧洲的竞争力。到 2030 年,可再生能源的强劲增长可创造 300 多万个就业机会,其中包括中小型企业创造的就业机会。保持欧洲在可再生能源领域的领先地位也将提高我们的全球竞争力,因为'清洁技术'产业在世界各地变得越来越重要……。可再生能源目标是'欧洲 2020年智能、可持续和包容性增长战略'的主要目标"(page 2)。

该战略文件强调需要有稳定的框架条件来确保和延续这些好处:"在严格执行《可再生能源指令》的同时,需要明确长期政策,以确保进行必要的投资"(page 2)。基于对《2050 年能源路线图》(European Commission 2011g)的分析制定 2020 年后战略,在所有脱碳情景中,"无论情景选择如何,2050 年最大的能源供应份额将来自可再生能源"和"可再生能源的强劲增长将是所谓的'无悔'选择"(page 3)。

委员会发现,一些可再能源技术正在明显"成熟",成本大幅下降,尤其是太阳能光伏、陆上风能和一些生物质能技术。他们发现,"欧洲可再生能源部门的发展速度远远快于起草该指令时的预期"。因此,需要确保"可再生能源技术具有竞争力,并最终由市场驱动"(page 4)。然而,为了促进这一进程,"应修订阻碍可再生能源投资的政策,特别是应逐步取消化石燃料补贴"。根据这些建议,"可再生能源应在减少或不提供支持的情况下逐步融入市场,并随着时间的推移,应该与传统发电商处于同等地位以及电价具备竞争力,为电网的稳定和安全做出贡献。从长远来看,需要确保一个公平竞争的环境"。在公平竞争的基础上,化石能源或核能补贴不再为不可持续能源创造竞争优势,大多数可再生能源迟早将能够自由竞争。然而,要实现这一目标还有很长的路要走。欧盟委员会表示,面对市场风险迫在眉睫,而"从长远来看"需要确保公平竞争环境无疑是一个有问题的优先事项,可能会使可再生能源发展面临风险。当然,不需要更多支持的声明并没有充分考虑到(并且将长期存在)一些正在开发的技术,因此需要特定的市场引进支持,以使这些技术成熟和达到必要的规模。

在市场整合和继续需要支持(和研发)之间取得平衡,是该战略文件的一个主要内容。在该文件的某些段落中,我们清楚地看到,欧盟委员会可能在推动"可再生能源的市场整合"方面推进得太快了,而不是推动内部能源市场的完善和运转。这一点可以从以下声明中看出:"尽快走向使生产者面临市场价格风险的计划会鼓励技术竞争力",接着是另一个关于国家支持计划的重大误解。"此外,基于不同激励措施的不同国家支持计划可能会造成进入壁垒,阻止市场运营商部署跨境商业模式,可能会阻碍业务发展。必须避免这种损害单一市场的风险,还需要采取更多行动,确保各成员国方法的一致性,消除壁垒,以经济的方式开发可再生能源"(page 5)。事实上,不同的国家支持计划消除了不同国家对可再生能源的不同障碍,在这一背景下,跨境问题是所有问题中最不值得关注的,而是现有企业无可争议的主导地位,以及"内部能源市场一揽子计划"的分离规定的不完全执行,以及其他各种问题(见本书第 7 章)。

该战略文件解决了阻碍可再生能源在公平竞争环境中成为平等参与者的另一个重要障碍:基于传统(不灵活和基荷驱动)电力系统的主导市场设计。它正确地概述了需要考虑到多个电力生产者和消费者的作用。尤其是"由于风能和太阳能的增加(边际成本几乎为零),基于短期边际成本的批发电价,可能因上涨而面临下行压力。市场应该能够做出反应,在价格低时减少供应,在价格高时增加供应。市场价格的变化需要鼓励灵活性,包括存储设施、灵活发电、需求侧管理(就像消费者对不断变化的价格模式做出反应)"(page 7)。需要强调的是,单靠容量支付无法解决这一问题(如果设计不当,就更无法解决)。"这种做法可能会鼓励投资,但也会将投资决策与市场价格信号区分开来。此外,如果设计不当,它可能会'锁定'专注于发电的解决方案,阻碍引入新形式的灵活性。聚合分布式发电、需求响应和扩大平衡区域也将受到损害"（page 7），关于适当的市场设计的必要辩论已经开始了。

调整基础设施的需求已经解决：输电网和更迫切的配电网需要得到加强，并能够应对灵活和更分散的电力生产和需求份额的不断增加。这被视为发展单一能源市场的关键条件，消费者能够在全欧洲范围内选择供应商，从而创造竞争并压低价格。

可持续生物燃料和（作为中期展望）所有生物质能的问题通过宣布更多的分析和——如果合适的话——提案来解决，包括纳入和实施《可再生能源指令》的可持续性标准，包括评估是否以及如何将这方面纳入 2020 年后的框架。

最后，战略文件提出了进一步发展政策框架的建议。虽然现有的总体框架被认为"运作良好"（page 7），但需要促进和指导进一步的发展。委员会预计将提供好的支持计划及可能的支持计划改革的指导意见，以及指令[①]合作机制应用的指导意见。为了给 2020 年后可再生能源稳定、可靠框架的进一步完善提供指导，随附的影响评估（European Commission 2012e）描述并分析了支持计划未来的三种备选方案（除一切如常外）。这也是评估"具体的 2030 年里程碑"的重要前提条件（page 12）。

备选方案将进一步描述（page 6）：

（1）一切如常……，

（2）2020 年后无可再生能源目标的脱碳……，

（3）2020 年后具有约束力的可再生能源目标和协调支持……，

（4）欧盟可再生能源目标和协调措施……。

通讯报告强调，无论是温室气体减排还是可再生能源，"一切如常"都不是实现足够增长和发展的备选方案。虽然战略文件中没有明确说明，但从影响评估中可以清楚地看出，备选方案（3）是最值得支持的，备选方案（2）和（4）则无

---

① 当本书完稿时，指导文件似乎有可能在 2013 年 7 月出版。

法准确、成功地实现可再生能源增长和带来相关效益。就备选方案（3）的优点而言，影响评估是明确的：“2020 年后具有约束力的可再生能源目标和协调支持，取决于他们的夙愿，目标可以帮助投资者和商界对可再生能源技术的未来市场规模有更大的确定性。它们还将进一步提高成本效益和促进国家支持计划的趋同，并促进创新技术的更多研究和开发。该备选方案还将通过推广可再生能源的区域均衡等部署，有效解决可持续性和公众接受度问题”（page 6）。可再生能源行业和协会支持这一评估，并主张将重点放在这一选项上，以进一步制定支持性政策框架。

与委员会的所有通讯报告一样，理事会和欧洲议会对“可再生能源战略”进行了辩论和讨论。欧洲议会花了一些时间分析该战略，并最终决定将对该战略的评论纳入一份关于“欧洲能源市场上可再生能源的当前挑战和机遇”的特别报告（European Parliament 2012，European Parliament 2013，参见本章下文），理事会于 2012 年 12 月就结论达成了一致（Council 2012）。结论强调了《可再生能源指令》在“为投资者提供确定性和直到 2020 年前的刺激措施”方面的成就，以及“鉴于可再生能源的规划过程和投资期限较长，同时确保经济和环境的可持续性，期望长期展望将对投资产生积极影响”（page 1）。鉴于中期展望的需要，理事会欢迎该通讯报告，“它为启动对 2020 年后保持可再生能源强劲增长的一致框架的思考提供了有益的视角”（page 2）。如预期的那样，到 2014 年完成国内能源市场建设以及可再生能源的市场整合和国家支持计划的持续改进，是主要的优先事项。理事会欢迎委员会打算制定“关于支持计划改革”（page 3）和“关于合作机制的实施”（page 5）的无约束力指导意见。理事会强调“需要合理化和逐步取消对环境或经济有害的补贴，包括化石燃料补贴”（page 3）。理事会还强调需要解决基础设施、消费者保护、创新和可持续性问题。最后，“理事会邀请欧盟委员会在适当的时候，在对可预见的当前《可再生能源指令》的某些方面进行彻底分析、讨论和审查后，于 2014 年之前，在更广泛背景下提出一个坚实有效的“欧盟 2020 年后可再生能源框架”，并为欧盟长期总体政策框架做出贡献。"2020 年后可再生能源政策框架"应特别考虑当前"可再生能源政策框架"的经验,包括其成本效益、不同目标和工具之间的相互作用及其实施情况"(page 6)。该声明受到可再生能源行业欢迎,称其为"欧盟委员会现在开始制定宏远的 2030 年可再生能源目标的正确条件"(EREC 2012)。

11.3　可再生能源和国家援助条例

欧盟的主要目标之一是建立一个内部市场,防止"通过公司的反竞争行为或成员国偏袒某些行为者而损害其他行为者"(European Commission 2012a, page 2)的方式扭曲市场。因此,所有公共支出都需要遵守这一总体共识①。一些利用公共资金或公共预算进行投资和/或运营援助的可再生能源支持计划受欧盟国家援助制度的约束。必须通知欧盟委员会审查支持系统(包括向能源生产商付款的细节)对于实现《欧盟条约》共识范围内的目标是否必要和相称,以及在其他情况下无法合理实现的目标。保护市场参与者免受强大现有垄断企业的侵害是国家援助的可能理由。对可再生能源的支持基本上被视为符合国家援助条例,因此被纳入环境援助指南,因为它们被视为温室气体减排和其他有利于环境目标的相关手段。尽管支持可再生能源是国家援助的合法目的,但仍有必要通报计划条例的细节,以便欧盟委员会能够评估预期电价和条例的相称性。

除了这些属于国家援助并因此被委员会视为国家援助的支持机制(例如奥地利、卢森堡、斯洛文尼亚)之外,还有其他国家支助系统不属于国家援助制度,因为它们不是由公共资金或公共预算提供经费。这些系统中最突出的是 1991 年制定的《德国上网电价法》,2000 年的《可再生能源法》(EEG)(以及此后的几

---

① 欧盟国家援助条例摘要可在欧盟委员会网站上找到。

项修正案)①对其进行了完善。关于 EEG(以及 1991 年的前身法律)是否是国家援助的问题,已经讨论了十多年。直到今天,法律专家们仍然一致认为,2001年 3 月 13 日欧洲法院(ECJ 2001)的裁决仍然适用于 EEG 的现行版本。然而,当这本书的文本定稿时,至少有一份法律待定,质疑 EEG 是非法的国家援助。据一些媒体报道,欧盟委员会已启动了一项程序,以评估现行法律是否不得不被视为国家援助,如果是,是合法还是非法。显然,EEG 不能被归类为国家援助,至少不能被视为非法②,但只有在本案诉讼结束后才能证明这一点。

国家援助不仅对个别法律中的可持续能源政策很重要,而且欧盟国家援助框架的进一步发展将对可再生能源和温室气体减排政策的未来产生重大影响。欧盟委员会已经启动了"欧盟国家援助现代化(SAM)"进程(European Commission 2012a),旨在简化、精简和更加集中地应用国家援助制度。"特别是,公共支出应更加高效,并针对实现欧洲共同目标的促进增长政策"(page 2)。必要时,国家援助应有助于"结束危机,重新启动可持续增长"。它应该是"精心设计的,针对已识别的市场失灵和共同利益目标,而且扭曲性最小('好援助')"(page 4)。"好援助"将执行"污染者付费原则",并"鼓励公司超越欧盟强制性环境标准,或提高环境援助指南中规定的能效"(page 4-5)。欧盟委员会呼吁"强有力的国家援助控制……确保一个运转良好的单一市场"。这对可再生能源发展和效率提升非常重要,也有潜在的好处,因为委员会发现,"在最近才开放的市场中,国家援助的大型垄断企业仍然发挥着主要作用,如运输、邮政服务,或者在更有限的情况下的能源市场,强有力的控制尤其重要。国家援助现代化可以通过一项旨在限制竞争失序、维护公平竞争环境和打击保护主义的更有效政策来改善国内市场的运作"(page 5)。如果运用得当,可以限制垄断企业的市场支配地位,从而为新的市场进入者参与公平竞争铺平道路。完成欧盟国家援助现代化进程是可以预见的,包括"在 2013 年底前修订和精简委员会的

---

① 德国环境部网站上有最新的英文版本。
② Stiftung Umwel Tenergierecht (环境能源法基金会)的最新发展和法律评估概述迄今为止仅用德语。

主要法令和准则"（page 9）。

在公众和成员国咨询的基础上，将制定新的法规和指南。对于可再生能源行业和投资者来说，保持和建设性地制定支持计划相关法规的一致性尤为重要。事实证明，将可再生能源纳入环境援助指南有助于处理受国家援助制度制约的支持计划。由于垄断企业和化石燃料和核燃料的外部成本内部化的缺乏，市场仍然处于失灵状态，就需要维持或以一个更全面的框架来取代。应该利用这个机会澄清化石能源和核能不符合合法国家援助的条件。

关于化石燃料，欧盟委员会和其他机构一再强调需要逐步取消补贴（尽管碳捕获与封存有一些后门）。然而，就核能而言，存在着一种奇怪现象：一方面不提这个问题，另一方面试图将支持核能作为"低碳能源"纳入合法国家援助①的合格技术范围。如果欧洲要继续建立一个真正可持续的能源系统，就必须在正在进行的讨论过程中明确拒绝这一点。

另外，在现代化框架中需要澄清的是，在市场失灵阻止可再生能源参与公平竞争之前，允许国家对可再生能源提供援助。因此，对可再生能源的支持不是竞争失序，而是在失灵的市场中促进公平竞争。如果精心设计并真正消除化石能源和核能的竞争优势，为可再生能源支持制定整体豁免规则可能是一个积极的步骤。

11.4 生物燃料和生物质能的未来——运输和其他领域

生物燃料（和一般生物质能）的可持续性是与能源系统向可再生能源转变

---

① 最近的案例是 2013 年 3 月关于"2014—2020 年环境和能源援助指南"（European Commission 2013）的"咨询文件"。同时强调需要逐步取消对"最成熟可再生能源"的支持（page 14），该文件要求"增加低碳能源之间的竞争"（page 8），同时建议"深入讨论，以分析市场失灵是否有理由干预"，以便"扩大对其他低碳能源的支持，包括核优势"（page 13）。尽管这很荒谬，但在经历了 70 年的补贴之后，一些成员国仍在认真要求国家对核能提供援助。

有关的一个重要问题。在《2009 年可再生能源指令》和《2009 年燃料质量指令》中，通过许多法规和审查条款解决了可持续性问题。对于生物燃料和液体生物质能可持续性标准也纳入其中，委员会的报告义务邀请就所有生物质能和改进液体燃料的可持续性标准提出更多建议。鉴于关于将可持续性标准扩展至固体生物质能的讨论和决策待定，预计近期不会有立法提案，委员会已主动（European Commission 2012f）提出对两项关于间接土地利用变化（ILUC）的指令的修正案。该提案在理事会工作组和欧洲议会委员会中备受争议，旨在限制对基于食物的生物燃料（"传统生物燃料"）的支持和问责，而不是鼓励"先进生物燃料"。鉴于生物燃料为运输部门 10% 可再生能源目标做出重大贡献，该提案提出了若干措施，以促进"先进生物燃料"的市场渗透。实现这一目标的关键工具是将 ILUC 作为生物燃料可持续性评估的一个主要元素，尽管目前科学界和政界正在就现有建模实践和方法的有效性进行讨论，因此不再"在预防性方法下"解决 ILUC（page 2）。该提案旨在"将传统生物燃料（有 ILUC 排放的风险）对实现可再生能源指令目标的贡献限制在 5% 以内"，并"通过提高新装置的温室气体减排门槛改善生物燃料生产过程的温室气体性能（减少相关排放量）"，至少比 2014 年 7 月 1 日时的传统燃料高出 60%。在保护现有设施的同时，这些变化被认为是必要的，并提高了成员国的报告要求，特别鼓励"先进（低ILUC）生物燃料"的更大市场渗透率，比传统生物燃料对《可再生能源指令》中的目标实现的贡献更多。此外，建议在 2020 年后逐步取消对传统生物燃料的支持。

　　为了不危及 2020 年运输部门 10% 可再生能源目标的实现，建议通过"将先进生物燃料的比重提高到与 2009/28/EC 指令中规定的与传统生物燃料相比10% 的运输目标"（page 3），从数字上提高"先进生物燃料"的贡献——将这些燃料计算到四倍（page 14）。因此，只有 5% 的"传统生物燃料"和 1.25% 的"先进生物燃料"才能实现 10% 的目标。这项提议因第一步就破坏了生物燃料目标的可信度以及 20% 的可再生能源总体目标而受到批评。2017 年 12 月之前，欧盟委员会应提交一份报告"审查……本指令引入的措施在限制与生物燃料和生物液体生产相关的间接土地利用变化温室气体排放方面的有效性。如果合适的话,报告还应附带一项立法提案……将估计的间接土地利用变化排放因素纳入到自 2021 年 1 月 1 日起适用的适当可持续性标准中,并审查为非土地利用原料和非粮食作物生物燃料提供的激励措施的有效性……"(page 17)。

尽管一些环保 NGOs 欢迎试图限制生物燃料使用的提案,但工业和农业利益攸关方批评该提案故意采用一种方法,这种方法不会限制直接或间接的土地使用变化,但会进一步降低传统运输燃料替代品的经济可行性。需要强调的是,将间接土地利用变化因素普遍化不会对三个主要生物燃料生产国和出口国(马来西亚、印度尼西亚、巴西)的土地利用变化产生相关影响,但主要会对欧洲的可持续生物燃料生产产生负面影响。目前正在讨论委员会的建议和备选建议,例如使用区域和/或国家特定而不是泛化的标准。这本书在编写时,还无法预测欧盟委员会的提案是否以及何时、以何种方式被理事会和欧洲议会通过。

鉴于生物燃料在运输部门替代石油的重要性以及"先进生物燃料"和电动汽车的发展缓慢,该提案是不成熟的(由于缺乏可靠的证据和衍生方法),不利于在可持续运输燃料方面取得进一步进展。鉴于国内或区域生物燃料生产通常不会引起(强烈的)对可持续性的担忧,但为运输部门的脱碳提供了可行的解决方案,因此对传统生物燃料设定上限并主要依赖先进燃料(和电动汽车,但 ILUC 提案中并未解决这一点)似乎是目光短浅和缺乏远见的。因此,基本上可以驳回间接土地利用变化的提议,并以鼓励进一步开发可持续生物燃料的法规取而代之,再加上对更先进生物燃料的进一步激励,以及对电动汽车的启动活动提供有力和有效的支持。

11.5　排放交易:尝试修复关键系统

欧洲排放交易系统旨在成为脱碳的主要工具。一些支持者曾经认为(现在仍然认为)它应该成为欧盟鼓励温室气体减排的唯一工具。然而,第一个排放交易期分配了太多的配额,因此系统中没有出现相关的价格信号。这就是为什么在"2009 年气候与能源一揽子计划"中实施了重大变革,最重要的一项是引入了拍卖作为传统分配方式,而不是像第一阶段那样实行溯往原则分配方式。然而,单凭这一点并不能解决问题。碳价格继续远远低于被认为对有利于低碳排放源的投资决策产生相关影响的水平。碳价格低不仅破坏了 EU-ETS 温室气体减排的有效性,而且还导致拍卖收入减少——成员国已经计划将拍卖收入用于支持非 ETS 部门温室气体减排。

基于这些观察结果,2012 年 11 月,欧盟委员会提交了一份法规草案,建议将一些应拍卖的温室气体配额"折量拍卖"(European Commission 2012i)。与往常一样,该提案附有"影响评估"(European Commission 2012j,European Commission 2012k)。提案以《2009 年排放交易指令》为基础,在某些情形以及在理事会和欧洲议会同意的情况下,允许变更交易期(2013—2020 年)内拍卖的年度限额。考虑到"决定配额供需平衡的因素发生了特殊变化",委员会强调有必要立即采取行动。解决的变化是"经济明显再次放缓,以及与过渡到第三阶段直接相关的临时因素,包括增加在第二个交易期内有效的未使用配额量,以确保在上述期间内遵守规定,增加清洁发展机制下或根据联合实施条款的减排项目认证的减排量和减排单位,供计划涵盖的运营商放弃"(European Commission 2012i,page 2)。为了尽快与欧洲理事会和欧洲议会达成协议,欧盟委员会没有对《排放交易系统指令》提出根本性修改,这在中期阶段是必要的,但仅限于限制 2013—2015 年"过渡期"内过度配置的影响。据估计,"2011 年底将有近 10 亿配额盈余"(European Commission 2012k,page 2),这一盈余将继续增长,除"一切如常"备选方案外,还开发了 6 个选项,并评估了它们各自对碳价格发展的影响。所有备选方案包括减少 2013 年、2014 年和 2015 年拍卖的配额数量,并在 2018 年、2019 年和 2020 年(或仅在 2020 年)将其"折量拍卖"。最大的积极影响(即前三年碳价格上涨)预计来自 12 亿配额的折量拍卖。最有限的影响来自仅有 4 亿配额的折量拍卖。但是另一方面，预计在交易期结束时，当如此高的配额数量重新引入系统将大幅降低价格的时候，折量拍卖 12 亿配额将对价格发展产生非常负面的影响。作为影响评估的结果，该提案建议折量拍卖 9 亿配额（2013 年 4 亿，2014 年 3 亿，2015 年 2 亿），并在 2019 年和 2020年将其回收（2019 年为 3 亿，2020 年为 6 亿）（European Commission 2012i，page 3）。

尽管该提案的影响有限，但决策过程却非常困难。在这本书完成之前，欧洲议会和理事会尚未就该提案达成协议。尽管欧洲议会环境委员会支持，但工业和能源委员会（ITRE）反对。欧洲理事会尚未作出决定，因为一些国家（如波兰）坚决反对该提案，而其他国家（如德国）在政府联盟中有一个阻碍群体，环境部长支持，经济事务部长反对。2013 年 4 月 16 日，欧洲议会进行了全体投票，紧跟工业和能源委员会，否决了折量拍卖提案。现在仍有待观察，即将到来的欧洲议会和欧盟理事会之间的谈判能否改变否决票，并就至少一些折量拍卖达成协议或启动更深入的修订进程。

与此同时，EU-ETS 受到严重的过度分配影响，导致价格远远低于任何潜在影响阈值。尽管及时就折量拍卖提案达成协议至关重要，但此类协议只能是"有意愿／有能力采取行动的第一个信号（避免进一步的价格崩溃）"（Matthes 2013，page 9）。需要采取更加一致的措施，恢复 ETS 作为碳定价和温室气体减排的相关工具。有必要大幅留出和进一步减少配额，并逐步取消 EU-ETS 对清洁发展机制（CDM）和联合执行（JI）配额的使用。需要更多的灵活性，例如按照经济增长或能源消费发展和／或其他温室气体减排手段，如可再生能源、能效或节能等指标的指数化。引入最低碳价格或能源税有助于重振 EU-ETS，将其转变为温室气体减排的有效工具。如果欧盟定期大胆地削减碳排放限额，并将其整合到欧洲可持续能源政策的全面框架中，这是可以做到的。

11.6　新一轮愿景思考

发展 CCS 作为对温室气体减排的相关贡献，已经是"2009 年气候和能源一揽子计划"的一部分，碳捕获与封存指令提供了一个起步的框架。如今，CCS 的经济可行性方面几乎没有取得任何进展。因此，欧盟委员会发布了一份"关于欧洲碳捕获与封存的未来"的通讯报告（European Commission 2013d），发起了一项公众咨询，询问利益相关方对"关于确保 CCS 展示和进一步部署（如果证明在商业和技术上可行）的最佳政策框架是什么"的看法（European Commission 2013e）。此次通讯报告显示，CCS 距离商业规模部署还有很长的路要走。它还表明，支持者们是多么迫切地试图找到一个合理的理由和发展它的方法。

委员会通过提到仍在运行和在建的化石燃料火力发电的高份额来说明 CCS 的情况，这一趋势预计将在今后几十年继续下去。这种趋势不符合脱碳目标，也不符合限制全球气温上升的目标，因此 CCS 技术"是协调化石燃料需求增长与温室气体减排需求的关键方法之一"，而且"为了将全球平均气温上升控制在 2 ℃ 以内，全球范围内的 CCS 很可能是必要的"。人们承认，脱碳还有其他选择，但参考《2050 年低碳路线图》（European Commission 2011b）和《2050 年能源路线图》（European Commission 2011f），尽管有排放交易系统和其他资助项目，如欧洲能源复苏项目和碳排放交易基金项目（NER300），欧盟再次承诺"在财政和监管方面支持碳捕获与封存"（page 3），同时承认到目前为止没有一个商业规模的示范项目可以在欧盟建立。该通讯报告重申了到 2050 年将温室气体排放量至少减少 80% 的承诺，并提出了 CCS 的必要性。"因此，只有从系统中消除化石燃料燃烧产生的排放，才能实现 2050 年的目标，而碳捕获与封存作为一种能够显著减少电力和工业部门使用化石燃料产生的二氧化碳排放的技术，在这里可能发挥着至关重要的作用"（page 11），并补充道，"它还可以用于从生物质能（生物 CCS）的使用中捕获生物碳"（page 12），这可能是真的，但无助于克服任何真正的问题,如成本和公众接受度。

通讯报告发现,20 个 CCS 展示项目中只有两个在欧洲运营(在挪威而不是在欧盟,应缴纳 25 欧元/吨二氧化碳的税款)。这两个挪威项目只有在提高油气采收率的情况下才可行。考虑到目前展示项目中每吨节约的二氧化碳成本为煤炭 40 欧元和天然气 80 欧元,即使有公共支出的支持,这也远远不具备经济可行性,而且当碳价格保持在 5 欧元/吨二氧化碳的范围内时,这甚至更为遥远。通讯报告正确地分析了"商业案例像 2009 年那样显著恶化"(page 16)。无论如何,通讯报告发现"第一代 CCS 煤炭或天然气发电厂预计将比没有 CCS 的类似传统发电厂成本要高得多"。这好像只是一个小问题,信仰疗法可以治愈它。"一旦开始部署 CCS 发电厂,得益于研发活动和规模经济的建立,成本将降低"(page 14)。然而,这种发展在现实世界的任何地方都无法观察到。尽管如此,对现有电站的改造和迫使新电站"准备好 CCS"的问题也额外得到了解决。与新建的具有碳捕获功能的发电厂相比,它将"带来更高的成本,显著降低总体效率,然而,已经设计成'CCS 就绪'的发电厂数量非常少"(page 15)。

通信报告发现,在 CCS 不是被视为气候保护的资产,而是作为继续使用化石燃料的借口的地方,碳封存正面临"强烈的公众反对"(page 18),据称是由于"缺乏公众意识"——没有考虑到泄漏问题存在真正的健康问题,也没有考虑到公众反对继续使用燃煤发电厂。

在"国际能源署 2012 年世界能源展望"的基础上,通讯报告预计在中国和其他发展中国家将增加燃煤发电厂的部署。因此,采用 2009 年已经使用过的相同案例来唤起 CCS 的必要性。"除非中国和世界各地的新电站能够安装 CCS,并对现有电站进行改造,否则 2030 年至 2050 年间,世界排放量中的很大一部分已经'锁定'"(page 19)。与往年一样,鉴于缺乏国际气候制度和缺乏经济可行性,没有任何迹象表明,中国和其他国家为什么应该考虑使用 CCS,而这正是这份通讯报告中正确呈现的。

基于令人震惊的分析——没有商业案例,成本太高,缺乏公众接受度,委员会发现"CCS 现在正处于十字路口"（page 22），并征询利益相关方对触发 CCS 部署的新政策和附加政策的看法，包括强制性 CCS 证书、上网电价和排放绩效标准，这次咨询的结果是可以预见的。一直提倡 CCS 的大多数人将继续这样做，以保留继续使用化石燃料的选择权。像今天一样，没有人真的相信中国和其他发展中国家会认真考虑使用 CCS，当今的主要经济体也不会。最有可能的是，提升可再生能源的部署将是大幅温室气体减排的唯一可行的解决方案，当然也是在可预见的未来唯一可用的解决方案。

11.7 欧洲议会呼吁建立稳定的 2030 年框架

受欧盟委员会"可再生能源战略"（European Commission 2012b）的启发，欧洲议会的工业和能源委员会（ITRE）决定发布一份关于"欧洲能源市场上可再生能源的当前挑战和机遇"的报告（European Parliament 2012）。该倡议来自德国欧洲议会议员赫伯特·鲁尔（Herbert Reul）（基督教民主党/欧洲人民党），他也提供了报告草稿。鲁尔是一位对可再生能源持明确怀疑态度的人，公开宣布他的报告作为呼吁建立一个协调的欧洲配额制度，以取代现有的不同国家支持机制（Welt 2013）。2012 年 11 月 9 日发布报告草案时，协调配额制度并不是对现有气候和能源框架以及 2020 年目标支持者的唯一强制要求。

该草案以大多数议员都同意的声明开始，例如期望欧盟有更多可再生能源份额，这有助于减少对化石燃料的依赖或供应安全以及经济和环境可行性的必要性。然后是鲁尔对一些问题的具体看法。在他看来，"大约 170 种不同的可再生能源支持计划导致跨境电力交易效率低下，因为这加剧了不平等，从而阻碍了内部能源市场的完善"（European Parliament 2012，page 4），这是一种非常特殊的现实观点。欧洲没有针对可再生能源的"170 个不同计划"，也没有不同的支持计划阻碍内部能源市场的完成。事实恰恰相反：由于市场壁垒和内部市场立法的不完全转换，需要支持计划来补偿市场失灵。在讨论基础设施需求时，报告草案正确地指出,这不得不"与目前的情况不同",但随后对必要的"以前无法获得的常规能源储量"进行了高度夸大的估计,以平衡"可再生能源与波动的上网电价",认为"储存容量的开发需要大量成本"。如果不解决网络结构面临的挑战,"可再生能源增加的上网电价将严重影响供应安全"(page 5)。甚至在强调"可再生能源的进一步开发将导致欧洲景观的永久性变化"时,也引发了对欧洲景观的担忧(page 6)。

在草案的最后,作者提出了他预先宣布的意图,即协调可再生能源支持计划,这一观点已被议会和理事会多次拒绝。基于他对 170 种不同"类型的促销机制"的错误假设,有观点认为"支持带来了健康的增长,但一些促销系统的成本非常高,在某些情况下,消费者在没有选择的情况下承受了巨大的经济负担"(page 6)。他指出,"尽管有补贴,可再生能源与传统能源生产方法相比,仅在某些地理条件有利于可再生能源的区域具有竞争力——忽视了(包括欧盟)绝大多数补贴流向了化石能源和核能,没有补贴,大多数可再生能源肯定不会具有竞争力"。

最后,为了协调支持计划,提出了一个观点,即尽管非常受欢迎,但"良好的实践指导只是第一步,需要努力精简国家支持系统"。至少,他补充道,"它们不能被追溯性地修改或取消,因为这将向投资者发出灾难性的信号",但他"深信只有全欧盟范围的可再生能源推广系统才能提供最具经济的框架,可再生能源的全部潜力才能得以实现;认为在技术中立的欧洲可再生能源市场具有决定性优势,在这一市场中,生产商将必须从可再生能源中获得预先确定的能源输出配额,而获得该配额的方法之一将是通过在为此目建立的市场上对证书进行交易"。所有这些都不符合欧盟各国的经验。在欧盟,技术中立的支持机制已逐渐被已被证明更有效、更经济的特定技术系统所取代。然而,该议案最后呼吁"欧盟委员会毫不拖延地提出一项欧洲支持系统的提案,在该系统中,可再生能源证书市场将促进欧盟范围内各种技术之间的竞争"(page 7)。

这份报告草案提供的证据证明一些欧洲议会议员已经偏离了《2009 年气候

和能源一揽子计划》的共识。当工业和能源委员会（European Parliament 2013）最终对其进行投票时，大多数有偏见和未经证实的声明已被更适当的分析和更现实的 2020 年后框架提案所取代。在非政府组织和可再生能源协会的支持下，工业和能源委员会的影子报告员①起草并投票了数百项有争议但最终相互妥协的修正案，将该议案转换为一份有用的文件，为辩论关于 2030 年可再生能源目标和综合气候与能源框架留下了一定的解释空间，但强调需要一个可靠的 2020 年后框架和确定到 2050 年的目标。

在委员会投票并删除了大多数争议点后，现在明确要求欧盟委员会评估一个具有约束力的 2030 年可再生能源目标，鲁尔在通讯报告中强调，欧盟委员会呼吁在可再生能源支持方面采取更欧洲化的方法，采用协调的支持标准。此外，他还对几位欧洲议会议员提出的"要求 2020 年可再生能源占比达到 45%"的提案发表了评论，声明"在如此短的时间内将可再生能源的份额翻一番以上完全是空想，与可靠和负责任的政策根本不相容"（Reul 2013）。他的声明与欧洲可再生能源理事会发布的通讯稿形成对比，后者欢迎议会"呼吁 2020 年后的可再生能源政策和到 2050 年的目标。这当然与欧洲可再生能源理事会提出的到 2030 年 45% 的可再生能源目标相呼应。"我以 EREC 的身份说："这是欧洲议会在发布关于《2030 年气候和能源政策框架绿皮书》前几周向委员会传递的一个关键信息（EREC 2013a）。"

更仔细地观察委员会的投票结果，可以发现原始草案有多大的变化，再次强调欧洲议会强烈支持促进和制定宏远的可再生能源政策。该报告承认，"可再生能源在欧洲能源组合中所占的份额在短期、中期和长期都在增长，……可再生能源对保障欧洲安全、独立、多样化和低排放的能源供应做出了重大贡献"（European Parliament 2013, page 4），并强调"投资者要求其 2020 年以后的预期

---

① 欧洲议会中的报告由报告员（及其助理）起草，报告员得到其他议会团体提名的影子报告员（及其助理）支持。报告员和影子报告员需要密切合作，准备投票，从负责委员会开始，最终到欧洲议会全体会议。动议只能在全体会议上以多数票通过。

项目投资具有安全性和连续性"。委员会同意"欧盟委员会的意见,即可再生能源以及能效措施和灵活智能的基础设施是欧盟委员会确认的'无悔'选择,未来可再生能源将在欧洲能源供应、电力供应、供暖(占欧盟总能源需求的近一半)与制冷和运输部门中占据越来越多的份额,它们将减少欧洲对传统能源的依赖"。委员会补充说,"应为一直到 2050 年这段时间设定目标和里程碑,以确保可再生能源在欧盟有一个可信的未来;回想起委员会在其《2050 年能源路线图》中提出的所有设想,都假设 2030 年可再生能源在欧盟能源组合中至少占30%;因此,建议欧盟应努力实现更高的份额"。报告强调"可再生能源不仅有助于应对气候变化,提高欧洲能源独立性,而且还通过减少空气污染、废物产生和水的使用,以及其他形式发电固有的风险,提供显著的额外环境效益"(page 5)。投票"承认可再生能源技术日益增强的竞争力,强调可再生能源和清洁技术相关产业是欧洲竞争力的重要增长动力,代表着巨大的就业潜力,并对新产业和出口市场的发展作出了重要贡献"。强调了供暖与制冷部门对更多可再生能源的需求,呼吁"委员会和成员国更多地关注可再生能源在供暖与制冷领域尚未开发的潜力和关注可再生能源使用增加与能效和建筑指令实施之间的相互依赖性和机会"(page 6)。报告发现"欧盟内部目前有多种推广可再生能源的不同支持计划共存"(page 8),报告"欢迎委员会就支持计划改革和更好地利用《可再生能源指令》的合作机制提供指导"。最后,该报告总结了需要一份"推广可再生能源的欧洲框架",并强调了各种支持计划,指出"在支持计划设计良好的情况下,这种支持带来了健康的增长,但有些促进系统设计得不好,已经证明不足以灵活地适应某些技术成本的下降,在某些情况下造成了过度补偿,从而在消费者没有选择的情况下给他们带来了经济负担。很高兴地注意到,与传统能源生产方法相比,一些可再生能源由于获得补贴,在地理条件有利、资本准入条件好、行政负担低或规模经济的一些地区已更具竞争力"(page 17)。还包括对稳定性的需求以及对支持框架的回溯性变化的负面影响。展望 2020 年以后,报告呼吁推进"关于更大融合和 2020 年后合适的欧洲支持系统的辩论"。

报告要求委员会在 2020 年后框架背景下，评估欧盟范围内推广可再生能源的机制是否将提供更经济的、充分释放他们的潜力的框架，以及评估渐进式融合如何发挥作用。"对于现有的研究（例如，REShaping 2010），可以期待的是评估的结果将是加强版的国家支持系统是推广可再生能源最有效的方式。

这份报告是欧洲议会议员鲁尔为了反对和批评现有的可再生能源框架，并强调可再生能源整合的问题而发起的，在欧洲议会各委员会的辩论和投票（大概也包括全体会议①）后，已转变为呼吁建立一个可靠的 2020 年后年框架，具有远大和现实的 2030 目标，欧盟委员会可以在关于《未来气候和能源政策框架的绿皮书》中建立这一立场（European Commission 2013a）。

11.8　迈向 2030 年的气候和能源政策框架

2013 年 3 月 27 日，欧盟委员会发布的几份文件分析了 2020 年框架的执行情况，并将关于 2020 年后框架的辩论推进到下一阶段。可再生能源进展报告（European Commission 2013c）分析了成员国实现 2020 年可再生能源目标的进展情况。同时，对碳捕获与封存的进展进行了评估（European Commission 2013d），并就如何应对迄今为止有限的进展展开磋商（European Commission 2013e）。战略文件《绿皮书：2030 年气候和能源政策框架》（European Commission 2013a）阐述了 2020 年后框架的范围和内容，包括关于未来目标、雄心程度、工具、不同要素之间的相互作用以及对竞争力的影响等问题。

根据欧盟统计局（Eurostat）提供的基于 2011 年提交的成员国进度报告的最新统计数据，欧盟委员会发现："给人的印象是，欧盟层面的初步起步总体上是稳固的，但消除可再生能源增长的关键障碍的速度比预期的要慢，需要特定

---

① 投票于 2013 年 5 月 21 日进行。在大多数主要问题上，工业和能源委员会的版本都得到了认可。此外，议会多数（尽管很小）增加了对 2030 年可再生能源目标的明确要求（European Parliament 2013a）。

成员国的进一步努力"。委员会还发现,"需要在简化行政管理、明确规划和许可程序以及基础设施开发和运营方面作出进一步努力。在处理可再生能源生产并将其纳入电力系统方面,也还需要进一步努力。如今,欧盟的总体经济状况以及支持可再生能源计划的颠覆性变化(再次增加监管风险)使我们进一步得出结论,需要在成员国层面采取进一步措施,以保持发展轨道并实现目标"(European Commission 2013c,page 2)。为了实现"严格、完整地执行《可再生能源指令》和《国家可再生能源行动计划》中所作的承诺"(page 13-14),针对成员国发起了大量的侵权程序,要求其不得转用。

2010 年底,可再生能源在欧盟能源组合中的份额为 12.7%(2010 年中期目标为 10.7%)。这是有希望的,但必须指出,迈向 2020 年的中期目标更加宏大,因此,在没有进一步措施的情况下,目标的实现还不能被视为理所当然,因为 2010 年的数字不包括上述追溯性和其他支持机制变化的影响,这些变化是在 2010 年之后颁布的。

从个别成员国来看,如文件附件一所示,只有拉脱维亚(32.6%,而非34%)和马耳他(0.4%,而非 2%)比 2010 年中期目标低 1% 以上。13 个国家(奥地利、保加利亚、德国、丹麦、爱沙尼亚、西班牙、芬兰、匈牙利、意大利、立陶宛、罗马尼亚、瑞典和斯洛文尼亚)超过了中期目标 2%。瑞典已经超过 2020 年49% 的目标 0.1%,罗马尼亚(23.6% 对比 24%)和爱沙尼亚(24.3% 对比25%)非常接近 2020 年的目标。在其余国家中,有 10 个国家略超出了中期目标,有两个国家低于各自的轨迹(英国和荷兰)。数据和分析表明,几乎所有成员国都需要加大努力,确保实现或超过其 2020 年目标。

11.8.1 《绿皮书: 2030 年气候和能源政策框架》

欧盟委员会似乎已经理解了欧洲议会和利益攸关方发出的信息,他们呼吁一个坚实可靠的 2020 年后框架。《绿皮书:2030 年气候和能源政策框架》(European Commission 2013c)强调了旨在"早日达成 2030 年气候和能源政策框架协议"的三个原因：

"首先，长期的投资周期意味着近期投资的基础设施在 2030 年及以后仍将存在，因此投资者需要确定性和降低监管风险。

"其次，明确 2030 年的目标将通过创造对高效和低碳技术的更多需求，并刺激研究、开发和创新，从而为就业和增长创造新的机会，为实现有竞争力的经济和安全的能源系统提供支持。这反过来又直接和间接地降低了经济成本。

"再次，尽管就气候减缓问题达成具有法律约束力的国际协议的谈判一直很困难，但预计到 2015 年底仍将达成一项国际协议。欧盟必须在这一日期之前就一系列问题达成一致，包括自身的雄心程度，以便与其他国家积极接触"（page 2）。

在应对未来挑战的同时，欧盟委员会强调，需要分析自气候和能源一揽子计划达成一致以来的变化，特别是经济和金融危机、一些成员国的预算问题、欧盟和全球能源部门的发展，以及有关能源可承受性和竞争力影响的问题。吸取过去的教训，正如《2050 年低碳路线图》《2050 年能源路线图》和《交通白皮书》所阐述的那样，"框架应考虑到更长远的前景"，目标是到 2030 年欧盟温室气体减排 40%（到 2050 年减排 80% ~ 95%），并显著提高可再生能源的份额，这被确定为一个主要的"无悔选择"。作为公众咨询①的结果，委员会计划以通讯报告、白皮书和/或立法提案的形式提出 2020 年后框架建议，并将在 2014 年欧洲议会上讨论和评估，但很可能在 2015 年新当选的议会和下一届欧盟委员会开始工作之前不会做出决定。但为了在 2014 年完成主要准备工作，现在就开始这一进程是绝对必要的。

绿皮书概述了 2009 年一揽子计划不同内容的执行情况。

在谈到 EU-ETS 中配额的过度分配时，该文件发现，它"没有成功地成为长期低碳投资的主要驱动力。与 2005 年相比，尽管到 2020 年碳排放交易系统的

---

① 咨询将于 2013 年 7 月 2 日结束。因此，这里无法分析结果。

排放限额将下降到21%左右,并在 2020 年后继续下降,在一定程度上由经济危机造成的目前大量的配额盈余,使碳价格无法反映出这一点,原则上为需要大规模的低碳投资提供了法律保障"。该文件还评估了到 2020 年实现温室气体减排的第二个要素,即"减排共担决策"(见第三章),即在 ETS 之外实现 10%的温室气体减排。因此,"欧盟正在实现 10%的减排目标,但成员国之间存在显著差异,其中一半成员国仍然需要采取额外措施"(page 4)。

关于可再生能源发展的进展,请参考进度报告,以及需要达到 6.3%的年平均增长率才能实现 2020 年的目标(目前为 4.5%,2001—2010 年仅为 1.9%)。因此,需要采取更多措施,才能顺利迈向 2020 年。

到 2020 年实现 20%的节能目标没有法律约束力,进展也还不够。随着 2012 年通过的"能效指令"(Energy Efficiency Directive 2012),现在有了一个全面的法律框架,但"缺乏监测进展和测量对成员国影响程度的适当工具"(European Commission 2013c,page 5),并且没有足够的确定性来实现 2020 年的目标。

绿皮书确定了四个需要咨询的关键问题,第一个是关于目标,涉及"目标的类型、性质和目标程度以及它们之间的相互作用"。"目标是否应在欧盟、国家或部门层面,并具有法律约束力?"(page 7)提出的问题是,现有的一套目标是否可以简化,例如放弃单独的运输目标,或只关注温室气体减排目标。当谈到新的可再生能源目标时,绿皮书是模棱两可的。"只要不替代其他低碳能源,更高比例的可再生能源就能实现温室气体减排"(page 7),这与委员会的其他声明一致,重新将核能作为可再生能源的替代品①。此外,还参考了 ETS 中可再生能源之间的相互作用。

绿皮书为要分析的内容设置了场景并提供了几种选项。"《2050 年能源路

① 有关证据,请参见 European Commission 2013,其中讨论了"市场扭曲",这可能证明国家对核能的援助是合理的。

线图》表明,2020 年后可再生能源在能源系统中的份额必须继续增加。必须慎重考虑 2030 年的可再生能源目标,因为在此时间范围内,许多可再生能源将不再处于初级阶段,并将与其他低碳技术展开激烈竞争。还应考虑是否可以在没有具体目标的情况下,通过 ETS 和监管措施创造正确市场条件,实现欧盟层面可再生能源份额的增加"(page 8)。

第二个问题是"政策工具的一致性"(page 9)。"因此,2030 年政策框架应在欧盟层面的具体实施措施与成员国以最适合国情的方式实现目标的灵活性之间取得平衡,同时与内部市场保持一致"(page 9)。

第三个问题是"培养欧盟经济的竞争力"(page 10),涉及能源价格的发展以及能源行业的创新。人们强烈要求全面实施国内能源市场,但同时也关注"需要在未来以环境安全的方式开发本土石油和天然气资源,包括传统和非传统资源,因为它们有助于降低欧盟的能源价格和进口依赖"(page 11)。尽管寻找对环境有害的非传统能源被描述为一种昂贵的必需品,但人们对可再生能源可能会提高能源价格的担忧却被回避了。因此,通过协调可再生能源支持系统节约成本的说法仍然存在。

作为一项总体评估,绿皮书提出了问题,并倾向于有问题的答案。然而,它开启了一个就 2030 年需要什么样的目标以及需要什么样的框架展开辩论的过程。可再生能源部门和环保 NGOs 的利益攸关方肯定会抓住机会,倡导一个明确的、宏远的、具有约束力的框架,以提高能效和可再生能源在欧洲能源组合中的份额。

11.8.2　欧洲可再生能源理事会(EREC)的 2030 年帽子戏法

以 EREC 为代表的欧洲可再生能源行业开启了 2020 年后辩论的新阶段,要求实现"2030 年帽子戏法"——综合气候和能源框架(EREC 2013b),阐述了 2020 年后继续实施可持续和宏远的可再生能源政策的若干原因,特别是"为什么一个具有宏远和有约束力的可再生能源目标的 2030 年可再生能源——温室气体——能效的一体化政策方法比一个基于所谓的'技术中立'温室气体减排方法的单一政策能给欧洲公民和工业带来更多的好处"。

本章详细阐述了这种方法的十个具体好处。最重要的好处是"为投资者提供明确的信号"(page 8),从而在长期优先考虑可再生能源的同时稳定市场,创造了"良性循环,即对足够基础设施的期望降低了风险,降低可再生能源部署的成本"。一体化框架将有助于"经济增长"(page 9)。随着 2020 年目标的成功实现,预计到 2020 年 GDP 将增长 0.25%,一个稳定的 2030 年框架"可能进一步提高到最低 0.45% 的净 GDP 增长"。该框架可以"通过创新和部署降低脱碳成本"(page 6),特别是如果为进入市场的创新技术提供有针对性的支持,然后在技术成熟度提高后减少支持。研究表明,"如果政策针对特定市场,收购的总体成本将比使用通用工具(如碳定价)低得多"(page 11)。因此,"需求拉动(通过市场创造)"和"供应推动(通过研发)"的组合有助于发展广泛的技术组合和"及时扩大一系列可再生能源技术"。

欧洲可再生能源理事会表明,一个宏远的、具有约束力的可再生能源目标的综合框架,通过减少投资者的"政治和监管不确定性",有助于"降低融资成本"(page 12),这对于风能和太阳能等前期投资需求高的可再生能源的融资尤其重要。尽管碳排放交易系统正常运行,但二氧化碳的成本保持不稳定,"专用可再生能源政策为投资者提供了一个较低的价格风险环境,从而降低了资本成本"(page 13)。通过有针对性的框架增加可再生能源的份额将直接支持通过缩小与其他技术相比的成本差距,"减少对支持机制的需求"(page 14),以便在市场正常运行的情况下,"越来越多的可再生能源技术将能够摆脱现有的支持机制"。

当世界上其他地区,包括工业化国家和新兴经济体,都在越来越多地参与可再生能源的开发和部署时,如果没有一个明确的框架,欧盟将面临失去迄今为止在清洁技术方面拥有先发优势的风险。如果没有一个强有力的框架,支持强大的国内市场和"提升欧盟技术领先地位"(page 15)将不可能实现。欧洲明确承诺进一步提高可再生能源在能源组合中的份额，并制定了专门政策，因此，尽管全球市场份额不断下降，但仍有可能增加可再生能源市场份额。因此，系统融合和系统改造方面的技术领先将对欧洲经济极为有利。另一个好处是"减少化石燃料进口"（page 18），从而减少贸易逆差。欧洲可再生能源理事会估计，节约的化石燃料进口的金额将达到 3 880 亿欧元，是目前 1 500 亿欧元贸易逆差的两倍多。可靠的框架也将有助于维持和"创造工作岗位"（page 20），从 110 万个增加到 2020 年的 270 万个和 2030 年的 360 万 ~ 440 万个。

通过减少二氧化碳和其他排放物，如甲烷、二氧化硫、臭氧等，特别是燃煤发电厂的排放物，以及由此产生的欧盟每年高达 430 亿欧元的健康成本，"帽子戏法"将有助于"保护环境"（page 22）。这还将降低水的消耗，从而节约稀缺资源。最终，开发广泛的可再生能源技术将有助于欧盟成员国选择并重点关注在各自的地区最容易获得和管理的这些技术和资源。

依据"帽子戏法 2030"，欧洲可再生能源部门提交了一份综合性文件，总结了关于欧盟 2020 年后框架的辩论中最重要的论点。2009 年的气候和能源一揽子计划确立了 2020 年全球公认的 20-20-20 目标。显然，我们需要采取后续行动，以避免政策框架到期以及避免在欧洲迈向完全可持续的能源未来时动力和雄心减弱。

展望：迈向 100% 可再生能源

雷纳·欣里希斯-拉尔韦斯

为欧洲真正可持续的能源系统铺平道路——制定 2030 年框架

一系列 2020 年目标和政策已经到位，而且建立并颁布了可再生能源和温室气体减排综合框架。除了一些相关的例外情况外，该综合框架正在实施中。它已成为欧洲政策优先事项的主要支柱，有其不同要素及优缺点，从对每个成员国具有约束力目标的可再生能源指令，通过改进但仍不能有效运行的排放交易指令，到减排共担决策和碳捕获与封存指令的无约束力效率目标。试图开发一种极有可能永远不会在经济上可行的技术，并最终实现温室气体减排 20% 的目标，这一目标肯定应该但可能不会提高到 30%，因为不会有类似雄心勃勃的国际协议。2008/2009 年达成的框架以及单一市场立法是 2020 年以后进一步发展的起点。它为建立欧洲气候和能源政策下一个里程碑的过程提供了指导原则，包括政策、监管框架和雄心勃勃的目标。

一些成员国对框架的总体积极评价提出了质疑，他们正在从大胆地全面实施转向修订其国家目标和政策，使实现 2020 年目标面临严重风险。在制定下一个十年框架时，这是一个需要考虑的主要绊脚石。一些成员国仍旧严重依赖现有垄断企业。它们仍然拥有为传统能源和/或核能设计的市场和能源系统，并仍在相应地运作。因此，对传统能源的补贴继续远远高于可再生能源。尽管如此，公众舆论仍在讨论据称由于对可再生能源支持而导致的能源价格上涨。

如果将现有和注销的传统发电厂与新的可再生能源相比，传统能源似乎更便宜。如果核能的社会成本由纳税人承担，而不是包含在电价中，那么核能似乎比一些可再生能源更便宜。由于 ETS 系统功能失灵，燃煤电厂似乎比实际成本更低。强大的垄断企业有他们的手段通过媒体传播他们对能源安全和可承受性的看法，有时很大程度上依赖于他们的广告。

为了进一步加快可再生能源的开发和部署，需要制定具有远大目标的支持计划和支持性框架条件。必须执行逐步取消化石燃料补贴的决定，以便在化石燃料生产和消费的外部成本日益内部化的情况下创造一个公平的竞争环境。在此背景下，支持 CCS 是非常值得怀疑的，因为正如今天所讨论的那样，CCS 的主要目的似乎是在低碳能源的标题[1]下继续使用煤炭、石油和天然气。尤其重要的是，限制对这种不成熟且有潜在问题技术的公共支出，这种技术主要是由那些计划继续大量使用国内煤炭作为能源供应的人推动。只要各方不能就振兴 ETS 并将其转变为有效的碳定价工具达成共识，那么发展 CCS 就没有任何经济上的理由，因为在一个功能失灵的碳市场中，CCS 开发的成本要比碳配额高得多。尽管欧盟委员会在最近的 CCS 未来咨询文件（European Commission 2013d）中重申了中国和其他发展中国家需要 CCS 的论点，因为它们将继续使用煤炭，但 CCS 的经济可行性前景并没有比几年前更光明。如果没有一个有意义的碳价格的全球碳市场，CCS 就不是一个现实的选择。如果欧盟不以身作则，一个正常运转的全球碳市场是不可能发展起来的。

一些利益相关方和一些政府在迈向可持续能源未来的道路上又出现了另一个偏离，他们重新推动了将核能作为"低碳能源"的宣传活动，这一分类甚至被纳入了欧盟委员会的文件（European Commission 2013，European Commission

---

[1] 此处无须详细讨论在可再生能源占有率极高的能源系统中，是否有用或有必要捕获生物质的碳排放，以实现额外的温室气体减排，这对于限制全球变暖是必要的。在目前的讨论中，这不是一个相关的选择。在可持续性方面接受"生物质碳捕获与储存"之前，二氧化碳的安全储存仍然是一个有待解决的问题。或者，可以考虑使用捕捉气体的材料。

2013a）。这并不是什么新鲜事，但福岛核灾难发生后，由于安全问题尚未解决，而且核废料处置或处理一直缺乏可持续的解决方案，这比以前更加不负责任。不幸的是，在一些欧洲政府和欧盟委员会中，这种"核选项"也有支持者。在过去 70 年中，核能一直并仍然得到大量补贴，尽管世界上没有任何一个核电厂需要支付与其他能源生产设施相当的保险费，但芬兰、波兰、捷克共和国和英国正在尝试（重新）将新的核能引入其能源组合。芬兰正在建造一座新的反应堆（奥尔基洛托 3 号）。该项目原定于 2009 年开始运营，现在预计将于 2015 年开始运营。成本估算从最初的 30 亿欧元增加到现在的近 90 亿欧元，目前还没有上限。波兰和捷克共和国正在努力设计新反应堆的框架，以实现经济效益可行（有大规模的国家担保，甚至有直接的国家援助）。

在英国，议会正在审议一项法律引入（通过所谓的差价合同），包括核能在内的低碳能源最低价格。英国（在 2010 年可再生能源仅为 3.3%，European Commission 2013c）远远低于 2020 年可再生能源目标的轨迹，强烈反对新的 2030 年可再生能源目标。他们正在推动引入 10-cent/kWh 以上的核能担保价格，期限长达 40 年，但他们似乎仍然没找到愿意承担风险的投资者。这可能是为什么欧盟风险投资竞争委员会（DG Competition）正在分析是否存在不利于核能发展的"市场失灵"的一个主要原因，以便让国家援助在支持"迈向低碳能源系统"方面是可接受和合法的。他们是否真的试图制定并实施一个框架，使核能得到支持，以防止市场壁垒，这仍有待观察。这将抵消所有关于只支持"新兴技术"的论点。但这正是英国和其他一些国家在当前辩论中所推动的。从实际的发展来看，如果没有大量的新补贴（根据欧洲国家援助规定，这些补贴可能是非法的），欧洲将不会建设新的核电站，因为融资（可能还有公众舆论）真的是一个问题。

由于 CCS 成本太高、风险太大，开发和部署可再生能源（以及提高能效和节能）是目前唯一可行的温室气体减排的现实选择。然而，欧盟的政治现实与这一显而易见的事实有部分不同。

　　第七章表明，无论是在《2050 年低碳路线图》还是在《2050 年能源路线图》中，无论详细的假设和背景如何，所有符合欧洲 2050 年温室气体减排目标 80%～95% 的情景在 2050 年能源组合中可再生能源都有非常高的份额，即使是在那些核能和 CCS（根据定义）对能源供应做出重大贡献的国家。根据这些结果，必须进一步制定政策流程，以商定新的里程碑。当然，在 2050 年实现 80% 或 100% 的可再生能源目标的共识目前还不是一个现实的政策选项（尽管这可能是有用的，而且在技术上和经济上都是可行的），但是可以而且必须制定一个符合温室气体减排目标的框架。确定短期里程碑应该更容易，因为这不需要成员国之间进一步达成共识。在这方面，保持并进一步加强 2020 年框架所创造的势头将是一项重要资产。

　　努力为 2020 年后十年制定一个新的、宏远的框架并非易事，但这是可以做到的。需要将讨论 2030 年里程碑的意愿转变为一场辩论，然后就目标和相关扶持措施的综合框架达成共识。这些目标必须明确且宏远，而且不能分散重大政策决策的注意力，使其无法维持和进一步发展稳定可靠的可再生能源框架。虽然可能不会就不支持 CCS 和不使用核能达成共识，但有可能（就像在 2009 年为 2020 年框架制定那样）就推广可再生能源，效率和基础设施发展的无悔选择达成共识。这一共识必须以对这样一个新框架的成本和效益的透彻分析为基础。

　　一个重要的先决条件可能是深入评估不同方案的成本和效益，为大多数欧盟成员国提供可信和可接受的数据，并就欧盟可再生能源支持系统的未来展开知情讨论。增加可再生能源在能源市场设计中的份额，反之亦然，必须是这个过程的一部分。如第十一章所述，在新当选的欧洲议会和下一届欧盟委员会于 2014 年就职之前，不太可能就结果达成一致，甚至可能要到 2015 年才能达成协议。在此之前，关于 2030 年里程碑和/或目标以及可再生能源支持系统的未来的相互关联的辩论必须产生实质性的和共识的结果。

2030 年可再生能源、能效和温室气体减排综合框架

支持计划本身从来都不是目的，但它们是实现既定目标或抱负的工具。这就是尽早就 2020 年后十年稳定的和可预测的政策框架达成协议如此重要的原因。就一套新的目标和框架条件达成协议，将通过概述最低市场规模和最低增长率为投资者提供指导，不管成员国通过有针对性的行动来实现更远大目标的可能性。我已经在第十一章中描述了欧盟委员会如何通过就未来框架展开公开磋商来开创局面。鉴于提倡混合使用"低碳能源"的人与提倡可持续再生能源的人之间存在争议，避免潜在的陷阱很重要，例如通过确定只包括温室气体减排目标的最低共识。有了这样的共识，有关可再生能源新的、具有约束力的（且远大的）目标和效率的讨论实际上将是徒劳的。这些具体目标将被视为低于温室气体减排的总体目标。那些愿意放弃可再生能源，转而在煤炭和 CCS 上花钱的人会感到庆幸，因为他们可以宣称这样做符合欧盟的总体目标。

从法律上讲，2030 年温室气体减排目标的协议可以在获得批准的情况下进行投票，但是一些人认为新的可再生能源目标需要全体一致通过。然而，这不是一个引人注目的论点。我们在 2009 年（以及之后的几年）看到，要就气候和能源一揽子协议达成一致，在政治上是必不可少的，尽管从法律上来说，这可能没有必要。另一方面，即使是一致同意的框架，事后也会受到质疑。因此，至关重要的是制定一个 2030 年框架，该框架旨在得到每个成员国的同意，其中包括一定程度的承诺，以在现实中得到落实。如果不以效率和可再生能源目标为基础，仅就新的温室气体减排目标达成协议，很可能不会得到实施，因为协议中没有足够具体的措施和可具体监测的子目标。鉴于目前的讨论，对于那些想要摆脱可再生能源义务的人来说，只针对温室气体的目标将是一个未知数，要么支持新的核能代替，要么摆脱任何有约束力的温室气体减排义务。

一套远大的可再生能源和效率新目标不会立即停止关于雄心水平和核能

复兴的辩论，但在这样一个具有约束力的可再生能源和效率目标的达成框架内推进，只需通过实施这些目标，就可以大幅减少温室气体排放，而不管温室气体减排目标本身是否具有约束力。具体目标不仅将为投资者创造一个稳定可靠的框架，还将通过降低技术风险减少温室气体减排和技术开发的成本。未来几年的挑战将是促进并成功实现远大且具有约束力的 2030 年 45% 可再生能源目标，以及同样远大的效率目标，这些目标可以通过欧盟国内行动来实现。基于这些在国内可实现的有约束力的目标，从效率提高和可再生能源提供的减排开始，再加上其他部门必须通过其他手段实现的减排，可以制定一项关于到 2030 年欧盟温室气体减排水平的协议。

支持计划的未来

2030 年可再生能源目标的远大抱负是未来可再生能源支持计划设计的重要指标。以具有约束力的目标为基础的远大目标比接近一切如常的低目标将需要更多针对性的支持。至少，就 2030 年的远大抱负和减排共担达成的共识将为支持计划设计提供有价值的标准。为了进一步大幅增加可再生能源的部署，需要确保支持方案设计的最低要素。要实现迄今为止观察到的相近的增长率，以及实现 2020 年目标所必需的增长率，就需要一个稳定可靠的框架，包括技术方面的支持，巧妙地平衡市场选择，并为可再生能源的独立生产商提供稳定的收入。

事实表明，精心设计的可再生能源支持计划带来了前所未有的增长，创造了数十万个新的就业岗位，并实现了显著的经济增长。这在越来越多的欧洲国家和世界范围内创造并稳定了独立的能源生产商，与垄断企业争夺市场准入和市场份额。在支持计划能够提供数年的稳定性、针对特定技术并且适应成本和市场变化，尤其是鼓励降低成本的国家里，支持计划已经创造了大量国内就业机会和制造业。但是，一些支持计划设计不当，因此无法为投资者提供必要的稳定性，例如，由于频繁甚至追溯性的变更、过高或过低的薪酬、缺乏差异化，或者由于行政壁垒延误或阻碍了可再生能源项目。这些糟糕的例子被用来公开诋毁可再生能源（而不是指责糟糕的系统），并指责它们推高了能源成本。欧盟委员会和国际能源署（IEA 2013）于2013年年中宣布的支持计划改革指导文件强调，似乎正在形成一种共识，即政策和框架的可预测性对于投资者的信心是必要的，因此对于因风险下降而降低融资成本也是必要的。随着更多的可再生能源技术在越来越多的地区（甚至在扭曲的市场中）与传统能源在成本上竞争，支持计划显然成功地刺激了市场渗透。在丹麦、德国、西班牙，以及越来越多的其他国家，风能、太阳能和其他可再生能源即使不是主导能源，也已成为重要的能源。支持计划（应该称为薪酬计划，因为它们定义并保证在不完善的市场中为新技术提供公平的报酬）现在必须进一步开发，并逐步适应不断增长的可再生能源份额和越来越多的技术在越来越多的市场中的成本竞争力。保持定期修订、避免过度补偿并促进成本降低将继续是微调薪酬体系的关键方面。然而，只要市场受到干扰，由强大的垄断企业所主导，并且无法为基于可变可再生能源的系统提供价格信号，就必须保持优先（或至少有保证）电网接入和调度。应制定激励措施，引导越来越多的技术更接近市场风险（并开发市场，使其能够容纳可再生能源的高份额）。

尽管如此，市场设计和支持计划多种多样，因此不可能在整个欧盟实施单一机制。然而，有趣的是，尽管存在着各种实践和理论上的差异，但支持计划的主要特征正在趋同。大多数实行配额和证书制度的国家都引入了特定于技术的要素。他们使用"分级"进行区分，即根据不同的地点或不同的技术成本，为不同的技术颁发不同数量的证书。一些公司甚至引入了对不太成熟和/或小规模技术的上网电价支持。另一方面，在大多数上网电价系统中，临时选择退出是一种选择。固定价格上网电价系统（上网电价）补充了补贴选项，生产商可以在固定电价或补贴的市场价格之间进行选择。在补贴系统（FIP或上网电价补贴）中，较低成本的固定价格选项被引入，作为风险承受能力较低的投资者的选择。在一些国家,所有这些机制都可以与先前的拍卖相结合,以确定投标过程中的合格项目。另一方面,纯招标系统已不复存在,因为据评估,它们不太适合有针对性和具有成本效益的可再生能源支持。

从良好实践中学习的过程被讨论为支持计划的"趋同"。证据表明没有必要(甚至没有一个真实的案例)实施支持计划自上而下的"协调"。事实则恰恰相反。

在政策旨在推广可再生能源平稳增长的地方,最低标准正在发展成为未来欧洲支持框架的核心。这些要素包括:

- 在一定时期内(10 年、15 年或更长时间)的稳定性;

- 定期修订(每两年或三年),但不能太频繁,不包括追溯性效力的或溯及既往的变更;

- 降低成本的激励措施(例如,通过新装置的递减薪酬);

- 技术和资源的特定薪酬;

- 根据装置的大小和位置,支付不同的薪酬;

- 融资的可获得性和融资成本,包括国家风险,这是支持计划设计中需要考虑和包括的另一个因素。

委员会关于 2030 年气候和能源政策框架的绿皮书包含了一系列关于可再生能源支持计划未来的问题。需要以建设性和非破坏性的方式分析、讨论和回答这些问题。尽管事实上可以观察到各种系统之间的趋同,但仍有必要以尊重成员国及其能源部门之间差异的方式顺利开发联合要素和联合特征,并考虑到某些支持计划设计背后的不同意图和抱负。未来良好实践的先决条件当然是全面实施可再生能源指令和内部能源市场一揽子计划中的现有立法。随着时间的推移,不同成员国可再生能源支持的更多特点可能会趋同。然而,这将取决于能否以及在多大程度上就 2030 年综合框架达成协议。这必须是一个有指导但自愿的进程,当成员国寻求有针对性、更紧密合作的时候,委员会的主要作用必须是坚持执行现有立法和支持成员国。其次,应该为有关开发技术和市场的支持方案改革提供指导。委员会宣布的相关文件可以成为实现这一目标的有用工具，正如科学家和利益攸关方开展的项目可以为这方面的政策制定提供宝贵的专业知识一样。

需要做出的政策决定

及时制定可再生能源的支持性框架条件，特别是《2001 年电力指令》《2003 年生物燃料指令》，以及最终以《可再生能源指令》为旗舰的 2009 年气候与能源一揽子计划，是欧洲在温室气体减排和可再生能源发展方面发挥领先作用的关键成功因素。这是发展和实施真正可持续能源系统的良好开端。包括"欧盟委员会 2050 年能源路线图"在内的情景强调，可以以合理的成本实现宏大的脱碳目标，可再生能源将是所有脱碳情景中的主要能源。然而，能源部门的脱碳不会自动发生。必须做出政策决定以促进必要的发展。这些决定包括但不限于宏远的且具有约束力的可再生能源和效率目标的 2030 年框架。

完善内部市场，尤其是限制垄断企业主导地位，建立真正独立的，完全非捆绑的系统运营商，对于寻求一个外部能源成本完全内部化的公平竞争环境仍然至关重要。彻底取消对化石燃料和核能的直接和间接补贴是有效消除不可持续能源生产竞争优势的另一个重要要求。公平的能源和/或排放税将是另一项资产。在电力市场中开发更大的平衡区将有助于风能和太阳能充分发挥其潜力，包括参与灵活性市场。在不消除市场壁垒的情况下，保持可再生能源的优先地位是完全以可再生能源为基础的能源未来的另一个核心基石。

从可再生能源整合到可再生能源系统转型

随着可再生能源成为主要参与者，市场和电网系统需要跟上这一发展。由于对负荷和需求流以及电网稳定性和市场运作的影响有限，几乎每个能源系统都可以轻松整合少量可再生能源。然而，随着渗透率的提高，特别是在有效的优先接入到位的情况下，电网和市场在迈向 100% 可再生能源的道路上面临着一些需要克服的挑战。

传统能源系统主要依赖于"基荷"发电厂——通过技术设计和经济计算可以全天候提供能源。在大多数国家，基荷由煤炭或核电厂提供。升级和降级基荷至少需要数小时或更长时间，并且可能会危及安装的完整性和安全性。它们的经济成本计算是考虑了高负荷因素以及这些高负荷因素产生的电价加上燃料成本。对于"基荷"电厂来说，缺乏灵活性不是问题，但这是设计的一部分。经常需要的额外电力来自中等性能的发电厂，通常是燃气电厂，也可能是煤电厂。最终，峰值需求来自灵活的、经常使用天然气的峰荷发电厂。这些装置必须在技术上具有灵活性，以便在需要时可以在短时间内升级，并在需求再次减少时快速降级。峰值负荷发电厂的这种能力对于负荷跟踪非常重要。对于突然增加的负荷，例如在电视转播的足球比赛中场休息时，或者当大负荷突然停止运行时（例如意外停机），负荷突然减小。峰荷通常在特定的证券交易市场进行交易，那里的价格遵循性能优先顺序，最便宜的发电厂首先出售，而最贵的只有在便宜的达到供应限制①后才会出售。尤其是燃气发电厂，由于其在性能排序中的作用，其容量系数较低。从技术上讲，燃气轮机是灵活的，因此它们是在需要时提供峰荷的理想选择。

随着风能和太阳能容量的不断增加，以及由此产生的高份额的可变功率生产，基荷和峰荷的模式对系统的稳定性造成了很大的负担。在强风和/或阳光明媚的情况下，传统发电厂必须降低功率或与电网断开连接，以避免过载。尽管在技术上可行，但它减少了满载时间。因此，经济可行性降低或受到威胁。再融资成本更高，因为摊销时间更长［和/或每兆瓦时（MWh）的成本增加］，这

---

① 以国际能源署（2011）和建筑节能（2011）为例，分析了绩效排序和绩效排序效应。

降低了与其他技术相比的竞争力。对于煤炭和核电厂来说,这主要是一个技术问题,因为输出的变量不够大,无法适应灵活的电力系统。对于像天然气驱动涡轮机等传统的峰荷发电厂,技术挑战是可以解决的,但经济挑战变得更加严峻。风能和太阳能的份额越来越高,它们没有燃料成本,因此(几乎)没有边际成本(因为与天然气、煤炭、石油和生物质能相比,风能和太阳能是免费资源),电价就会下降。特别是在峰荷证券交易所,风能和太阳能的高份额提供了更低成本的能源供应。结果就是在给定时刻,不再需要昂贵的燃气发电厂来维持系统的稳定性和/或过于昂贵而无法保持性能优先顺序,从而进一步降低其容量因数,降低其经济可行性。因此,当系统稳定性需要灵活电力输出时,可能无法使用灵活的燃气发电厂。

这些挑战(基荷发电厂的灵活性有限,燃气发电厂的盈利能力降低)导致了一种悖论效应,即为了系统稳定性而需要的灵活发电厂,必须与电网断开连接,因为缺乏灵活性的发电厂由于技术原因不能下降或断开连接。因此,在现有市场设计中,灵活的发电厂不再具有经济可行性。这增加了风能和太阳能系统集成的成本。由于系统稳定性的原因,它们必须被削减,这要么降低了它们的经济可行性,要么提高了电价,而削减电力供应可以在经济上得到补偿。或者,必须修建更多的输电线来应对日益增多的风能和太阳能,而缺乏灵活性的基荷仍在运行,即使在不需要它们的电力来保证供应安全的时候,也需要电网容量。

应对这一挑战的答案是为下一步做好准备——促进向灵活性驱动的能源系统的范式转变。这意味着从基荷驱动的缺乏灵活性的系统转向智能系统,风能和太阳能成为"新的基荷",或者更准确地说,成为能源系统的新基础。与其仅仅试图将太阳能和风能整合到另一种范式(基荷和增量峰荷)开发的能源系统中,前进的道路是用灵活的发电厂取代基荷发电厂,并将其与需求侧管理、负荷转移或创新方法等其他灵活选择相结合。它们的共同点是,它们为基于可再生能源的能源系统提供了灵活性(GSR(2013)中的"系统转换"特征)。

基于可变可再生能源的灵活性驱动系统是许多国家和地区面向未来的能

源系统的前进方向。出于气候保护、能源安全、创新和化石资源稀缺的原因，我们需要将未来的能源需求建立在可再生能源上。除了建立一个灵活性驱动的系统，没有其他选择。可变的风能和太阳能，以及（部分）可调度的水力发电、地热和生物质能，通过灵活的发电厂（只要系统中没有足够的沼气和/或其他灵活的技术，就使用天然气）、智能电网、大规模互联、集中和分散的存储，以及需求响应和三个部门的深入整合来实现平衡。多余的电力可用于供暖、生产氢气或出口或储存。电动汽车可以在停车和并网时用作临时存储容量。如果在需要时注入沼气和氢气并用于供暖、运输和发电，天然气管网可以成为一个巨大的储存系统。

设计得当的能源市场可以提供灵活系统所需的服务：电力、供暖、制冷、运输燃料和灵活选择——通过灵活的发电厂和负荷与需求转移。智能系统需要创新技术，智能系统将分散的能源生产和消费与大规模平衡区域相结合，以缓解供需变化。在这样一个系统中，可再生能源的全部潜力可以被挖掘出来——将创造和保障数百万个就业机会，能源成本将保持可靠，因为它们越来越独立于化石燃料进口和相关的价格波动。智能系统运作的情景表明，100%可再生能源是可以实现的，这是温室气体减排和保护气候的坚实基础。

已经采取了若干步骤。本书分析了迄今为止取得的进展，以及欧盟尚未找到和制定的解决方案。描述了最近的辩论以及待定的决定。现在需要推动2030年气候和能源政策框架的进程。如果欧盟就新的、有效的政策框架达成一致，制定宏远的、具有约束力的可再生能源、效率和温室气体减排的2030年目标，那么就向前迈出了一大步。如果对化石能源和核能的额外补贴最终逐步取消，能源市场的公平竞争成为现实，这将标志着欧洲朝着以可再生能源为基础的可持续能源供应的道路上坚定走下去，欧洲经济将拥有先发优势，并为世界其他地区追求清洁和可持续能源未来的目标提供强有力的榜样。

参考文献

Agora 2013: Agora Energiewende, 12 Insights on Germany's Energiewende, A Discussion Paper Exploring Key Challenges for the Power Sector, Berlin Februar 2013, http://www. agora-energiewende. de/fileadmin/downloads/publikationen/Agora_12_Insights_on_Germanys_ Energiewende_web. pdf

Barents 1990: René Barents, The Community and the Unity of the Common Market, GYIL 33 (1990), pp. 9-36.

BBH 2011: Dr. Dörte Fouqet and Amber Sharick, Becker Büttner Held (BBH), prepared for the project Renewable Energy Policy Action Paving the Way towards 2020, Meeting the Renewable Energy Policy Mandate in 2020, Policy Recommendations & Best Practices from the EU Member State National Action Plans, Brussels 2011, http://www. repap2020. eu/fileadmin/user_upload/Events-docs/Brochures/REPAP2020_Policy_Recommendation_Paper. pdf

BEE 2011: Dietmar Schütz, Björn Klusmann (Herausgeber), Die Zukunft des Strommarktes, Anregungen für den Weg zu 100 Prozent Erneuerbare Energien, Bochum 2011, http://www. bee-evde/_downloads/energieversorgung/1106_BEE-Sammelband-Strommarkt-SI-9. pdf

BEE 2012: Uwe Leprich et al. , Kompassstudie Marktdesign, Leitideen für ein Design eines Strommarktsystems mit hohem Anteil fluktuierender Erneuerbarer Energien, Bochum, Dezember 2012, http://www. bee-ev. de/_downloads/publikationen/studien/2012/1212_BEE-GPE-IZES- Kompassstudie-Marktdesign. pdf

Biofuels Directive 2003: Official Journal of the European Union, Directive 2003/30/EC of the European Parliament and of the Council of 8 May 2003 on the promotion of the use of biofuels or other renewable fuels for transport, 17. 05. 2003, L123/42, ht-tp：//eur-lex. europa. eu/LexUriServ/LexUriServ. do? uri = OJ：L：2003：123：0042：0042：EN：PDFCEER 2007a：ERGEG, 3rd Legislative Package Input, Paper 1：Un-bundling, Ref：C07-SER-13-06-1-PD, 5 June 2007, http：//www. energy-regulators. eu/portal/page/portal/EER _ HOME/EER _ PUBLICATIONS/CEER _ PAPERS/Cross-Sectoral/2007/C07-SER-13-06-1-PD_3rdLegPackage_ Unbundling_final_0. pdf

CEER 2007b：ERGEG, 3rd Legislative Package Input, Paper 2：Legal and regulatory framework for a European system of energy regulation, Ref：C07-SER-13-06-02-PD, 5 June 2007, http：//www. energy-regulators. eu/portal/page/portal/EER_HOME/EER_PUBLICATIONS/CEER_PAPERS/Cross-Sectoral/2007/C07-SER-13-06-2-PD_3rdLegPackage_EnergyReg_final. pdf

CEER 2007c：ERGEG, 3rd Legislative Package Input：Paper 3：Network Regulation—Overall Framework, Ref：C07-SER-13-06-3-PD, 5 June 2007, http：//www. energy-regulators. eu/portal/page/portal/EER _ HOME/EER _ PUBLICATIONS/CEER _ PAPERS/Cross-Sectoral/2007/C07-SER-13-06-3-PD_3rdLegPackage _ Network _ Regulation_fina. pdf

CEER 2007d：ERGEG, 3rd Legislative Package Input, Paper 4：ETSOplus/GIEplus, Ref：C07-SER-13-06-4-PD, 5 June 2007, http：//www. energy-regulators. eu/portal/page/portal/EER _ HOME/EER _ PUBLICATIONS/CEER _ PAPERS/Cross-Sectoral/2007/C07-SER-13-06-4-PD_3rdLegPackage_ETSO-GIE_final. pdf

CEER 2007e：ERGEG, 3rd Legislative Packe Input, Paper 5：Powers and Independence of National Regulators, Ref：C07-SER-13-06-5-PD, 5 June 2007, http：//www. energy-regulators. eu/portal/page/portal/EER _ HOME/EER _ PUBLICATIONS/CEER _ PAPERS/Cross-Sectoral/2007/C07-SER-13-06-5-PD _ 3rdLegPackage _ PowersNRA_final. pdf

CEER 2007f：ERGEG, 3rd Legislative Package Input, Paper 6：Transparency require-ments for Elec- tricity and Gas—a coordinated approach, Ref：C07-SER-13-06-6-PD, 5 June 2007, http：//www. energy-regulators. eu/portal/page/portal/EER_HOME/EER_PUBLICATIONS/CEER_PAPERS/Cross-Sectoral/2007/C07-SER-13-06-6-PD_3rdLegPackage_Transparency_final-2. pdf

CCS-Directive 2009：Official Jounal of the European Union，Directive 2009/31/EC of the European Parliament and of the Council of 23 April 2009 on the geological storage of carbon dioxide and amending Council Directive 85/337/EEC，European Parliament and Council Directives 2000/60/EC，2001/80/EC，2004/35/EC，2006/12/EC，2008/1/EC and Regulation(EC)No 1013/2006，05. 06. 2009，L140/114，http://eur-lex. europa. eu/LexUriServ/LexUriServ. do? uri = OJ：L：2009：140：0114：0135：EN：PDF

Community Guidelines 2008：Official Journal of the European Union，Community guidelines on State aid for environmental protection，1. 4. 2008，C 82/1，http://eur-lex. europa. eu/LexUriServ/LexUriServ. do? uri=OJ：C：2008：082：0001：0033：EN：PDF

Council 1986：Official Journal of the European Communities，Council Resolution of 16 September 1986 concerning new Community energy policy objectives for 1995 and convergence of the policies of the Member States，25. 9. 1986，C241/1，http://eur-lex. europa. eu/LexUriServ/LexUriServ. do? uri=OJ：C：1986：241：0001：0003：EN：PDF

Council 1993：Official Journal of the European Communities，Council Decision of 13 September 1993 concerning the promotion of renewable energy sources in the Community(Altener Programme)，Brussels，18. 9. 1993，L235/41，http://eur-lex. europa. eu/LexUriServ/LexUriServ. do? uri=OJ：L：1993：235：FULL：EN：PDF

Council 2007a：Brussels European Council，8/9 March 2007，Presidency Conclusions，http://www. consilium. europa. eu/uedocs/cms_Data/docs/pressdata/en/ec/93135. pdf

Council 2007b：Press Release 12. 03. 2007，The Spring European Council：integrated climate protection and energy policy，progress on the Lisbon Strategy，http://www. eu2007. de/en/News/Press_Releases/ March/0312AAER. html

Council 2011a：European Council 4 February 2011，Conclusions，http://register. consilium. europa. eu/ pdf/en/11/st00/st00002-re01. en11. pdf

Council 2011b：Council of the European Union，Council conclusions on strengthening the external dimension of the EU energy policy，3127th TRANSPORT，TELECOMMUNICATIONS and ENERGY Council meeting(Energy items)，Brussels，24 November 2011，http://www. consilium. europa. eu/uedocs/cms_data/docs/pressdata/en/trans/126327. pdf

Council 2012a：Council of the European Union，European Council 1/2 March 2012，Conclusions，http：//www. consilium. europa. eu/uedocs/cms_data/docs/pressdata/en/ec/128520. pdf

Council 2012b：Council of the European Union，Council Conclusions on Renewable Energy，3204th Transport，Telecommunications and Energy Council meeting，Brussels，3 December 2012，http：//www. consilium. europa. eu/uedocs/cms_data/docs/pressdata/en/trans/133950. pdf

Dreher 1999：Meinrad Dreher，Wettbewerb oder Vereinheitlichung der Rechtsordnungen in Europa？，JZ1999，pp. 105-112，http：//www. jstor. org/discover/10. 2307/20824783？uid=3737864&uid=2129&uid=2&uid=70&uid=4&sid=21101970774063

ECF 2010：European Climate Foundation，Roadmap 2050—A Practical Guide to a Prosperous，Low-carbon Europe，3Volumes，April 2010，http：//www. roadmap2050. eu/

ECJ 1978：European Court of Justice，Ramel C-80 and 81/77，Coll. 1978，927，http：//curia. europa. eu/jcms/jcms/j_6/

ECJ 1979：European Court of Justice，Rewe Zentral AG . /. Bundesmonopolverwaltung für Branntwein（Federal Monopoly Administration for Spirits），C-120/78，Coll. 1979，p. 649 Para. 8 and 14-Cassis de Dijon，http：//curia. europa. eu/jcms/jcms/j_6/

ECJ 1984：European Court of Justice，Denkavit Nederland，C-15/83，Coll. 1984，2171，http：//curia. europa. eu/jcms/jcms/j_6/

ECJ 1984a：European Court of Justice，Rewe，Cases 37/83，Coll. 1984，1229，http：//curia. europa. eu/jcms/jcms/j_6/

ECJ 1984b：European Court of Justice，Luigi and Carbone，Joined Cases 286/82 and 26/83，Coll. 1984，377，http：//curia. europa. eu/jcms/jcms/j_6/

ECJ 1985：European Court of Justice，Association de défense des brûleurs d'huilesusagées（ADBHU），C-240/83，Coll. 1985，531；http：//curia. europa. eu/jcms/jcms/j_6/

ECJ 1988：Dänische Pfandflaschen（Danish returnable bottles），C-302/86，Coll. 1988，4607 Para. 6，9，http：//curia. europa. eu/jcms/jcms/j_6/

ECJ 1991：European Court of Justice，Cases 63/89，Assurances du Crédit/Council and Commission，Coll. 1991，I-1799，http：//curia. europa. eu/jcms/jcms/j_6/

ECJ 1992：European Court of Justice, Wallonian Waste, C-2/90, Coll. 1992, I-4431, http://curia. europa. eu/jcms/jcms/j_6/

ECJ 1993：European Court of Justice, Meyhui, C-51/93, Coll. 1994, I-3879, http://curia. europa. eu/ jcms/jcms/j_6/

ECJ 1996：European Court of Justice, Francovich, C-479/93, Coll. 1996, I-3843, http://curia. europa. eu/jcms/jcms/j_6/

ECJ 1997：European Court of Justice, Kieffer und Thill, C-114/96, Coll. 1997, S. I-3629, http://curia. europa. eu/jcms/jcms/j_6/

ECJ 1997a：European Court of Justice, Centros, Coll 1997, C-212/97, I-1477, http://curia. europa. eu/ jcms/jcms/j_6/

ECJ 1997b：European Court of Justice, Opinion of the Advocate General La Pergola C-212/97, I-1477, http://curia. europa. eu/jcms/jcms/j_6/

ECJ 2001：European Court of Justice, PreussenElektra, C-379/98, Coll. 2001, I-2099, http://curia. europa. eu/jcms/jcms/j_6/ and http://eur-lex. europa. eu/LexUriServ/LexUriServ. do? uri＝CELEX：61998J0379：EN：HTML

ECJ 2001a：European Court of Justice, Schwarzkopf, C-169/99, Coll. 2001, I-5901, http://curia. europa. eu/jcms/jcms/j_6/

ECJ 2003：European Court of Justice, German Pharmacy Association, C-322/01, Coll. 2003, I-14887, http://curia. europa. eu/jcms/jcms/j_6/

ECJ 2003a：European Court of Justice, Bosal, C-168/01, Coll. 2003, S. I-9409, http://curia. europa. eu/jcms/jcms/j_6/

ECJ 2003b：European Court of Justice, Inspire Art, C-167/01, Coll. 2003, I-10155, http://curia. europa. eu/jcms/jcms/j_6/

ECJ 2004：European Court of Justice, Arnold André, C-434/02, Coll. 2004, I-11825, http://curia. europa. eu/jcms/jcms/j_6/

ECJ 2004a：European Court of Justice, Radlberger, C-309/02, Coll. 2004, I-11763, http://curia. europa. eu/jcms/jcms/j_6/

ECJ 2006：European Court of Justice, Keller Holding, C-471/04, Coll. 2006, S. I-2107, http://curia. europa. eu/jcms/jcms/j_6/

ECJ 2007：European Court of Justice, Diageo C-457/05, Coll. 2007, S. I-08075, http://curia. europa. eu/jcms/jcms/j_6/

ECN 2011：L. W. M. Beurskens，M. Hekkenberg，P. Vethman（Energy Research Center of the Netherlands），Renewable Energy Projections as Published in the National Renewable Energy Action Plans of the European Member States，Covering all 27 EU Member States with updates for 20 Member States，28. 11. 2011，http://www. ecn. nl/docs/library/report/2010/e10069. pdf

ECOFYS 2011：Jager de，David/Klessmann，Corinna/Stricker，Eva/Winkel，Thomas/Visser de，Erika/Koper，Michèle/Ragwitz，Mario/Held，Anne/Resch，Gustav/Busch，Sebastian，Panzer，Christian/Gazzo，Alexis/Roulleau，Pierre/Henriet，Marion/Bouillé，Arnaud，Financing Renew-able Energy in the European Energy Market，Ecofys，2011，http://ec. europa. eu/energy/renewables/ studies/ doc/renewables/2011_financing_renewable. pdf

EEG 2012：Act on granting priority to renewable energy sources（Renewable Energy Sources Act—EEG）. Consolidated（non-binding）version of the Act in the version applicable as at 1 January 2012，Berlin，http://www. bmu. de/files/english/pdf/application/pdf/eeg_2012_en_bf. pdf

EEW 2012：Energy Efficiency Watch，Survey Report，Progress in energy efficiency policies in the EU Member States—the experts perspective，Linz 2012，http://www. energy-efficiency-watch. org/fileadmin/eew_documents/EEW2/EEW_Survey_Report. pdf

Effort Sharing Decision 2009：Official Journal of the European Union，Decision adopted jointled by the European Parliament and the Council，Decision No. 406/2009/EC of the European Parliament and of the Council of 23 April，on the effort of Member States to reduce their greenhouse gas emissions to meet the Community's greenhouse gas emission reduction commitments up to 2020，05. 06. 2009，L140/136，http://eur-lex. europa. eu/LexUriServ/LexUriServ. do? uri = OJ：L：2009：140：0136：0148：EN：PDF

Electricity Directive 2001：Official Journal of the European Union，Directive 2001/77/EC of the European Parliament and of the Council of 27 September 2001 on the promotion of electricity produced from renewable energy sources in the internal electricity market，27. 10. 2001 L283/33，http://eur-lex. europa. eu/LexUriServ/LexUriServ. do? uri = OJ：L：2001：283：0033：0033：EN：PDF

Electricity Market Directive 1996：Official Journal of of the European Communities，Directive 96/92/EC of the European Parliament and of the Council of 19 December 1996 concerning common rules for the internal market in electricity，30. 01. 1997，L27/20，http://eur-lex. europa. eu/LexUriServ/LexUriServ. do? uri = OJ：L：1997：027：0020：0029：EN：PDF

Electricity Market Directive 2003：Official Journal of the European Union，Directive 2003/54/EC of the European Parliament and of the Council of 26 June 2003 concerning common rules for the internal market in electricity and repealing Directive 96/92/EC，15. 07. 2003，L176/37，http://eur-lex. europa. eu/LexUriServ/LexUriServ. do? uri = OJ：L：2003：176：0037：0055：EN：PDF

Electricity Market Directive 2007：Proposal for a Directive of the European Parliament and of the Council amending Directive 2003/54/EC concerning common rules for the internal market in electricity (presented by the Commission) , COM (2007) 528 final, Brussels 19. 9. 2007，http://eur-lex. europa. eu/LexUriServ/LexUriServ. do? uri = COM：2007：0528：FIN：EN：PDF

Electricity Market Directive 2009：Official Journal of the European Union，Directive 2009/72/EC of the European Parliament and of the Council of 13 July 2009 concerning common rules for the internal market in electricity and repealing Directive 2003/54/EC，14. 8. 2009，L 211/55，http://eur-lex. europa. eu/LexUriServ/LexUriServ. do? uri = OJ：L：2009：211：0055：0093：EN：PDF

Emissions Trading Directive 2003：Official Journal of the European Union，Directive2003/87/EC of the European Parliament and of the Council of 13 October 2003 establishing a scheme for greenhouse gas emission allowance trading within the Community and amending Council Directive 96/61/EC，25. 10. 2003，L275/32，http:// eur-lex. europa. eu/LexUriServ/LexUriServ. do? uri = OJ：L：2003：275：0032：0046：en：PDF

Emissions Trading Directive 2008：Commission of the European Communities，Proposal for a Directive of the European Parliament and of the Council amending Directive 2003/87/EC so as to improve and extend the greenhouse gas emission allowance trading system of the Community，COM (2008) 16 final, Brussels 23. 1. 2008，http://eur-lex. europa. eu/LexUriServ/ LexUriServ. do? uri = COM：2008：0016：FIN：en：

PDF

Emissions Trading Directive 2009：Official Journal of the European Union，Directive 2009/29/EC of the European Parliament and of the Council of 23 April 2009 amending Directive 2003/87/EC so as to improve and extend the greenhouse gas emission allowance trading scheme of the Community，05. 06. 2009，L140/63，http://eur-lex. europa. eu/LexUriServ/LexUriServ. do? uri = OJ：L：2009：140：0063：0087：en：PDF

Energy Efficiency Directive 2012：Directive 2012/27/EU of the European Parliament and of the Council of 25 October 2012，on energy efficiency，amending Directives 2009/125/EC and 2010/30/EU and repealing Directives 2004/8/EC and 2006/32/EC，Official Journal of the European Union，L 315/1，14. 11. 2012，http://eur-lex. europa. eu/LexUriServ/LexUriServ. do? uri = OJ：L：2012：315：0001：0056：EN：PDF

Energy [R] evolution 2007：Greenpeace International，European Renewable Engergy Council（EREC），A Sustainable World Energy Outlook，January 2007，http://www. energyblueprint. info/fileadmin/media/documents/energy_revolution. pdf

Energy [R] evolution 2010：Greenpeace International，European Renewable Engergy Council（EREC），energy [r] evolution，towards a fully sustainable energy supply in theEU27，Brussels，June2010，http://www. erec. org/fileadmin/erec_docs/Documents/Publications/EU% 20Energy% 20 [R] evolution% 20Scenario% 202050. pdf

Energy Taxation Directive 2003：Official Journal of the European Union，Council Directive 2003/96/EC of 27 October 2003 restructuring the Community framework for the taxation of energy products and electricity，31. 10. 2003，L 283/51，http://eur-lex. europa. eu/LexUriServ/LexUriServ. do? uri = OJ：L：2003：283：0051：0070：EN：PDF

EPBD 2002：Official Journal of the European Union，Directive 2002/91/EC of the European Parliament and of the Council of 16 December 2002 on the energy performanceofbuildings，4. 1. 2003，L1/65，http://eur-lex. europa. eu/LexUriServ/LexUriServ. do? uri = OJ：L：2003：001：0065：0071：EN：PDF

EPBD 2010: Official Journal of the European Union, Directive 2010/31/EU of the European Parliament and of the Council of 19 May 2010 on the energy performance of buildings(recast), 18. 6. 2010, L153/13, http://eur-lex. europa. eu/LexUriServ/LexUriServ. do? uri=OJ:L:2010:153:0013:0035:EN:PDF

EREC 2004: European Renewable Energy Council(EREC), Campaign for Take-Off, Renewable Energy for Europe(1999-2003), Sharing Skills and Achievements, Brussels 2004, http://www. erec. org/fileadmin/erec _docs/Documents/Publications/FINAL_CTO_Publication. pdf

EREC 2004a: Renewable Energy Target for Europe—20% by 2020, Brussels 2004, http://www. erec. org/fileadmin/erec_docs/Documents/Publications/EREC_Targets_2020_def. pdf

EREC 2005: European Renewable Energy Council (EREC), Joint Declaration for a European Directive to Promote Renewable Heating and Cooling, Brussels 2005, http://www. erec. org/fileadmin/erec _docs/Documents/Publications/EREC _RES-H. pdf

EREC 2010: European Renewable Energy Council(EREC), Renewable Energy in Europe—Markets, Trends and Technologies, Brussels, May 2010, http://www. erec. org/media/publications/erec-book. html

EREC 2010a: European Renewable Energy Council, RE-thinking 2050—A 100% Renewable Energy Vision for the European Union, Brussels April 2010, http://www. erec. org/fileadmin/erec _docs/Documents/Publications/ReThinking2050 _full%20version_final. pdf

EREC 2011: European Renewable Energy Council, 45% by 2030—Towards a truly sustainable energy system in the EU, Brussels, May 2011, http://www. erec. org/fileadmin/erec_docs/Documents/Publications/45pctBy2030_ERECReport. pdf

EREC 2011a: Mapping Renewable Energy Pathways towards 2020—EU Industry Roadmap, Brussels, http://www. erec. org/fileadmin/erec _docs/Documents/Publications/EREC-roadmap-V4_final. pdf

EREC 2012: European Renewable Energy Council, Press Release, EU Council calls for strong 2030 renewables framework, 3. 12. 2012, http://www. erec. org/fileadmin/erec_docs/Documents/Press_Releases/EREC_Press_Release_-_EU_Council _calls_for_strong_2030_renewables_framework. pdf

EREC 2013a：European Renewable Energy Council，Press Release，European Parliament calls on the Commission to assess a binding 2030 renewable energy target，19. 03. 2013，http：//www. erec. org/fileadmin/erec_docs/Documents/Press_Releases/EREC_PR-_RES_target_post-2020_target. pdf

EREC 2013b：European Renewable Energy Council，Hat-trick 2030——An integrated climate and energy framework，Brussels，April 2013，http：//www. erec. org/fileadmin/erec_docs/Documents/Publications/EREC_Hat-trick2030_April2013. pdf

ESD 2006：Official Journal of the European Union，Directive 2006/32/EC of the European Parliament and of the Council of 5 April 2006 on energy end-use efficiency and energy services and repealing Council Directive 93/76/EEC，27. 4. 2006，L114/64，http：//eur-lex. europa. eu/LexUriServ/LexUriServ. do? uri = OJ：L：2006：114：0064：0064：en：pdf

EUFORES 2011：REPAP2020-Renewable Energy Policy Action Paving the Way towards 2020，Policy Conclusions And Recommendations from the National Renewable Energy Action Plans，Brussels 2011，http：//www. repap2020. eu/fileadmin/user_upload/Events-docs/Brochures/REPAP2020_PR_BrochureFINAL 2_. pdf

Eurelectric 2007：The Role of Electricity——A New Path to Secure，Competitive Energy in a Carbon-Constrained World，Brussels，March 2007，http：//www2. eurelectric. org/DocShareNoFrame/Docs/4/CLNBLPCBDBHFNAIPMAFIKAKFVHYD4QH1HLVTQLQOVQQ7/Eurelectric/docs/DLS/Roleofelectricityfinalforwebsite-2007-030-0255-2-. pdf

Eurelectric 2009：Power Choices——Pathways to Carbon-neutral Electricity in Europe by 2050，Brussels，www. eurelectric. org/PowerChoices2050/

Eurelectric 2009a：Choices——Pathways to Carbon-neutral Electricity in Europe by 2050，Lars G. Josefsson，President of Eurelectric，Power choices study launch event European Parliament，10 November 2009，http：//www. eurelectric. org/media/43863/final_presentation_lars_g_josefsson_-_for_the_website-2009-030-0946-01-e. pdf

European Commission 1996：European Commission，Communication from the Commission，Energy for the Future：Renewable Sources of Energy，Green Paper for a

Community Strategy, COM（96）576 final, Brussels, 20. 11. 1996, http://eur-lex. europa. eu/LexUriServ/LexUriServ. do? uri = COM：1996：0576：FIN：EN：PDF

European Commission 1997a：European Commission, Communication from the Commission to the European Parliament, the Council, the European Economic and Social Committee and the Com-mittee of the Regions, The Energy Dimension of Climate Change, COM（97）196 final, Brussels, 14. 5. 1997, http://aei. pitt. edu/4723/1/000817_1. pdf

European Commission 1997b：European Commission, Communication from the Commission to the European Parliament, the Council, the European Economic and Social Committee and the Committee of the Regions, Climate Change—The EU Approach for Kyoto, COM（97）481 final, Brussels, 1. 10. 1997, http://aei. pitt. edu/6244/1/6244. pdf

European Commission 1997c：European Commission, Communication from the Commission, Energy for the Future, Renewable Sources of Energy, White Paper for a Community Strategy and Action Plan, COM（97）599 final, Brussels, 26. 11. 1997, http://europa. eu/documents/comm/white_papers/pdf/com97_599_en. pdf

European Commission 2001：Communication from the Commission to the European Parliament, the Council, the European Economic and Social Committee and the Committee of the Regions on the implementation of the Community Strategy and Action Plan on Renewable Energy Sources（1998-2000）, COM（2001）69 final, Brussels, 16. 2. 2001, http://eur-lex. europa. eu/LexUriServ/LexUriServ. do? uri = COM：2001：0069：FIN：EN：PDF

European Commission 2005：Commission of the European Communities, Communication from the Commission, The support of electricity from renewable energy sources, COM（2005）627 final, Brussels, 7. 12. 2005, http://eur-lex. europa. eu/LexUriServ/LexUriServ. do? uri = COM：2005：0627：FIN：EN：PDF

European Commission 2005a：Communication from the Commission to the Council and the European Parliament, Report on progress in creating the internal gas and electricity market, COM（2005）568 final, Brussels, 15. 11. 2005, http://ec. europa. eu/energy/electricity/report_2005/doc/2005_report_en. pdf

European Commission 2006：Press Release, The Commission to act over EU energy markets, MEMO/06/481, 12. 12. 2006, http://europa. eu/rapid/press-release _ MEMO-06-481_en. htm

European Commission 2007: Communication from the Commission to the Council and the European Parliament, Renewable Energy Road Map, Renewable energies in the 21st century: building a more sustainable future, COM (2006) 848 final, Brussels, 10. 1. 2007, http://eur-lex. europa. eu/LexUriServ/LexUriServ. do? uri = COM:2006: 0848:FIN:EN:PDF

European Commission 2007a: Communication from the Commission to the Council and the European Parliament, Prospects for the internal gas and electricity market, COM (2006) 841 final, Brussels10. 01. 2007, http://eur-lex. europa. eu/LexUriServ/site/en/com/2006/com2006_0841en01. pdf

European Commission 2007b: Communication from the Commission: Inquiry pursuant to Article 17 of Regulation(EC) No 1/2003 into the European gas and electricity sectors(Final Report), COM (2006) 851 final, Brussels 10. 01. 2007, http://eur-lex. europa. eu/LexUriServ/LexUriServ. do? uri = COM:2006:0851:FIN:EN:PDF

European Commission 2007c: Communication from the Commission to the Council and the European Parliament, An Energy Policy for Europe, COM(2007)1 final, http://ec. europa. eu/energy/energy_policy/doc/01_energy_policy_for_europe_en. pdf

European Commission 2008: Commission of the European Communities, Commission Staff Working Document, The support of electricity from renewable sources, Accompanying document to the Proposal for a Directive of the European Parliament and of the Council on the promotion of the use of energy from renewable sources, SEC (2008)57, Brussels,23. 01. 2008, http://ec. europa. eu/energy/climate_actions/doc/2008_res_working_document_en. pdf

European Commission 2008a: Commission of the European Communities, Proposal for a Directive of the European Parliament and of the Council on the promotion of the use of energy from renewable sources, COM (2008) 19 final, Brussels,23. 1. 2008, http://ec. europa. eu/energy/climate_actions/doc/2008_res_directive_en. pdf

European Commission 2010: Communication from the Commission to the European Parliament, the Council, the European Economic and Social Committee and the Committee of the Regions, Energy 2020—A strategy for competitive, sustainable and secure energy, COM(2010)639 final, Brussels, 10. 11. 2010, http://eur-lex. europa. eu/LexUriServ/LexUriServ. do? uri = COM:2010:0639:FIN:EN:PDF

European Commission 2010a: Communication from the Commission, Europe 2020 A strategy for smart, sustainable and inclusive growth, COM(2010) 2020 final, Brussels, 3. 3. 2010, http://eur-lex. europa. eu/LexUriServ/LexUriServ. do? uri = COM:2010:2020:FIN:EN:PDF

European Commission 2011: The Internal Energy Market—Time to Switch into a Higher Gear, Non-paper, downloaded from Energy Website of the European Commissionon24February2013: http://ec. europa. eu/energy/gas_electricity/legislation/doc/20110224_non_paper_internal_nergy_market. pdf

European Commission 2011a: Communication from the Commission to the European Parliament, the Council, the European Economic and Social Committee and the Committee of the Regions, A Roadmap for moving towards a competitive low carbon economy in 2050, COM(2011) 112 final, Brussels, 8. 3. 2011, http://eur-lex. europa. eu/LexUriServ/LexUriServ. do? uri = COM:2011:0112:FIN:EN:PDF

European Commission 2011b: Commission Staff Working Document, Impact Assessment, Accompanying document to the Communication from the Commission to the European Parliament, the Council, the European Economic and Social Committee and the Committee of the Regions, A Roadmap for moving towards a competitive low carbon economy in 2050, SEC(2011) 288 final, Brussels, 8. 3. 2011, http://eur-lex. europa. eu/LexUriServ/LexUriServ. do? uri = SEC:2011:0288:FIN:EN:PDF

European Commission 2011c: Commission Staff Working Document, Summary of the Impact Assessment, Accompanying document to the Communication from the Commission to the European Parliament, the Council, the European Economic and Social Committee and the Committee of the Regions, A Roadmap for moving towards a competitive low carbon economy in 2050, SEC(2011)289 final, Brussels, 8. 3. 2011, http://eur-lex. europa. eu/LexUriServ/LexUriServ. do? uri = SEC:2011:0289:FIN:EN:PDF

European Commission 2011d: White Paper, Roadmap to a Single European Transport Area—Towards a competitive and resource efficient transport system, COM(2011)

144 final, Brussels, 28. 3. 2011, http://eur-lex. europa. eu/LexUriServ/LexUriServ. do? uri = COM:2011:0144:FIN:en:PDF

European Commission 2011e: Communication from the Commission to the European Parliament, the Council, the European Economic and Social Committee and the Committee of the Regions, On security of energy supply and international cooperation— "The EU Energy Policy: Engaging with Partners beyond Our Borders", COM(2011) 539final, Brussels, 7. 9. 2011, http://eur-lex. europa. eu/LexUriServ/LexUriServ. do? uri = COM:2011:0539:FIN:EN:PDF

European Commission 2011f: Communication from the Commission to the European Parliament, the Council, the European Economic and Social Committee and the Committee of the Regions, Energy Roadmap 2050, COM(2011)885 final, Brussels, 15. 12. 2011, http://eur-lex. europa. eu/LexUriServ/LexUriServ. do? uri = COM: 2011:0885:FIN:EN:PDF

European Commission 2011g: Commission Staff Working Paper, Executive Summary of the Impact Assessment accompanying the document Communication from the Commission to the European Parliament, the Council, the European Economic and Social Committee and the Committee of the Regions, Energy Roadmap 2050, SEC(2011) 1566 final, Brussels, 15. 12. 2011, http://eur-lex. europa. eu/LexUriServ/LexUriServ. do? uri = SEC:2011:1566:FIN:EN:PDF

European Commission 2011h: Commission Staff Working Paper, Impact Assessment accompanying the document Communication from the Commission to the European Parliament, the Council, the European Economic and Social Committee and the Committee of the Regions, Energy Roadmap 2050, SEC (2011) 1565/2, Brussels, http://ec. europa. eu/energy/energy2020/roadmap/doc/sec_2011_1565_part1. pdf and http://ec. europa. eu/energy/energy2020/roadmap/doc/sec _ 2011 _ 1565 _ part2. pdf

European Commission 2011i: Communication from the Commission to the European Parliament and the Council, Renewable Energy: Progressing towards the 2020 target, COM(2011)31 final, Brussels, 31. 01. 2011, http://eur-lex. europa. eu/LexUriServ/LexUriServ. do? uri = COM:2011:0031:FIN:EN:PDFEuropean Commission 2011j: Commission of the European Communities, Commission Staff Working

Document, Recent progress in developing renewable energy sources and technical e-valuation of the use of biofuels and other renewable fuels in transport in accordance with Article 3 of Directive 2001/77/EC and Article 4(2) of Directive 2003/30/EC, Accompanying Document to the Communication from the Commission to the European Parliament and the Council, Renewable Energy: Progressing towards the 2020 target, SEC(2011)130 final, Brussels, 31. 01. 2011, http://ec. europa. eu/energy/renewables/reports/doc/sec_2011_0130. pdf

European Commission 2011k: Commission of the European Communities, Commission Staff Working Document, Review of European and national financing of renewable energy in accordance with Article 23(7) of Directive 2009/28/EC, Accompanying Document to the Communication from the Commission to the European Parliament and the Council Renewable Energy: Progressing towards the 2020 target, SEC (2011)131 final, Brussels, 31. 1. 2011, http://eur-lex. europa. eu/LexUriServ/LexUriServ. do? uri=SEC:2011:0131:FIN:EN:PDF

European Commission 2011l: Proposal for a Regulation of the European Parliament and of the Council amending Council Regulation(EC) No 1217/2009 setting up a network for the collection of accountancy data on the incomes and business operation of agricultural holdings in the European Community, COM(2011)855 final, Brussels, 7. 12. 2011, http://eur-lex. europa. eu/LexUriServ/LexUriServ. do? uri = COM:2011:0855:FIN:EN:PDF

European Commission 2011m: European Commission, Public Consultation on the Renewable Energy Strategy, Consultation document, Brussels, 6. 12. 2011, http:// ec. europa. eu/energy/renewables/consultations/doc/20120207_renewable_energy _strategy. pdf

European Commission 2012a: Communication from the Commission to the European Parliament, the Council, the European Economic and Social Committee and the Committee of the Regions, EU State Aid Modernisation(SAM), COM(2012)209final, Brussels, 8. 5. 2012, http://eur-lex. europa. eu/LexUriServ/LexUriServ. do? uri = COM:2012:0209:FIN:EN:PDF

European Commission 2012b: Communication from the Commission to the European Parliament, the Council, the European Economic and Social Committee and the Committee of the Regions, Renewable Energy: a major player in the European energy market, COM(2012)271 final, Brussels, 6. 6. 2012, http://ec. europa. eu/energy/renewables/doc/communication/2012/comm_de. pdf

European Commission 2012c: Commission Staff Working Paper, Impact Assessement, Accompanying the document Communication from the Commission to the European Parliament, the Council, the European Economic and Social Committee and the Committee of the Regions, Renewable Energy: a major player in the European energy market, SWD(2012)149 final, Brussels, 6. 6. 2012, http://eur-lex. europa. eu/LexUriServ/LexUriServ. do? uri=SWD:2012:0149:FIN:EN:PDF

European Commission 2012d: Commission Staff Working Paper, Executive Summary of the Impact Assessement, Accompanying the document Communication from the Commission to the European Parliament, the Council, the European Economic and Social Committee and the Committee of the Regions, Renewable Energy: a major player in the European energy market, SWD(2012)163 final, Brussels, 6. 6. 2012, http://eur-lex. europa. eu/LexUriServ/LexUriServ. do? uri = SWD: 2012: 0163: FIN: EN: PDF

European Commission 2012e: Commission Staff Working Document, Accompanying the document Communication from the Commission to the European Parliament, the Council, the European Economic and Social Committee and the Committee of the Regions, Renewable Energy: a major player in the European energy market, SWD (2012)164 final, 6. 6. 2012, http://eur-lex. europa. eu/LexUriServ/LexUriServ. do? uri=SWD:2012:0164:FIN:EN:PDF

European Commission 2012f: Proposal for a Directive of the European Parliament and of the Council amending Directive 98/70/EC relating to the quality of petrol and diesel fuels and amending Directive 2009/28/EC on the promotion of the use of energy from renewable sources, COM(2012)595 final, Brussels, 17. 10. 2012, http://ec. europa. eu/energy/renewables/biofuels/doc/biofuels/com_2012_0595_en. pdf

European Commission 2012g: Commission Staff Working Document, Impact Assessment, Accompanying the document Proposal for a Directive of the European Parliament and of the Council amending Directive 98/70/EC relating to the quality of petrol and diesel fuels and amending Directive 2009/28/EC on the promotion of the use of energy from renewable sources, SWD(2012)343 final, Brussels, 17. 10. 2012, http://ec. europa. eu/energy/renewables/biofuels/doc/biofuels/swd_2012_0343_ia_en. pdf

European Commission 2012h: Commission Staff Working Document, Executive Summary of the Impact Assessemt on indirect land-use change related to biofuels and bioliquids, Accompanying the document Proposal for a Directive of the European Parliament and of the Council amending Directive 98/70/EC relating to the quality of petrol and diesel fuels and amending Directive 2009/28/EC on the promotion of the use of energy from renewable sources, SWD (2012) 344 final, Brussels, 17. 10. 2012, http://ec. europa. eu/energy/renewables/biofuels/doc/biofuels/swd_2012_0344_ia_resume_en. pdf

European Commission 2012i: Commission Regulation COM(2012)…/.. of XXX amending Regulation(EU) No 1031/2010 in particular to determine the volumes of greenhouse gas emis-sion allowances to be auctioned in 2013-2020, Brussels, 12. 11. 2012 draft, http://ec. europa. eu/clima/policies/ets/cap/auctioning/docs/20121112_com_en. pdf

European Commission 2012j: Commission Staff Working Document, Proportionate Impact Assessment accompanying the document Commission Regulation COM (2012)…/.. of XXX amending Regulation(EU) No 1031/2010 in particular to determine the volumes of greenhouse gas emission allowances to be auctioned in 2013-2020, Brussels, 12. 11. 2012 draft, http://ec. europa. eu/clima/policies/ets/cap/auctioning/docs/20121112_swd_en. pdf

European Commission 2012k: Commission Staff Working Document, Executive Summary of the Impact Assessment accompanying the document Commission Regulation COM(2012)…/.. of XXX amending Regulation(EU) No 1031/2010 in particular to determine the volumes of greenhouse gas emission allowances to be auctioned in 2013-2020, Brussels, 12. 11. 2012 draft, http://ec. europa. eu/clima/policies/ets/cap/auctioning/docs/20121112_com_en. pdf

European Commission 2012l: Communication from the Commission to the European Parliament, the Council, the European Economic and Social Committee and the Committee of the Regions, Singe Market Act II—Together for new growth, COM(2012)

573 final, Brussels, 3. 10. 2012, http://ec. europa. eu/internal _ market/smact/docs/single-market-act2_en. pdf

European Commission 2012m: Communication from the Commission to the European Parliament, the Council, the European Economic and Social Committee and the Committee of the Regions, Making the internal energy market work, COM(2012)663 final, Brussels, 15. 11. 2012, http://eur-lex. europa. eu/LexUriServ/LexUriServ. do? uri = COM:2012:0663:FIN:EN:PDF

European Commission 2012n: Commission Staff Working Document, Investment projects in energy infrastructure, accompanying the document Communication from the Commission to the European Parliament, the Council, the European Economic and Social Committee and the Committee of the Regions, Making the internal energy market work, SWD(2012)367 final, 15. 11. 2012, http://ec. europa. eu/energy/gas_electricity/doc/20121115_iem_swd_0367_en. pdf

European Commission 2012o: Commission Staff Working Document, Energy Markets in the European Union in 2011, accompanying the document Communication from the Commission to the European Parliament, the Council, the European Economic and Social Committee and the Committee of the Regions, Making the internal energy market work, SWD(2012)368 final, Parts I, II, III, 15. 11. 2012, published together in a brochure to be downloaded at http://ec. europa. eu/energy/gas_electricity/doc/20121217_energy_market_2011_lr_en. pdf

European Commission 2013: Environmental and Energy Aid Guidelines 2014-2010, Consultation Paper, Brussels, 11 March 2013, http://ec. europa. eu/competition/state_aid/legislation/environmental_aid_issues_paper_en. pdf

European Commission 2013a: Green Paper, A 2030 framework for climate and energy policies. COM(2013)169 final, Brussels, 27. 3. 2013, http://ec. europa. eu/energy/consultations/doc/com_2013_0169_green_paper_2030_en. pdf

European Commission 2013b: Press Release, Commission moves forward on climate and energy towards 2030, Brussels, 27. 3. 20132, http://europa. eu/rapid/press-release_IP-13-272_en. htm

European Commission 2013c: Report from the Commission to the European Parliament, the Council, the Euroepan Social and Economic Committee and the Committee of the Regions, Renewable energy progress report, COM (2013) 175 final, Brussels, 27. 3. 2013, http://ec. europa. eu/energy/renewables/reports/doc/com _2013_ 0175_res_en. pdf

European Commission 2013d: Communication from the Commission to the European Parliament, the Council, the European Social and Economic Committee and the Committee of the Regions on the Future of Carbon Capture and Storage in Europe, COM (2013) 180 final, Brussels, 27. 3. 2013, http://ec. europa. eu/energy/coal/doc/ com_2013_0180_ccs_en. pdf

European Commission 2013e: Consultative Communication on the future of Carbon Capture and Storage in Europe, MEMO/13/276, Brussels, 27 March 2013, http:// europa. eu/rapid/press-release_MEMO-13-276_en. htm

European Parliament 2007: European Parliament resolution of 10 July 2007 on prospects for the internal gas and electricity market (2007/2089 (INI)), P6_TA (2007) 0326, http://www. europarl. europa. eu/sides/getDoc. do? pubRef-//EP//NONS-GML TA P6-TA-2007-0326 0 DOC PDF V0//EN

European Parliament 2008: Press Release 13. 12. 2008, MEPs and Council Presidency reach deal on final details of climate package, Brussels, http://www. europarl. europa. eu/sides/getDoc. do? pubRef=-//EP//TEXT IM-PRESS 20081209IPR44022 0 DOC XML V0//EN&language=EN

European Parliament 2012: European Parliament, Committee on Industry, Research and Energy, Draft Report, Current challenges and opportunities for renewable energy on the European energy market, 2012/2259 (INI), Rapporteur: Herbert Reul, 9. 11. 2012, http://www. europarl. europa. eu/ sides/ getDoc. do? pubRef=-% 2F% 2FEP% 2F% 2FNONSGML% 2BCOMPARL% 2BPE-497. 809% 2B01% 2BDOC% 2BPDF% 2BV0% 2F% 2FEN

European Parliament 2013: Report Current challenges and opportunities for renewable energy on the European energy market, 2012/2259 (INI), Committee on Industry, Research and Energy, Rapporteur: Herbert Reul, A7-0135/2013, 28. 03. 2013, http://www. europarl. europa. eu/sides/getDoc. do? pubRef-//EP//NONSGML RE-PORT A7-2013-0135 0 DOC PDF V0//EN

European Parliament 2013a: European Parliament resolution of 21 May 2013 current challenges and opportunities for renewable energy in the European internal energy market, European Parliament resolution of 21 May 2013, P7_TA (2013) 0201, http://www. europarl. europa. eu/sides/getDoc. do? pub Ref -//EP//TEXT+TA+ P7-TA-2013-0201 0 DOC XML V0//EN&language EN

EWEA 2012: European Wind Energy Associationn, Creating the Internal Energy Market in Europe, Brussels, September 2012, http://www. ewea. org/uploads/tx_err/ Internal_energy_market. pdf

EWI 2010: Fürsch, Michaela/Golling, Christiane/Nicolosi, Marco/Wissen, Ralf/Lindenberger, Dietmar, European RES-E Policy Analysis, 2010, http://www. ewi. uni-koeln. de/fileadmin/user _ upload/Publikationen/Studien/Politik _ und _ Gesellschaft/2010/EWI_2010-04-26_RES-E-Studie_Teil1. pdf, http://www. ewi. uni-koeln. de/fileadmin/user _ upload/Publikationen/Studien/Politik _ und _ Gesellschaft/2010/EWI_2010-04-26_RES-E-Studie_Teil2. pdf

FHI/EEG 2011: Mario Ragwitz, Gustav Resch, Sebastian Busch, Anne Held, Daniel Rosende, Florian Rudolf, Gerda Schubert, Simone Steinhilber, Fraunhofer ISI, Karlsruhe and Energy Economics Group TU Vienna, prepared for the project Renewable Energy Policy Action Paving the Way towards 2020, Assessment of National Renewable Energy Action Plans, Augsut 2011, http://www. repap2020. eu/fileadmin/user_upload/Roadmaps/D115-Assessment_of_NREAPs REPAP_report_-_final_edition_. pdf

Fischer/Geden 2012: Severin Fischer/Oliver Geden, Die "Energy Roadmap 2050" der EU: Ziele ohne Steuerung, SWP-Aktuell 8/2012, pp. 1-4, http://www. swp-berlin. org/fileadmin/contents/products/aktuell/2012A08_fis_gdn. pdf

Fuel Quality Directive 2009: Official Journal of the European Union, Directive 2009/ 30/EC of the European Parliament and of the Council of 23 April 2009 amending Directive 98/70/EC as regards the specification of petrol, diesel and gas-oil and introducing a mechanism to monitor and reduce greenhouse gas emissions and amending Council Directive 1999/32/EC as regards the specification of fuel used by inland waterway vessels and repealing Directive93/12/EEC, 5. 6. 2009, L140/88, http:// eur-lex. europa. eu/LexUriServ/LexUriServ. do? uri = OJ: L: 2009: 140: 0088: 0113: EN: PDF

Futures-e 2008：Vienna University of Technology, Energy Economics Group (EEG) , Austria in coop-eration with Fraunhofer Institute Systems and Innovation Research, Karlsruhe, Germany, within the scope of the futures-e project, futures-e-20% RES by 2020—a balanced scenario to meet Europes RE target, http://www. futures-e. org/

Futures-e 2009：Vienna University of Technology, Energy Economics Group (EEG) , Austria in coop-eration with Fraunhofer Institute Systems and Innovation Research, Karlsruhe, Germany, within the scope of the futures-e project, Scenarios on future European polices for Renewable Electricity—20% RES by 2020, http://www. futures-e. org/

Gas Market Directive 1998：Official Journal of of the European Communities, Directive 98/30/EC of the European Parliament and of the Council of 22 June 1998 concerning common rules for the internal market in natural gas, 21. 07. 1998, L 204/2, http://eur-lex. europa. eu/LexUriServ/LexUriServ. do? uri = OJ: L: 1998: 204: 0001: 0012: EN: PDF

Gas Market Directive 2003：Official Journal of the European Union, Directive 2003/55/EC of the European Parliament and of the Council of 26 June 2003 concerning common rules for the internal market in natural gas and repealing Directive 98/30/EC, 15. 07. 2003, L176/57, http://eur-lex. europa. eu/LexUriServ/LexUriServ. do? uri = OJ: L: 2003: 176: 0057: 0057: EN: PDF

Gas Market Directive 2007：Proposal for a Directive of the European Parliament and of the Council amending Directive 2003/55/EC concerning common rules for the internal market in natural gas, (presented by the Commission) , COM (2007) 529final, Brussels 19. 9. 2007, http://eur-lex. europa. eu/LexUriServ/LexUriServ. do? uri = COM: 2007: 0529: FIN: EN: PDF

Gas Market Directive 2009：Official Journal of the European Union, Directive 2009/73/EC of the European Parliament and of the Council of 13 July 2009 concerning common rules for the internal market in natural gas and repealing Directive 2003/55/EC, 14. 8. 2009, L211/94, http://eur-lex. europa. eu/LexUriServ/LexUriServ. do? uri = OJ: L: 2009: 211: 0094: 0136: en: PDF

Gilbertson and Reyes 2009：Tamra Gilbertson and Oscar Reyes, Carbon Trade

Watch, Carbon Trading—How it works and why it fails, Dag Hammarskjöld Foundation, Uppsala 2009, http://webcache. googleusercontent. com/search? q = cache: http://www. dhf. uu. se/pdffiler/cc7/cc7_web_low. pdf

GWEC 2013: Global Wind Energy Council (GWEC), Global Wind Statistics 2012, Brussels, 11. 2. 2013, http://www. gwec. net/wp-content/uploads/2013/02/GWEC-PRstats-2012_english. pdf

GSR 2012: REN21, Renewables 2011 Global Status Report, Paris, June 2012, http:// www. ren21. net/ Portals/97/documents/GSR/REN21_GSR2011. pdf

GSR 2013: REN21, Renewables 2012 Global Status Report, Paris, to be published in June 2013, www. ren21. net

Hayek 1968: F. A. von Hayek, Der Wettbewerb als Entdeckungsverfahren, lecture, held on 05. 07. 1968 at the Institute for the World Economy at Kiel University, printed in: von Hayek, F. A. , Freiburger Studien, 2nd edition, Tübingen 1994, p. 249 ff.

IEA 2011: International Energy Agency, Harnessing Variable Renewables—A Guide totheBal-ancingChallenge, OECD/IEA2011, http://www. oecd-ilibrary. org/energy/harnessing-variable-renewables_9789264111394-en

IEA 2012: International Energy Agency, Renewable Energy Medium-Term Market Report 2012, Martket Trends and Projections to 2017, OECD/IEA 2012, http://www. iea. org/w/bookshop/add. aspx? id = 432

IEA-RETD 2012: Rolf de Vos, Janet Sawin, READy, Renewable Energy Action on Deployment, Pre-senting: The ACTION Star; six policy ingredients for accelerated deployment of renewable energy, Elsevier 2012, http://www. elsevier. com/books/ready-renewable-energy-action-on-deployment/ iea-retd/978-0-12-405519-3#

IFIC 2010: Mario Ragwitz, Anne Held(Fraunhofer ISI), Eva Stricker, Anja Krechting (Ecofys), Gustav Resch, Christian Panzer(EEG), Recent experiences with feed-in tariff systems in the EU—A research paper for the International Feed-In Cooperation (IFIC), November 2010, A report commissioned by the [German] Minstry for the Environment, Nature Conservation and Nuclear Safety(BMU), http://www. future-policy. org/fileadmin/user_upload/PDF/Feed_in_Tariff/IFIC_feed-in_evaluation_Nov_2010. pdf

IMF 2007: International Monetary Fund, World Economic and Financial Surveys,

World Economic Outlook, October 2007, Globalisation and Inequality, http://www. imf. org/external/pubs/ft/weo/ 2007/02/pdf/text. pdf

IPCC 2012: IPCC Special Report on Renewable Energy Sources and Climate Change Mitigation. Prepared by Working Group III of the Intergovernmental Panel on Climate Change [O. Edenhofer, R. Pichs-Madruga, Y. Sokona, K. Seyboth, P. Matschoss, S. Kadner, T. Zwickel, P. Eickemeier, G. Hansen, S. Schlömer, C. von Stechow(eds)]. Cambridge University Press, Cambridge, United Kingdom and New York, NY, USA, published 2012, http://srren. ipcc-wg3. de/report/IPCC_SRREN _Full_Report. pdf

Klessmann 2011: Corinna Kleßmann, Increasing the effectiveness and efficiency of renewable energy support policies in the European Union, 2011, http://igitur-archive. library. uu. nl/dissertations/2011-1222-200420/klessmann. pdf

Lange 2013: Bernd Lange, MEP, Pressemitteilung, Europa muss mehr für Erneuerbaretun, Brüssel, 19. 3. 2013, http://www. bernd-lange. de/aktuell/nachrichten/2013/362842. php

Legislation Summary: Internal market for energy (until March 2011), viewed on 22 February 2013, http://europa. eu/legislation_summaries/energy/internal_energy_market/l27005_en. htm

Lisbon Treaty: Official Journal of the European Union, Consolidated Versions of the Treaty on European Union and the Treaty on the Functioning of the European Union (2010/C83/01), 30. 03. 2010, C83, http://eur-lex. europa. eu/LexUriServ/LexUriServ. do? uri = OJ:C:2010:083:FULL:EN:PDF

Matthes 2012: Felix Chr. Matthes, Langfristperspektiven der europäischen Energiepolitik—Die Energy Roadmap 2050 der Europäischen Union, ET 2012, Book1/2, pp. 50-53, http://www. et-energie-online. de/Zukunftsfragen/tabid/63/NewsId/22/Langfristperspektiven-der-europaischen-Energiepolitik-Die-Energy-Roadmap-2050-der-Europaischen-Union. aspx? errorDie% 20Eingabezeichenfolge% 20hat% 20das% 20falsche% 20Format.

Matthes 2013: Felix Chr. Matthes, Öko-Institut e. V. , The European Emission Trading System: current state and way forward, Presentation at European Federation of Local Energy Companies(CEDEC) Congress " Connecting Customers and Climate: How local energy companies invest and facilitate the Future", Brussels, 19. 3. 2013, ht-tp://www. cedec. com/files/default/2013-03-19-matthes-oeko-institut. pdf

May 2012: Hanne May, Oettingers Visionen, neue energie 2012, Book 1, pp. 16-18.

Mendonca 2007: Miguel Mendonca, In Tariffs: Accelerating the Deployment of Renew-able Energy, London, Earthscan 2007.

Müller 2009: Thorsten Müller, Neujustierung des europäischen Umweltenergierechts im Bereich Erneuerbarer Energien? —Zur Richtlinie zur Förderung der Nutzung von Energie aus erneuer-baren Quellen, in: Cremer, Wolfram/Pielow, Johann-Christian (Hrsg.), Probleme und Perspektiven im Energieumweltrecht, Stuttgart 2009, pp. 143-175, http://www. stiftung-umweltenergierecht. de/forschung/mitarbeiter/thorsten-mueller/wissenschaftliche-veroeffentlichungen. html

OPTRES 2007: Ragwitz, Mario/Held, Anne/Resch, Gustav/Faber, Thomas/Haas Reinhard/Huber, Claus/Morthorst, Poul Erik/Jense, Stine Grenaa/Coenraads Rogi-er/Voogt, Monique/Reece, Gemma/Konstantinaviciute, Inga/Heyder, Bernhard, OPTRES Final Report, Assessment and optimization of renewable energy support schemes in the European electricity market, 2007, http://ec. europa. eu/energy/re-newables/studies/doc/renewables/2007_02_optres_recommendations. pdf

platts 2011: platts Renewable Energies Report, Issue 234, July, 2011, http://www. platts. com/IM. Platts. Content/ProductsServices/Products/renewableenergyre-port. pdf

Posner 2007: Richard A. Posner, Economic Analysis of Law, Aspen Publications 2007.

PRIMES 2010: National Technical University of Athens, E3M-Lab for the European Commission, Directorate for Energy, EU energy trends to 2030, Update 2009, Brus-sels/Athens, August 2010, http://www. e3mlab. ntua. gr/DEFAULT. HTM

PWC 2010: 100% Renewable Electricity—A Roadmap to 2050 for Europe and North Africa, London 2010, http://www. pwc. co. uk/en_UK/uk/assets/pdf/100-per-cent-renewable-electricity. pdf

Renewables Directive 2008: Commission of the European Communities, Draft Propos-al for a Directive on the promotion of the use of energy from renewable sources, COM (2008)19 final, Brussels, 23. 01. 2008, http://ec. europa. eu/energy/climate_actions/doc/2008_res_directive_en. pdf

Renewables Directive 2009: Official Jounal of the European Union, Directive 2009/ 28/EC of the European Parliament and of the Council of 23 April 2009 on the promotion of the use of energy from renewable sources and amending and subsequently repealing Directives 2001/77/EC and 2003/30/EC, 05. 06. 2009, L140/16, http://eur-lex. europa. eu/LexUriServ/ LexUriServ. do? uri = OJ: L: 2009: 140: 0016: 0062: en: PDF

Reich 1992: Norbert Reich, Competition between legal orders: A new paradigm of EC law? CMLRev 1992, 861.

Regulation 1/2003: Official Journal of the European Communities, Council Regulation (EC) 1/2003 of 16 December 2002 on the implementation of the rules on competition laid down in Articles 81 and 82 of the Treaty, 4. 1. 2003, L 1/1, http://eur-lex. europa. eu/LexUriServ/ LexUriServ. do? uri = OJ: L: 2003: 001: 0001: 0025: EN: PDF

Regulation 1228/2003: Official Journal of the European Union, Regulation (EC) of the European Parliament and of the Council of 26 June 2003 on conditions for access to the network for cross-border exchanges in electricity, 15. 07. 2003, L 176/1, http:// eur-lex. europa. eu/ LexUriServ/LexUriServ. do? uri = OJ: L: 2003: 176: 0001: 0010: EN: PDF

Regulation 713/2009: Official Journal of the European Union, Regulation (EC) No 713/2009 of the European Parliament and of the Council of 13 July 2009 establishing an Agency for the Cooperation of Energy Regulators, 14. 8. 2009, L 211/1, http:// eur-lex. europa. eu/LexUriServ/ LexUriServ. do? uri = OJ: L: 2009: 211: 0001: 0014: EN: PDF

Regulation 714/2009: Official Journal of the European Union, Regulation (EC) No 714/2009 of the European Parliament and of the Council of 13 July 2009 on conditions for access to the network for cross-border exchanges in electricity and repealing Regulation (EC) No 1228/2003, 14. 8. 2009, L 211/15, http://eur-lex. europa. eu/LexUriServ/LexUriServ. do? uri = OJ: L: 2009: 211: 0015: 0035: EN: PDF

Regulation 715/2009: Official Journal of the European Union, Regulation (EC) No 715/2009 of the European Parliament and of the Council of 13 July 2009 on conditions for access to the natural gas transmission networks and repealing Regulation (EC) No 1775/2005 ,14. 8. 2009 , L 211/36 , http : // eur-lex. europa. eu/LexUriServ/LexUriServ. do? uri = OJ : L : 2009 : 211 : 0036 : 0054 : en : PDF

REShaping 2010 : Gustav Resch (EEG) , Mario Ragwitz (Fraunhofer ISI) , Quo (ta) vadis , Europe? A comparative assessment of two recent studies on the future development of renewable electricity support in Europe(EWI and futures-e) , A report compiled within the European research project RE-Shaping , Vienna , November 2010 , http : // www. reshaping-res-policy. eu/downloads/Quo (ta)-vadis-Europe _ RE-Shaping-report. pdf

REShaping 2010a : Kleβmann , Corinna/ Lamers , Patrick/ Ragwitz , Mario/ Resch , Gustav , Design options for cooperation mechanisms under the new European renewable energy directive , Energy Policy 2010 , pp. 4679-4691 , http : // www. reshaping-res-policy. eu/downloads/D4 _ report _ designoptions-RES-flexibility-mechanisms. pdf

RES4less 2011 : RES4less newsletter ,2nd Issue , August 2011 , http : // www. res4less. eu/files/nl/nl2/ RES4LESS_2nd_newsletter. pdf

Reul 2013 : Herbert Reul , MEP , Pressemitteilung , Erneuerbare Energien : Mehr Europa notwendig—Einheitliche Förderkriterien notwendig/Nationale Fördersysteme verzerren Binnenmarkt/Gegen Verdopplung der verpflichtenden EU-Ausbauziele , Brüssel , 19. 3. 2013 , http : // www. herbert-reul. de/index. php? id = 14&tx _ttnews% 5Byear%5D=2013&tx _ttnews%5Bmonth%5D=03&tx_ttnews% 5Bday%5D = 19&tx_ ttnews%5Btt_news%5D=1509&cHash=79865643dcb0aa546bca39cb01339b89

REVE 2012 : Revista Eólica y del Vehículo Eléctrico(reve) , Spain's conservative government decreed a moratorium on renewable energy , 1. 12. 2012 , http : // www. evwind. es/2012/02/01/spainsconservative-government-decreed-a-moratorium-on-renewable-energy/16325 , viewed 26April 2013. 174 References

Streit 1996 : Manfred E. Streit , Competition among systems , Harmonisation and European Integration , Max Plank Institut zur Erforschung von Wirtschaftssystemen , 1996.

TFEU 2012 : Official Journal of the European Union , Consolidated version of the Treaty on the Functioning of the European Union(2012/C 326/01) ,26. 10. 2012 , C326 ,

http://eur-lex. europa. eu/LexUriServ/LexUriServ. do? uri = OJ:C:2012:326:
FULL:EN:PDF

Welt 2013:Stefanie Bolzen, Brüssel will EEG ein Ende machen—Parlament schlägt
EU-weite Förderung vor, Welt digital 9. 11. 12(viewed 7. 4. 13), http://www. welt.
de/print/die ＿ welt/wirtschaft/article110830588/Bruessel-will-EEG-ein-Ende-ma-
chen. html

WEO 2009:International Energy Agency, World Energy Outlook 2009, Paris, Novem-
ber 2009, http://www. oecd-ilibrary. org/energy/world-energy-outlook-2009＿weo-
2009-en

WEO 2010:International Energy Agency, World Energy Outlook 2011, Paris, November
2010, http://www. iea. org/publications/freepublications/publication/weo2010. pdf

WEO 2011:International Energy Agency, World Energy Outlook 2011, Paris, Novem-
ber 2011, http://www. iea. org/W/bookshop/add. aspx? id=433

WEO 2012:International Energy Agency, World ENergy Outlook 2012, Paris Novem-
ber 2012, http://www. iea. org/W/bookshop/add. aspx? id = 433% 20 WWEA
2012:The World Wind Energy Association (WWEA), 2012 Half Year Report,
Bonn, October 2013, http://www. wwindea. org/webimages/Half-year ＿ report ＿
2012. pdf

WWF 2011:WWF, ECOFYS, OMA, The Energy Report, 100% Renewable Energy by
2050, Gland/Switzerland, http://wwf. panda. org/what＿we＿do/footprint/climate＿
carbon＿energy/energy＿solutions/renewable＿energy/sustainable＿energy＿report/

WWF 2013:WWF European Policy Office, Re-energising Europe—Putting Europe on
Track for 100% Renewable Energy, Brussels, http://awsassets. panda. org/down-
loads/res＿report＿final. pdf

译者后记

　　能源部门是温室气体排放的主要来源。工业、运输、供暖与制冷以及通信部门的能源需求的快速增长，成为世界各地加快电厂部署的主要驱动力。越来越多的国家开始使用可再生能源，如水能、风能、太阳能、生物能和地热能，取代传统的化石燃料能源。

　　欧盟很早就开始支持并成功部署可再生能源。首批支持框架已经在 20 世纪 80 年代建立。由于早期的欧盟政策支持和大胆的国家决策，欧盟成为国际可再生能源政策设计的领跑者，如：丹麦、西班牙成为欧洲风力发电的先驱国家，德国被广泛认为是可再生能源支持成功的榜样，尤其是在电力部门。21 世纪初，欧盟通过一系列立法如《可再生能源电力指令》、生物燃料立法、促进建筑能效的指令等在电力、运输以及建筑部门推广使用可再生能源。2008 年，欧盟提出了"气候与能源一揽子计划"，包括《排放交易系统指令》、减排共担决策、碳捕获与封存指令和《可再生能源指令》，以实现 2020 年三个 20% 目标：可再生能源在终端能源消耗中所占比例最低不少于 20% 的目标、20% 的能效提升目标和 20% 的温室气体减排目标。2020 年目标确立了迈向完全可持续能源系统的过渡步骤。2011 年，欧盟委员会提交了三份与能源相关的战略文件：《2050 年低碳路线图》《2050 年交通路线图》和《2050 年能源路线图》。这三份文件勾勒出一条迈向 2050 年 100% 可再生能源供应系统的路径。为了实现 2050 年可再生能源 100% 的目标，2013 年，欧盟委员会又发布了《绿皮书：2030 年气候和能源政策框架》（以下简称：《绿皮书》）。《绿皮书》确定了几个需要解决的关键问题：第一个要素是关于目标，涉及目标的类型、性质和程度以及它们之间的相互作用；第二个要素是政策工具的一致性；第三个要素是培养欧盟经济的竞争力，涉及能源价格的发展以及能源行业的创新。欧盟希望通过制定和实施一系列法律法规，逐步取消对化石能源和核能的额外补贴，使能源市场的公平竞争成为现实。在公平竞争的环境下,可再生能源——加上节能和能效——将成为最便宜的能源来源。因此,从经济上来看,完全淘汰化石能源和核能并转向100%可再生能源是可以实现的。这将标志着欧洲朝着以可再生能源为基础的可持续能源供应的道路上坚定走下去。

2022年,受俄乌冲突的影响,一直以来高度依赖俄罗斯能源的欧洲,冬天的能源供应面临危机,更高的能源价格和天然气短缺的威胁正在对欧洲的经济造成压力,对欧洲能源转型带来巨大冲击。德国、法国、荷兰等欧洲一些国家重新审视或暂停退出核电和燃煤发电计划,批准了重启煤电厂的短期应急方案。但是可再生能源是战略资产的观点,正得到欧洲越来越多民众的认同。欧洲各国正努力寻找契机,不断与多方进行磋商协调,试图摆脱对俄罗斯天然气的长期依赖,增加可再生能源的比重,同时也出台各项法案,帮助民众度过即将到来的凛冽冬天。所以,从长远来看,俄乌冲突下的欧洲能源结构将加速走向清洁的可再生能源。

党的十八大以来,习近平总书记站在统筹中华民族伟大复兴战略全局和世界百年未有之大变局的高度,统筹国内国际两个大局、发展安全两件大事,提出了"四个革命、一个合作"即推动能源消费革命、能源供给革命、能源技术革命、能源体制革命,全方位加强国际合作的能源安全新战略,我国可再生能源实现了跨越式发展。水电、风电、光伏发电、生物质发电装机规模分别连续17年、12年、7年和4年稳居全球首位,光伏、风电等产业链国际竞争优势凸显,为构建煤、油、气、核、新能源、可再生能源多轮驱动的能源供应体系,保障能源安全可靠供应奠定坚实基础。2020年9月中国明确提出2030年"碳达峰"与2060年"碳中和"目标。

党的二十大报告提出"要积极稳妥推进碳达峰碳中和""立足我国能源资源禀赋,坚持先立后破,有计划分步骤实施碳达峰行动。完善能源消耗总量和强度调控,重点控制化石能源消费,逐步转向碳排放总量和强度'双控'制度""深入推进能源革命""加快规划建设新型能源体系,统筹水电开发和生态保护"

"加强能源产供储销体系建设，确保能源安全"。二十大报告为我国今后的能源发展指明了方向。要实现 2060 年"碳中和"目标，我国还要加快向能源绿色低碳转型，大力发展可再生能源，践行应对气候变化自主贡献的承诺。使我国可再生能源既要实现技术持续进步、成本持续下降、效率持续提高、竞争力持续增强，也要加快解决高比例消纳、关键技术创新、产业链供应链安全、稳定性可靠性等关键问题。这些规划和措施与欧盟的可再生能源发展方面的做法有共性，但也存在不同。欧盟关于可再生能源发展方面的政策法规、目标制定、技术创新、融资、法律保障等对我国可再生能源发展和能源政策的制定无疑具有很好的借鉴意义，这也是译者翻译本书的本意。

本书是《可持续能源发展》系列丛书中的一本。这套丛书以跨学科为重点，探讨与可持续能源发展相关的新技术、措施和可持续的政策选择，包括提高能效和节能。不仅从技术角度，还从经济、金融、社会、政治、立法和监管角度探讨可再生能源的应用。通过推广清洁和国内可获得的能源，减少对化石燃料进口的依赖，减少温室气体排放，为工业化、发展中国家和转型国家的关键问题提供长期解决方案。这些解决方案促进社会发展和经济增长，创造更多的就业机会，同时提供安全的能源供应。

陈崇国

2023 年 1 月